地球編年史

THE EARTH CHRONICLES

4

THE LOST REALMS

·失落的國度·

撒迦利亞·西琴

ZECHARIA SITCHIN

張甲麗、宋易 譯

《地球編年史》關注的焦點終於轉移到了美洲……而一切依然如此神奇！

——《燈塔》（*The Beacon*）季刊

出色的學識與完備的證明！

——《UFO雜誌》（*UFO Magazine*）

以高度的科學知識，完成對美洲史前文明的探索，令人難忘。

——《科學與宗教新聞》（*Science & Religion News*）雜誌

有幾個因素讓西琴的作品與其他相關主題的作品截然不同。首先就是他的語言能力，他不僅精通幾種現代語言，得以在其他學者的作品原文中進行查閱，還熟知古蘇美語、埃及語、希伯來語和其他古代語言。

在出版之前，他經歷了三十年的學術研究和實際調查，為此作品賦予了非比尋常的透澈觀點，也對過往的理論進行了靈活的修整。作者對最早期文獻和實物的追尋，也讓書中豐富的圖片和素描成為可能，其中包含大量的石版、石碑、壁畫、陶器、紋章等。它們貫穿首尾，提供了重要的可見證據……作者並沒有假裝自己解決了困擾研究者近百年的所有問題，但他提供了許多新的線索。

——羅斯瑪麗・德克爾（Rosemary Decker），歷史學家和研究者

再版序

《地球編年史》系列叢書的第四部——《失落的國度》，已經成為去「新大陸」探訪前哥倫比亞文明的旅行者必備書。它之所以有如此際遇，不僅是因為它極其詳盡地描述了那裡的主要考古學遺址，更由於書中還創造性地發現並介紹了這些遺蹟與「舊大陸」千絲萬縷的聯繫，以及——這一點非常重要——這些看似孤立的史前文明其實與這個星球上所有神和人的傳說源於一體。

就像本系列叢書的其他幾部所遭遇的情形一樣，自從本書首次出版以來，新的探索發現和科學進步一直有力地支撐和增強本書的基本觀點和最終結論。關於史前時期的移民潮，人們曾經斷言，面對這麼多的不利條件，最早的移民不可能在冰河時期從北方橫跨大陸到達美洲，而只可能從南方乘船穿過太平洋到達美洲。但本書卻在一開始就把這條被人們認為不可能的移民路線視為真實事件，並指出它其源有自，是基於中美洲及南美洲古老的傳說或神話之上的。後來，那些新的科學發現更加堅定了作者這個長時間以來信奉的人類史前傳說。但這些看法或理論對其他一些學者來說，則是把它當成想像出來的神話，沒有納入學術考量，而它們實際上是真正發生過的史事，是遠古知識在今天的殘留記憶。

對於史前美洲這個具有重大歷史意義的時代而言，一些新發現肯定了它真的存在過，並為新大陸帶來了文明的曙光。同時，這些新發現也進一步支持了本書關於新大陸與舊大陸之間有著千年以上的關聯的結論。而且，對於眾神體系身分的重新識別，也確認了兩個世界文明的交集——蘇美／西臺文明中的阿達德／特舒蔔（Adad / Teshub），在南美文明中是以印加創造神維拉科查（Viracocha）的面貌出現；而蘇美／埃及文明中的大神寧吉什西達／圖特（Ningishzidda/Thoth），則是中美洲文明中的「羽蛇神」魁札爾科亞特爾（Quetzalcoatl）。

兩個似乎毫無關聯的事件，最終闡明了我們關於非洲－奧爾梅克（Olmec）之謎的結論的正確性。這使我得以在本書中指出：他們與圖特一起在西元前三一一三年來到中美洲。

在二○○○年，又出現了最新的證據——美國太空人高登．庫珀（"Gordo" Cooper）在他的《信仰之躍》（*Leap of Faith*）中，回憶了他是如何被派遣到墨西哥，以及他的團隊怎樣誤入了奧爾梅克的廢墟遺址。官方的歷史學家因此被召集。「關於廢墟的年代，」庫珀寫道，「可以肯定是西元前三○○○年。」他曾給我一段他們探訪廢墟的影片，在其中，奧爾梅克文明的年代被再次確認為西元前三○○○年。

蓄鬍人（Bearded Ones）——明顯是近東的人——的奧祕依舊難解，但他們出現在馬雅時代的結論已經被推翻。也許正是他們將亞特蘭提斯（Atlantis）的傳說帶回地中海地區。如果真是這樣，亞特蘭提斯的傳說將是人類記憶的反映，而本書也正是如此。

撒迦利亞．西琴
二○○六年十月於紐約

前言

在歐洲編年史上，新大陸的發現有著埃爾多拉多（El Dorado，黃金國）的深深印記，也就是對於黃金的瘋狂找尋。但征服者幾乎沒有意識到的是，他們不過是在對地球上這片「新」的土地重新進行搜索而已，因為同樣的工作在很多個世紀前早就發生過了！

然而，當新的進入者發現財寶在自己到來之前就已經被觸及，則不免沉浸於那些關於貪婪、掠奪和肆意破壞的紀錄和傳說之中。當代編年史也記錄了歐洲人在遇到與舊大陸非常相似的文明時，有多麼困惑：王國和皇宮，城市和聖域，藝術和詩歌，與天空一樣高的神廟，祭司，以及類似於十字架的象徵物和對創造神的全部信仰。最後，還有關於那些蓄鬍的白種神傳說：雖然他們已經離去，但承諾一定會回來。

困擾著西班牙征服者的馬雅人（Mayan）、阿茲特克人（Aztecs）、印加人（Inca）的神祕及其先祖之謎，在五百年後的今天，也依然使學者以及像我們這樣的門外漢感到困惑。如何、何時且為什麼會有如此偉大的文明出現在新大陸上？難道這只是巧合：我們對於它們瞭解得越多，它們看起來就越像是承襲自古代近東的文明？

答案只能在那些可以被接受的事實中找尋，而不是那些所謂的神話。我們的論點是，地球上確實存在「那些從太空來到地球」的阿努納奇人（Anunnaki）。

而本書再次對此提供了證據。

1．理想中的黃金國

托雷多（Toledo）是位於馬德里以南約一小時車程的安靜鄉下小鎮，然而任何一個去西班牙的遊客都不會錯過參觀它的機會，它的圍牆裡仍然保存著富含多樣文化和歷史印記的古蹟遺產。

據當地傳說所述，它起源於西元前兩千年，由《聖經》裡講到的挪亞（Noah）後代所建。許多人堅持認為它的名字來自於希伯來語中的Toledoth（意思是世代歷史）。它古老的房屋和壯觀的禮拜堂，見證了西班牙的基督教文化——摩爾人（Moors）的起起伏伏，穆斯林的統治以及對輝煌的猶太遺產的根除。

哥倫布發現新大陸

一四九二年，對於托雷多，對於西班牙以及所有國家都是極為重要的，在那一年，歷史延長了三倍。所有這些事情都在西班牙（一個地理上稱為伊比利亞〔Iberia〕）的國家中發生。對「伊比利亞」這個名字的唯一解釋，是那裡最早的定居者可能知道的希伯來詞彙：Ibri。當時伊比利亞的一些重鎮已經被穆斯林占有，而在一四六九年亞拉岡（Aragon）王國的斐迪南（Ferdinand）和卡斯提亞（Castile）王國的伊莎貝拉（Isabella）結婚後，伊比利亞半島上戰火不斷的列國才第一次得到統一。在統一的十年時間裡，他們發動了擊退摩爾人的軍事行動，使得西班牙團結在天主教的旗幟下。在一四九二年一月，摩爾人隨著格林伍德（Granada）的淪陷而被徹底擊敗，西班牙終於成為一個基督教國家。同年三月，國王和王后簽署了驅逐令，到那一年的七月三十一日，所有不願轉信基督教的猶太人都要被驅逐。也在同一年的八月三日，克里斯多福．哥倫布（Christopher Columbus，西班牙文為Cristóbal Colón），以西班牙的名義往西方出發尋找前往印度的路線。

哥倫布在一四九二年十月十二日看到陸地，並在一四九三年一月返回西班牙。為了證明航海成功，他帶回四個「印地安人」。為了給下一次更大規模的探險提供具正當理由的論據，他帶來了從當地人以及傳說中的黃金城所獲取的大量黃金飾品。那裡的人們從頭到腳都戴著黃金手鐲，並用黃金裝飾脖子、耳朵和鼻子。這些黃金全都來自於城市附近儲量豐富的金礦。

在第一批黃金從新大陸被帶到西班牙後，虔誠的、被人稱為「天主教母」（The Catholic）的伊莎貝拉命令要精心保管它們，並將其贈送給托雷多大教堂，那是西班牙天主教統治集團的傳統所在地。時至今日，當遊客被引領參觀大教堂的寶庫——那是一個由深色格紋所保護，充滿了幾個世紀前捐贈給教堂的珍貴物品的空間——我們還可以看到（但不能觸摸）那些由哥倫布帶回來的第一批黃金。

現在廣泛認可的是，當年的航海旅行不只是要尋找前往印度的新路線。有力的證據顯示，哥倫布是一個被迫改變信仰的猶太人；他的贊助人有著與他相同的轉變，應該看到了一個通往自由土地的途徑。斐迪南和伊莎貝拉有著對天堂之河（the rivers of Paradise）的發現和永保青春的幻想。哥倫布也在他的個人日記裡，提過一些神祕的野心。他視自己為有關新時代的遠古預言的履行者，而這個時代始於在地球的盡頭發現新大陸。

但是哥倫布足夠理智地認識到，在他從首次航海帶回的資訊裡，黃金的提及是最受人矚目的。他堅信「上帝會向他展示黃金誕生」的神祕之地，因此成功說服斐迪南和伊莎貝拉為他的第二次航海提供更大規模的艦隊，接著會有第三次。然而，到了那個時候，國王派遣許多大臣以及隨行的人，他們監督並干預哥倫布這個艦長的行動和決定。這種不可避免的衝突，在哥倫布被囚禁著返回西班牙的途中加劇，理由僅僅是他曾虐待一些手下。儘管國王和王后立刻釋放他並提供金錢賠償給他，但他們也承認，哥倫布是一個好艦長，但不是一個好長官，而且很明顯的，他不能逼迫印地安人說出黃金城的真實地點。

哥倫布以更多古代預言和《聖經》引文來與之對抗。他搜集所有的資料並寫成一本書，名為《預言之書》（*The Book of Prophecies*），呈獻給國王和王后。目的是要讓他們相信，西班牙是注定要統治耶路撒冷的，而哥倫布是被上天挑選出來成為第一個發現黃金誕生之地的人，並以此來實現那個目標。

斐迪南和伊莎貝拉是《聖經》的信徒，他們同意哥倫布再航行一次，尤其是被他聲稱曾經發現天堂四條河裡其中一條河的入海口（現在稱之為奧利諾科河〔Orinoco〕）的言論所信服；像《聖經》裡所說，其中一條圍繞著哈腓拉（Havila）全地，「那是黃金誕生的地方」。

但哥倫布在最後一次的航行中碰到了比前三次更大的困難和痛苦。哥倫布於一五〇四年十一月七日返回西班牙，關節炎使他變成跛子，而且瘦得皮包骨。還沒到月底，王后伊莎貝拉就去世了；儘管國王斐迪南仍對哥倫布有好感，但他還是決定讓其他人編寫由哥倫布準備的最終備忘錄。哥倫布在備忘錄裡編纂了新大陸裡主要黃金資源存在的證據。

在新大陸尋找黃金

「伊斯帕尼奧拉島（Hispaniola）將為你不可抗拒的權威，提供所有所需的黃金。」哥倫布針對現今由海地和多明尼克共和國分管的那座島，向他忠實的資助者提出保證。西班牙殖民者在那裡把當地印地安人當成奴隸勞工來使用，的確成功挖掘出大量黃金；在不到二十年的時間裡，西班牙的國庫從伊斯帕尼奧拉島運來價值相當於五十萬達克特（ducat，**編注：歐洲中世紀後期到二十世紀的流通貨幣**）的黃金。

事實證明，西班牙人在伊斯帕尼奧拉島的經歷，將在廣闊的大陸裡一遍又一遍地重複。短短二十年間，當地人逐漸滅絕或逃走，金礦也逐漸枯竭，西班牙人的幸福感轉變成失望和絕望，他們在尋找財富的路上變得更大膽，繼而在更多未知海岸登陸。其中一個早期的目的地就是猶加敦（Yucatan）半島。一五一一年，到那裡的第一批西班牙人是遇難船隻的倖存者；而到了一五一七年，三艘船在弗朗西斯科・埃爾南德斯・德・科爾多瓦（Francisco Hernandez de Cordoba，**以下稱埃爾南德斯**）護航下，從古巴駛達猶加敦，目的是取得奴隸勞工。令他們驚奇的是，他們竟然看到了石頭建築、神廟以及女神的神像；而對當地居民（**西班牙人把他們稱為「馬雅」**）來說，不幸的是，這些西班牙人也「發現了一些當地居民拿走的黃金製品」。

西班牙人到來的紀錄以及對猶加敦的征服，主要基於修士狄亞哥・德・蘭達（Diego de Landa）在一五六六年寫的名為《關於猶加敦》（*Relacion de las cosas de Yucatan*）的報告。蘭達說道，埃爾南德斯和他的手下曾冒險探索巨大的階梯金字塔、動物的神像和雕塑，以及龐大的內陸城市。然而，他們想要抓住印地安人時遭遇猛烈的戰鬥，甚至動用了船上的加農炮。他們傷亡慘重，埃爾南德斯身負重傷，只能被迫撤退。但是當他剛回到古巴，就建議進行進一步的探險，「為了那片富饒的土地，更為了黃金」。

一年後，另一隻探險隊離開古巴前往猶加敦。他們在科蘇梅爾島（Cozumel）登陸，接著發現了「新西班牙」（**編注：一五二一年，西班牙在美洲設立的殖民地總督轄區**）的帕奴可（Panuco）和塔巴斯科省（Tabasco）。這次西班牙人不僅使用武器，而且用拿來交易的眾多商品武裝自己，因為他們既碰見有敵意的印地安人，也碰見友好的印地安人。他們看到更多的石造建築物和紀念碑，觸摸了以尖銳的黑曜石為尖端的弓箭和長矛，並仔細觀察了人工打造的物品。許多東西是石製的，普通或不太珍貴；其他像黃金一樣閃亮，但經過仔細檢查證實只是銅製的。與期待相反的是，那塊土地裡的黃金物品很少，而且沒有礦產，沒有金礦，也沒有其他金屬。

那黃金呢？即使很少，究竟在哪裡呢？他們透過交易得到了資訊，馬雅人說，黃金來自於西北方，那裡是阿茲特克的領土，資源充足豐富。

征服阿茲特克王國

在墨西哥心臟地區的丘陵地帶，有關阿茲特克王國的發現和征服，在歷史上與一個名為埃爾南．科爾特斯（Hernando Cortes）的人有關。一五一九年，他率領由十一支船隊組成，包括六百名船員、大量珍貴稀有馬匹的真正艦隊，從古巴出發。他慢慢地在猶加敦海灣海岸前進，停泊、上岸、重新上船。他在馬雅文化影響變弱、阿茲特克開始占有統治地位的區域，建立了基地，並命名為維拉克魯茲（Veracruz，此地至今仍以此命名）。

在那個令西班牙人驚奇萬分的地方，阿茲特克統治者的使者似乎要歡迎他們並贈與精美的禮物。根據目擊者貝爾納爾．迪亞斯．德爾．卡斯蒂略（Bernal Diaz del Castillo）在《新西班牙征服史》（*Historia verdadera de la conquista de la Nueva Espana*）中的描述，禮物包括「一個像太陽的輪子，像車輪一樣大，上面有很多圖片，由純金打造，讓人歎為觀止，後來有人稱了它的重量，說它值一萬多元」。另一個更大的輪子，「銀製的，模仿月亮，惟妙惟肖。」還有一個帽簷都填滿黃金顆粒的頭盔；由稀有的綠咬鵑（Quetzal）羽毛製作的頭飾（這個收藏品仍珍藏在維也納民族博物館裡）。

使者解釋說，這些禮物是他們的皇帝蒙特蘇馬（Moctezuma）獻給神聖的「綠咬鵑科特爾」

（Quetzal Coatl）的，實際上，他就是阿茲特克的「羽蛇神」魁札爾科亞特爾，在很久以前因戰爭之神所迫而離開阿茲特克之地的大恩人。在眾多追隨者的簇擁下，他前往了猶加敦，然後朝東走，發誓要在「一葦」（1 Reed）年他生日那天重返故地。在阿茲特克曆法中，每五十二年一個循環，因此他發誓回歸的那個「一葦」年，每五十二年才會出現一次。在基督教曆法中，一三六三年、一四一五年、一四六七年、一五一九年這幾個年份裡，他將會回歸。而埃爾南・科爾特斯正好於一五一九年在阿茲特克領域東邊門戶的水域裡出現。科爾特斯像羽蛇神一樣滿臉鬍鬚、佩戴頭盔，看上去像要實現那個預言了。

阿茲特克統治者提供的禮物並不是隨意挑選的，而是富含象徵意義的。他提供成堆的黃金顆粒，是因為黃金是屬於神的神聖金屬。代表月亮的銀色圓盤，是因為一些傳說聲稱，羽蛇神在返回天堂後，會把月亮當成住所。羽毛頭飾和裝飾豐富的衣服，是為了神的回歸而準備的。黃金圓盤則是描述五十二年的循環，以及標註回歸之年的神聖不可侵犯的曆法。目前已經發現這種石製的（非純金）打造的曆法（見圖1）。

究竟西班牙人有沒有理解這些象徵意義，我們無處可尋。就算他們理解，也沒有尊重它。對他們來說，這些物品只代表一樣東西：在阿茲特克帝國裡等待他們發掘的大量財富的證據。這些在眾多手工珍寶中舉世無雙的物品，於一五一九年十二月九日從墨西哥運到西班牙塞維亞（Seville），由科爾特斯指揮，把

圖1：石製的曆法圓盤

第一艘運寶船送回西班牙。因為西班牙國王斐迪南的孫子查理一世（Charles I）以及其他歐洲國家元首，如古羅馬帝國皇帝查理五世（Charles V），當時正在法蘭德斯（Flanders），所以船隻駛往布魯塞爾。這些黃金物品除了有象徵意義的禮物外，還包括了許多雞、狗、虎、獅、猴的金色小雕像，以及黃金弓箭。但最令他們驚歎的還是「太陽圓盤」，直徑七十九英尺，有四枚金幣那麼厚。

著名畫家兼藝術家阿爾布雷希特・杜勒（Albrecht Durer）看到這些來自「新黃金大陸」的珍寶時，寫下這段話：「這些物品都非常珍貴，它們價值十萬荷蘭盾。我有生以來從沒見過讓我感到如此雀躍的東西。當我看到這些令人驚歎的藝術品時，不由得為遙遠國度的那些能工巧匠感到不可思議。事實上，對於我面前的這些東西，再怎麼形容都是不足夠的。」

但無論「這些東西」擁有獨一無二的藝術、宗教、文化或歷史價值，對國王而言，它們只代表第一桶和最後一桶金。他可以用這些黃金，幫助他鎮壓內部暴動和外部戰爭。查理國王命令，把這些由珍貴金屬打造的物品，在到港時就融化掉，重新製作成金條或銀條。

在墨西哥，科爾特斯及其手下態度一致。他們緩慢向前推進，透過先進武器，以及外交或背叛手段，掃除所遇到的一切阻撓。這些西班牙人，最終於一五一九年十一月成功抵達阿茲特克首府：特諾奇提特蘭（Tenochtitlan），也就是現在的墨西哥城。這座城位於湖中央，易守難攻，只能經由堤道才能進入。然而，由於蒙特蘇馬仍然畏懼神回歸的預言，他和所有貴族都出來迎接科爾特斯及其隨從。除了蒙特蘇馬穿著涼鞋之外，其他人都打著赤腳，在所謂的「白種神」面前顯得格外卑微。國王在金碧輝煌的宮殿裡歡迎這些西班牙人的到來；那裡遍布黃金，甚至連餐具都是金製的。他們還參觀了一個裝滿黃金製品的儲藏室。

西班牙人略施小計，將蒙特蘇馬抓住，囚禁在他們的駐地；並要求對方以黃金為贖金，來做為釋放的條件。於是貴族們派人在全國收集贖金。他們上交的黃金物品足以裝滿整個船艙，船員們滿心歡喜地返航西班牙（這艘船在半路被法國人攔截，於是引發了戰爭）。

科爾特斯在阿茲特克內部挑撥離間，獲得了大量黃金，準備釋放蒙特蘇馬，讓他繼續掌握傀儡政權。但他的副指揮官沒有耐性，主導了一場對阿茲特克貴族及高官的大屠殺。在這場騷亂中，蒙特蘇馬亦被殺害，西班牙人最終獲得勝利。由於本身的傷亡也很慘重，科爾特斯從城中撤出；在古巴休養並添加充足的補給後，又經歷了許多漫長的戰爭，最終他在一五二一年八月重返阿茲特克。那個時候，西班牙人已經在分崩離析的阿茲特克強行推廣了西班牙法例，重約六十萬披索（pesos）的黃金被挖掘、搶奪，被融化成塊。

當時被占領的墨西哥也是一個黃金新大陸；但是當地製作及累積這些黃金工藝品的歷史已經長達幾個世紀，甚至上千年。很明顯的，墨西哥不是《聖經》中的哈腓拉之地，特諾奇提特蘭也不是傳說中的黃金城。因此，從不放棄尋找黃金的冒險家和國王們，開始把目光轉向新大陸的其他地方。

黃金國的傳說

西班牙人在美洲大陸太平洋海岸的巴拿馬建造了一個基地，從那裡派遣探險隊和代理商前往中南美洲。在那裡，他們還聽說了黃金國——埃爾多拉多（El Dorado）的短篇傳說，故事是關於一個鍍金人，他是盛產黃金之國的國王，每天早晨會用撒滿金粉的樹膠或油彩塗滿全身。為了重複第二天的儀式，每到晚上，他就跳進湖水裡洗掉那些黃金和油彩。他所統治的城市位於黃金大陸一座湖的中央。

根據名為《神奇的印地安人》（*Elejias de Varones Ilustres de Indias*）的編年史，第一篇有關埃爾多拉多的詳盡報告，是在巴拿馬的法蘭西斯克・皮薩羅（Francisco Pizarro）聽他的一位船員說的，版本如下：根據一個從哥倫比亞來的印地安人所言，「那是一個充滿綠寶石和黃金的國度。那裡所發生的事情令人匪夷所思：他們的國王脫掉衣服，乘坐木筏到湖中央向眾神獻祭。他高貴的外表布滿了芬芳的油彩，披著一件包裹全身的金粉外套；他非常華麗尊貴，就像閃閃發光的太陽。」為了觀看儀式，許多朝聖者前往當地並製作了「大量黃金飾品和珍稀綠寶石，還有其他各式各樣的裝飾品」，把它們扔進聖湖裡。

另一個版本是，據稱那座聖湖在哥倫比亞北部的某個地方，全身鍍金的國王帶著「大量黃金和綠寶石」前往湖中央。身為民眾使者的人站在湖周圍大聲呼喊、演奏樂器，國王把那些寶物丟進湖裡以獻給神。還有一個版本把那座黃金城稱為「馬諾阿」（Manoa），並說它位於祕魯（Biru，西班牙文為Peru）。

有關埃爾多拉多的消息，在新大陸的歐洲人之間不脛而走，而且迅速傳回歐洲大陸。口述的消息迅速付諸於文字：描述那片神祕的土地、神祕的湖泊、神祕的國度，以及無人見過的國王，甚至每天早上國王鍍金儀式的小冊子和書籍，也開始在歐洲流傳（見圖2）。

有些人像科爾特斯一樣去了加利福尼亞（California），其他人則前往委內瑞拉（Venezuela），展開了他們自選線路的尋寶之旅。法蘭西斯克．皮薩羅及其副官則完全依靠印地安人的報告。有些人到哥倫比亞搜索瓜達維達湖（Guatavita）的水域；這個搜尋活動斷

圖2：國王鍍金儀式插畫

斷斷續續進行了四個世紀，找到了許多黃金奉獻物，讓隨後的幾代尋寶人相信，如果能夠排乾湖水，那些黃金財寶就會從湖底出現。

祕魯印加帝國的黃金

其他和皮薩羅想法相同的人，認為祕魯是正確的藏寶點。兩支探險隊從巴拿馬基地出發，沿著出產許多黃金物品的南美洲太平洋海岸線行走，這讓他們相信在祕魯的努力最終會有回報的。皮薩羅在獲得這次探險的皇家特許，以及總督和州長（將要去征服的省份的）的稱號後，於一五三〇年帶領兩百人前往祕魯。

他是如何只用一小部分實力，就占領了由數千名忠於國王、忠於印加文化的，被認為是神之化身的英勇戰士，所保衛的龐大帝國呢？皮薩羅的計畫是重複由科爾特斯成功運用的戰略：誘惑統治者，抓住他，獲得黃金贖金，然後釋放他，並把他改造為西班牙人的傀儡。

但事實上，那些被稱為印加人的種族正在經歷內戰，西班牙人的到來是一種不可預知的恩惠。他們發現，在印加君主死後，其「二房妻子」所生的長子，對「正妻」所生的兒子才能合法繼承王位的規定，提出了挑戰。

當西班牙人到來的消息，傳到挑戰者阿塔瓦爾帕（Atahualpa）耳邊時，他已經占領了首都庫斯科（Cuzco）。他決定允許這些西班牙人進入內陸（因此遠離了他們的船隻和防衛）。西班牙人剛進入安地斯山（Andes）的一座大城市，就派遣使者帶著禮物，試圖進行和平談判。他們建議雙方領導人在城市廣場會面，都不攜帶武器，沒有軍事護送，以表示誠意。阿塔瓦爾帕同意了。但是當他來到廣場時，西班牙人襲擊了他的護衛隊，將他擒獲。

西班牙人要求贖金做為釋放條件：把一間高度相當於人伸手能觸摸到屋頂的大房間，填滿黃金。阿塔瓦爾帕知道用黃金物品填滿這一間房代表什麼，仍然同意了。在他的命令下，黃金器皿從神廟和宮殿裡被搬出來，有不同大小、形狀各異的高腳酒杯、大口水罐、盤子、花瓶，以及模仿動植物的裝飾品，公共建築牆壁上的一排排金板等。那間房子花了幾週的時間才被填滿。但這時西班牙人突然改口，說是要用純金裝滿房間，而不是讓工藝品填滿空間；於是，印加的金匠又花了一個多月的時間，把所有工藝品融化製成金塊。

歷史好像總會重演，阿塔瓦爾帕的命運和降臨在蒙特蘇馬身上的幾乎一模一樣。皮薩羅打算釋放他，繼續經營傀儡政權；但激動的副官們和教會代表在一次模擬審判中，判處阿塔瓦爾帕死刑，罪名是對犯罪的盲目崇拜，謀殺他王位的競爭對手，同父異母的兄弟。

根據當時的一部編年史統計，從印加君主那裡獲取的贖金總價相當於一百三十二萬六千五百三十九金披索（pesos de oro，黃金的砝碼）——大約二十萬盎司重——留給國王一半的財富後，皮薩羅及其手下很快就把財富分贓了。但每個人分到的財富都超出其美好的想像，因此接下來會發生什麼事，也就不足為奇了。

當征服者們進入首都庫斯科時，他們看到神廟和宮殿簡直鋪滿了黃金。在皇家宮殿裡，三間房放滿了黃金家具，五間房放滿了白銀家具，一間囤積了十萬塊金塊（每塊大約五磅重）的儲藏室，還有一間存放了將要被打造成精美工藝品的珍貴金屬。一個設計成小窩，便於國王躺下休息的黃金寶座，搭配黃金凳子，重兩萬五千金披索（大約四千盎司）；甚至用於支撐的柱子上都貼滿了黃金。那裡到處是小教堂、紀念祖先的墓室，裡面放滿了鳥類、魚類、小動物、耳飾、護胸甲的小雕像和圖像。

在大神廟（西班牙人稱之為「太陽神廟」）裡，牆壁上都貼滿了沉重的金板。它的花園是人工建造的，裡面的樹木、灌木叢、花朵、鳥兒、噴泉，都是用黃金做成的。在庭院一角，有一片玉米田，所有玉米的葉莖都是用白銀做的，穗子是用黃金做的；那片田地的面積有三百英尺寬、六百英尺長，是十八萬平方英尺的金玉米啊！

在祕魯，西班牙征服者發現，他們最初輕而易舉的勝利，在短時間內已經被頑固抵抗的印加叛亂所取代，最初的財富也變成通貨膨脹的災難。對印加人及阿茲特克人來說，黃金是眾神的禮物或財產，並不是用來交易的。他們從不把黃金當作商品，當作錢。而對於西班牙人來說，黃金只是一種獲得渴望之物的途徑。由於黃金過多，但缺乏國產奢侈品甚至日常用品，西班牙人在不久後就面臨著一瓶酒六十金披索，一件披風一百金披索，一匹馬一萬金披索的窘境。

再回到歐洲大陸，黃金、白銀以及珍稀寶石的流入，掀起了一股黃金熱，引來更多對埃爾多拉多的投機行為。不管進來多少寶物，他們都堅信埃爾多拉多還沒有被找到。一些人帶著信仰、運氣，印地安人給的正確可讀線索，以及神祕藏寶圖，踏上了尋寶之路。德國探險家確定，黃金城會在委內瑞拉奧利諾科河的上游找到，也可能在哥倫比亞。其他人則認為應該尋找另一條河，甚至可能是巴西的亞馬遜河。由於家庭背景和皇家贊助商的身分，瓦爾特．羅利（Walter Raleigh）也許是這些人中最浪漫的。他於一五九五年從普利茅斯（Plymouth）出發，去尋找傳說中的馬諾阿，為伊莉莎白女皇增光添彩。

在他的眼裡，馬諾阿是這樣的：

理想中的黃金帝國，到處覆蓋黃金！
光影之間——
不管有多大變化，
變化無常事件的始源——
人們緊緊抓住令人嚮往的、永不滅亡的希望。

他和探險的前輩或後人一樣，仍然把埃爾多拉多——那位國王、那座城市、那片大陸——視為一個要去實現的夢，「令人嚮往的、永不滅亡的希望」。所有尋找埃爾多拉多的人，都是一條鏈條上的一個環節，始於法老之前，延伸至我們的結婚戒指和國家儲金。

然而，就是這些夢想家，這些探險者，他們對黃金的渴望在最後向西方人揭露了一個未知的民族以及美洲文明。這些重新扣在一起的環節，其實早已存在於那一段被遺忘的時光。

托爾特克人與黃金的源頭

為什麼人們在墨西哥和祕魯發現了不可思議的黃金和白銀寶物後，在這麼長時間裡對埃爾多拉多的追尋依然如此瘋狂？熱烈不斷的尋寶熱，大多可歸因於對那些所有財富的源頭尚未被找到的堅定信念。

西班牙人曾經向當地人嚴厲質問有關那些大量寶物源頭的問題，不知疲倦地追查每個線索。不久之後，他們清楚地意識到，加勒比（Caribbean）和猶加敦根本不是源頭；實際上，馬雅人表示，他們主要是與南部和西部的近鄰做交易，以獲得黃金，而且他們並不精通從早期定居者（**現在專家以托爾特克〔Toltec〕這個名字來指稱他們**）的金匠那裡學得的手藝。那些人是從哪裡得到黃金的呢？「從眾神那裡。」馬雅人說。在當地的說法裡，黃金被稱為teocuitlatl，字面上的意思就是「眾神的排泄物」，他們的呼吸和眼淚。

在阿茲特克首府，西班牙人瞭解到黃金確實被認為是眾神的金屬，對黃金的偷竊是死罪一條。阿茲特克人指出，托爾特克人是其金匠手藝的老師。那麼誰教了托爾特克人呢？「偉大的羽蛇神（**魁札爾科亞特爾**）。」阿茲特克人回答道。

科爾特斯在寫給西班牙國王的報告中寫道，他曾經嚴厲地質問過阿茲特克國王蒙特蘇馬有關黃金源頭的問題。蒙特蘇馬坦白道，這些黃金來自於王國的三個省份，一個在太平洋海岸，一個在海灣海岸，還有西南部一個有金礦的島。於是科爾特斯派人調查這三個源頭，發現印地安人的確在河床裡採到黃金，或者收集到因雨水沖刷而留在河床表面的金塊。在那個曾經有過金礦的省份，似乎只在過去被挖掘過；西班牙人碰到的印地安人早就不在金礦場裡工作了。「那裡沒有開採中的金礦了。」科爾特斯寫道：「我們在表面發現了金塊；最主要的源頭是河床裡的沙子。黃金以粉末的形式被保存在小莖稈或被子裡，或是在小鍋中融化後再澆鑄成條狀。」一旦準備好，黃金就被送到首都，送回這原本就屬於眾神的東西。

雖然大多數採礦學和冶金學專家都同意科爾特斯的結論：阿茲特克人只從事沖積礦開採（從**礦山表面以及河床收集金塊和金粉**），不包括切割以及在山區的開採工作。但這件事還沒有被完全解答。接下來幾個世紀的西班牙征服者及冶金專家，總是提到在墨西哥各地發現的史前金礦。令人不可思議的是，墨西哥的早期定居者，比如托爾特克人，他們的源頭可以追溯到西元前幾個世紀，但他們的採礦技術比後來的阿茲特克人高明許多。

對於「史前金礦」的說法已經被研究人員反駁，他們認為老式豎井是由西班牙征服者所建造，之後被遺棄了。在這個世紀之初流傳著一種觀點，亞歷山大・德爾・瑪（Alexander Del Mar）在《珍稀金屬的歷史》（*A History of the Precious Metals*）中寫道：「就史前金礦而言，必須以阿茲特克人不了解鐵為前提，因此地下採礦……實際上就不是什麼問題了。現代採礦者在墨西哥發現的老式豎井和採礦工作的遺蹟，看起來像是史前採礦的場景，這倒是真的。」儘管反對史前金礦的報導已經被寫進官方出版物，但德爾・瑪相信，那些地方「是古代的工作場所，留有火山劇烈變動的痕跡，或熔岩和油布的沉積，而這兩種情形都被認為是遠古遺蹟的證據」。最後，他總結說：「研究人員的推斷是很難站得住腳的。」

然而，阿茲特克人則將這些遺蹟歸因於祖先托爾特克人，這些人具有技術，也有著黃金隱藏處的知識，以及從多石山脈裡開採黃金的能力。米格爾．萊昂．波蒂利亞（Miguel Leon-Portilla）根據名為《阿茲特克的真實文化》（*Codice Matritense de la Real Academia*，卷八）的阿茲特克手稿，撰寫了《阿茲特克的思想和文化》（*Aztec Thought and Culture*），如此描述托爾特克人：

> 托爾特克人技藝高超；他們所有的作品都很不錯，製作精良，值得讚美……。畫家、雕塑家、珍稀寶石的雕刻匠、羽毛藝術家、陶藝家、紡紗工、紡布工，他們做的所有東西都充滿技巧。他們發現了珍貴的綠寶石、藍玉；他們知道藍玉及其礦山。他們找到了這個玉礦，進而找到了埋藏著黃金、白銀、青銅、錫，以及組成月亮的金屬之礦山。

大多數歷史學家認可的是，托爾特克人在西元前數世紀就來到墨西哥中部的高地，至少比阿茲特克人的出現早一千年或五百年。但奇怪的是，為什麼他們能夠認識礦產、認識真正的金礦和其他的金屬，以及像藍玉這種稀有的寶石，而他們的後代——阿茲特克人——卻只會從水面刮金塊？究竟是誰把礦產的祕密教給托爾特克人？

就像我們知道的那樣，答案是羽蛇神「魁札爾科亞特爾」。

黃金寶物與實際礦產的落差

一方面是不斷積累的黃金寶物的祕密，另一方面是阿茲特克獲取黃金的有限能力，這些在印加土地上循環往復。

在祕魯，就像在墨西哥一樣，當地人透過採集從山澗沖刷到河床裡的金粒和金塊，來獲取黃金。但透過這種方法，年產量不可能與在印加大地發現的大量黃金相提並論。從保存在進入西班牙的官方港口塞維亞的紀錄來看，來自新大陸的黃金儲藏量大得驚人。至今還存在的印度群島檔案，記錄了一五二一年至一五二五年這五年就收到十三萬四千金披索。接下來的五年（來自墨西哥的贓物）總數是一百零三萬八千金披索。從一五三一年到一五三五年，來自祕魯的出貨量開始超過來自墨西哥的裝船量，總數增加到一百六十五萬金披索。在一五三六至一五四〇年間，祕魯還是主產地，來自那裡的黃金重三百九十三萬七千金披索；在一五五〇年代的十年裡，所接收的黃金總數幾乎是一千一百萬金披索。

當時著名的編年史學家之一，佩德羅・德・謝薩・德・萊昂（Pedro de Cieza de Leon，以下簡稱謝薩・德・萊昂），《祕魯編年史》（*Chronicles of Peru*）的作者，他寫道，在西班牙人征服印加後的幾年裡，每年從印加帝國「榨取」一萬五千阿羅瓦（arrobas，編注：美洲西班牙語國家的重量單位舊稱，一阿羅瓦等於十一・三公斤）黃金和五萬阿羅瓦白銀；這相當於每年六百多萬盎司黃金以及兩千多萬盎司白銀！儘管謝薩・德・萊昂沒有提及這種肆無忌憚的「榨取」持續了多少年，但他提供的數字讓我們認識到西班牙人在印加大地劫掠的珍寶有多少。

這部編年史提到了，西班牙人在最初綁架印加君主得到大量贖金後，還掠奪了庫斯科的財富，大肆破壞海岸上帕查卡馬克（Pachacamac）的神聖神廟，已經成為在相當多省份裡「榨取」黃金的專家。縱觀印加帝國，首府宮殿和神廟裝飾著大量黃金。另一個源頭是包含著大量黃金物品的埋葬地。西班牙人瞭解到，印加的風俗是要對已故的貴族和統治者的住宅進行封印，使得已經木乃伊化的屍體周圍布滿他們曾經擁有的寶物。西班牙人懷疑那些印地安人已經奪走了埋葬在隱密地區的黃金寶物。有的寶物隱藏在洞穴裡，有的被埋葬，其他的被扔進湖水裡。「華卡」（huaca）是指用來祭祀或供神的尊貴場所，黃金在那裡堆積得就像是被它真正的擁有者——眾神——遺棄了似的。

各種與尋寶有關的傳說四處流傳，再加上不一定要折磨印地安人才能得到一些埋藏地點的資訊，使得在西班牙人征服當地後的五十年裡，瀰漫著各式各樣的消息，甚至流傳到十七和十八世紀。岡薩洛・皮薩羅（Gonzalo Pizarro）利用這些消息，發現了一個一百年前印加君主的神祕財富。另一個名叫加西亞・古鐵雷斯・德・托雷多（Garcia Gutierrez de Toledo）的人，找到了一系列布滿神聖寶物的土堆，在一五六六年至一五九二年間，從那裡面挖出了價值超過一百萬披索的黃金。一六〇二年，埃斯科巴・科瓦爾（Escobar Corchuelo）從托斯卡（La Tosca）的華卡挖出了價值六萬披索的物品。而當莫切河（Moche）分流時，一批價值六十萬披索的寶物被發現；編年史學家補充說道，「其中包括一座大型黃金神像。」

一百五十年前，兩位探險家里貝諾（M. A. Ribero）和馮・楚迪（J. J. von Tschudi）編寫了《祕魯古物》（*Peruvian Antiquities*）一書，他們比現在更接近那些事物。他們描寫道：

在十六世紀後半葉短短的二十五年裡，西班牙人從祕魯出口到祖國的黃金和白銀，價值超過四億達克特，我們可以設想，贓物總數的九成被那些征服者所獲得；這個計算中，我們忽略了那些為了躲避外國侵略者貪婪的目光，而由當地人埋藏的大量珍寶，以及印加君主瓦伊納・卡帕克（Huayna Capac）為了幫長子慶生而下令製作的著名黃金鎖鏈，據說它被扔進烏可斯湖（Urcos）裡。（作者注：這條鎖鏈七百英尺長，像人的手腕一樣粗。）

其他沒包括在內的，還有載著充滿金粉的金製花瓶的一萬一千頭駱駝，這是不幸的印加君主阿塔瓦爾帕想要用來換得他的生命和自由的東西，而當部落高層聽說他們敬愛的君主被判處施行一種新式懲罰時，就將牠們埋葬在高山荒原裡。

這些大量的黃金來自掠劫長期積累的財富，而不是持續的生產，這一點已經由編年史和相關數據所證實。幾十年來，在可被看見的以及隱藏的寶物都被耗盡後，每年塞維亞的黃金收入減少到大約六千至七千磅。而那時的西班牙人帶來鐵製工具，開始徵召當地人從事採礦工作。工作異常辛苦殘酷，使得大陸人口在世紀末大幅度減少，西班牙議會更因此對剝奪本土勞動力強加限制。人們發現了大量銀脈，於是進行開採，就像在玻利維亞波托西（Potosi）所做的那樣；但是所獲得的數量從來不足以匹配這樣的付出，也難以解釋為何在西班牙人到來之前當地能累積如此大量的寶物。

為了尋找問題的答案，里貝諾和馮・楚迪在《祕魯古物》中寫道：「黃金是最受祕魯人尊敬的金屬，他們擁有的數量也比其他國家的人多。從西班牙人四個世紀以來自礦產和河流裡提取出的黃金，與印加時代的豐富度及數量相比，我們可以確認的是，印地安人才真正掌握了這些珍貴物質的礦脈，這是那些征服者及其後代從未成功發現的。」

他們還預測說：「祕魯有一天將會揭開她胸前的面紗，那裡隱藏著比當今已在加州出產的更美妙的財富。」當十九世紀晚期的淘金熱用一種新方式控制歐洲大陸時，許多採礦專家開始相信所謂的「主礦脈」，即地球上所有黃金的最終發源地，將會在祕魯發現。

在墨西哥，有關安地斯大陸普遍接受的觀點，可以用亞歷山大・德爾・瑪在《珍稀金屬的歷史》中的話來說明：「在西班牙人征服之前，祕魯人所獲得的珍貴金屬裡，幾乎全部的黃金都是透過沖刷河流沙礫所得。那裡找不到任何豎井。對那些露出黃金或白銀的山脈進行挖掘的情況，也少之又少。」就安地斯山區的印加人（以及墨西哥的阿茲特克人）而言，這是真實的；但在安地斯山區，就像在墨西哥一樣，史前金礦的問題仍然沒有被解答。

有一群人在印加王朝之前就已經在礦脈源頭找到黃金（那是印加人不想揭露或根本不知道的地方），這種可能性仍然是那些累積的寶物看似可信的解釋。的確，根據當代這一課題的最頂尖研究成果——洛斯羅普（S. K. Lothrop）在其著作《西班牙歷史學家描述的印加寶藏》（*Inca Treasure As Depicted by Spanish Historians*）中所說明的：「現代礦井位在原住民所在地。古代豎井經常被報導，人們也經常發現原始工具，有時甚至發現了被埋葬的礦工遺體。」

美洲當地人擁有的大量黃金，不管是怎麼獲得的，仍然提出了另一個非常基本的問題：「為什麼呢？」

編年史學家和歷史學家都認為，這些人拿黃金並沒有特別的用途，只是用來裝飾眾神的神廟，或獻給那些以神的名義管理人民的人。阿茲特克人的確將黃金傾灑在西班牙人腳下，只因為相信他們代表回歸的神。印加人最初也是把西班牙人的到來，看成是神按照約定跨海而歸，後來他們也不明白，為什麼這些大老遠來的西班牙人，卻對他們認為沒有實用價值的金屬那麼著迷。所有學者都認為，印加人和阿茲特克人並不把黃金當作金錢使用，也不會把它和商業價值連結起來。然而他們卻從國家裡提煉出大量的黃金，這又是為什麼呢？

十九世紀著名的探險家、專業採礦工程師亞歷山大・馮・洪堡德（Alexander von Humboldt）在祕魯海岸上早於印加文化的奇穆（Chimu）遺址，發現了一片沿著死者墓塚埋藏的黃金。這一發現令他不解的是，為什麼黃金被認為沒有實用價值，卻要和死者一起埋葬呢？是不是他們在一定程度上相信，逝者前往來世之後會需要它，或者他們在與先祖團聚時，可以像先祖那樣使用黃金？

是誰帶給他們這種傳統和信仰，又是在什麼時候發生的？

是誰使得黃金變得這麼寶貴，也許是在其源頭對它的追求？

西班牙人聽到的唯一答案就是「神」。

印加人說，是神的眼淚化成了黃金。

他們把一切都指向神；他們不知不覺地發出了與《聖經》中上帝和先知哈該（Haggai）同樣的聲音。事實上，是這一個舊大陸的宣告在新大陸的巨大迴響：

萬軍之耶和華說，銀子是我的，金子也是我的。（《哈該書2：8》）

我們相信這幾句話是解開這種種謎團——眾神、人類、美洲古代文明祕密——的關鍵。

2．該隱的失落國度？

阿茲特克首都「特諾奇提特蘭」是一個大都市，使到來的西班牙人印象深刻。他們在報告中形容它非常大，雖然不能說比當時大部分的歐洲城市大，卻也布局良好，管理有序。

這個城市位於高地中央裂谷裡特斯科科湖（Texcoco）中的一座島上，湖水環繞，運河交錯，簡直就是新大陸的水城威尼斯。連接城市和大陸的又長又寬堤道，給西班牙人留下了深刻的印象，有無數獨木舟航

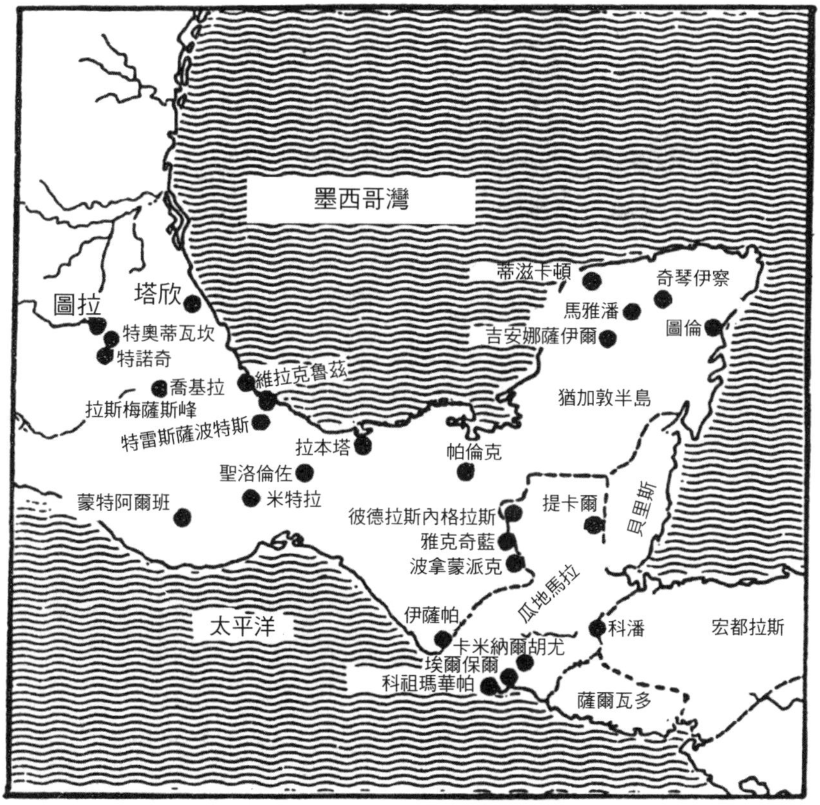

行在運河上，街道上到處都是人，市場裡商賈眾多，來自各地的商品琳琅滿目。皇宮裡有許多房間，金碧輝煌，並被設有鳥舍和動物園的花園所包圍。大廣場熱鬧非凡，用來進行節日慶典和軍事遊行。

阿茲特克人的神聖區域

但城市和帝國的內部卻是一個龐大的宗教中心——一個巨大的、面積有一百多萬平方英尺的巨大矩形，周圍環繞著一座裝飾著類似翻滾毒蛇圖案的牆壁。在神聖區域裡，有二十座宏偉的建築，其中最豪華的就是有著兩座高塔的大神廟（Great Temple），以及羽蛇神魁札爾科亞特爾的半圓形神廟。現今墨西哥城的大廣場和大教堂，占據了部分古代神聖區域的地盤，鄰近的街道和建築也是這樣。借著一九七八年一次挖掘文物的機會，大神廟有一些重要部分被保留下來，供當代人參觀造訪。在過去十年裡，政府也做了很多工作，重建神聖區域的比例模型，以恢復其往昔的輝煌。

大神廟有著類似階梯金字塔的形狀，最高處離地面一百六十英尺；其地基有一五〇英尺乘一五〇英尺的面積。它在某些方面代表了建築的最高水準：就像俄羅斯娃娃，外層結構是在先前較小結構的基礎上建造的，並將其包圍住。總共有七層建築結構層層包圍。考古學家能夠將其各個層次剝除，使建築回歸到大約在西元一四〇〇年建造的第二代神廟模樣；這一個和最終我們見到的那個一樣，其頂上已經建造了獨特的雙塔。

這兩座塔代表了奇特的雙重崇拜，北邊的高塔是供奉暴風雨和地震之神特拉洛克（Tlaloc）的聖壇（見圖3a）。南邊的高塔則是供奉阿茲特克部落的戰神慧茲羅波西特利（Huitzilopochtli）。通常他被描繪為手持「火蛇」神器（見圖3b），並用它打敗了四百個小神。

在西邊有兩條通往金字塔頂的巨大階梯，其中一條為雙塔聖壇所用。每條階梯在其根基處都用兩個石刻的兇殘蛇頭來當作裝飾，一個是慧茲羅波西特利的神器火蛇上的，另一個是象徵特拉洛克的水蛇頭。在金字塔底部，挖掘者們發現了一個巨大厚重的石盤，上面雕刻著被分解的科約爾沙赫基（Coyolxauhqui）屍體（見圖3c）。根據阿茲特克的傳說，她是慧茲羅波西特利的妹妹，因涉及四百眾神叛亂而被兄長所殺。看起來她的命運也是阿茲特克人的信仰源頭之一，也就是必須提供從人類受害者身上拿出的心臟給慧茲羅波西特利，才能讓他平息。

圖3a：供奉暴風、雨和地震之神特拉洛克的聖壇

圖3b：手持「火蛇」神器的戰神慧茲羅波西特利

圖3c：石盤上的科約爾沙赫基屍體圖

神聖區域裡的雙塔主題，被頂部有雙塔的兩座金字塔建築進一步強化，這兩座金字塔占據大神廟兩邊，往西還有兩座。較西側的兩座位在羽蛇神廟兩側。羽蛇神廟前面有著一般階梯金字塔少見的形狀，後面則是圓形階梯結構，如此螺旋上升後形成一個有圓錐穹頂的圓形高塔（見圖4）。

許多人相信，這座神廟是用來觀察太陽的。《古代中美洲的天文學》（*Astronomy in Ancient Mesoamerica*）的作者安東尼．艾維尼（Anthony Aveni）在一九七四年說，在春、秋分日（三月二十一日和九月二十一日），從東方升起的太陽直射赤道時，剛好可以從大神廟兩座高塔之間的羽蛇神塔裡看到陽光。這是有可能的，因為神聖區域的設計者不是沿著與方位基點一致的建築學軸線來建造神廟，而是沿著朝東南方向偏離了七．五度的軸線；這種設計完美地彌補了特諾奇提特蘭地理位置的不足（位於赤道以北），使得人們能夠在那些至關重要的時刻，看到太陽在雙塔之間升起。

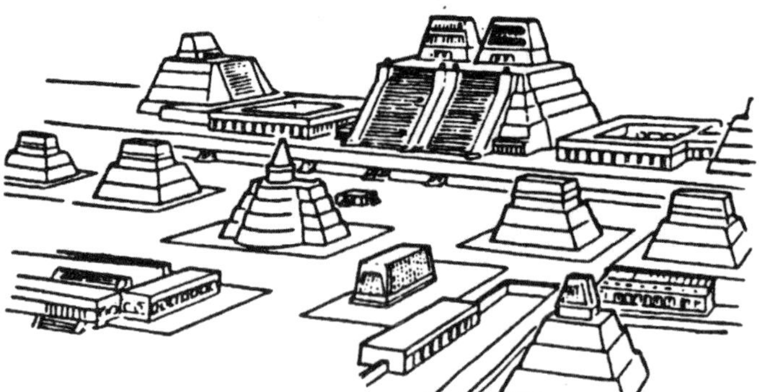

圖4：神聖區域裡的建築

似曾相識的阿茲特克文明

儘管那些西班牙人不太懂得神聖區域的複雜含義，但他們留下的紀錄顯示了對於遇到有教養的民族，以及與西班牙人本身相似的文明感到驚訝。人們穿越險惡的大洋，才發現與文明世界相隔絕的，其實是一個由國王統治的國家，就跟歐洲的國家一樣。宮廷裡充斥著貴族、官員、交際花；使者往來於各個國度；諸侯部落進獻貢品，忠實的公民繳納賦稅；皇家檔案裡記載著各個部落的歷史、朝代變更和財富；不同等級的部隊和精良的武器裝備；藝術、工藝、音樂和舞蹈；與季節相關的典禮和宗教規定的神聖節日——就像歐洲的國教一樣；由神廟、禮拜堂和住宅相間組成的神聖區域，被城牆包圍——就像羅馬的梵蒂岡——像那時的歐洲一樣，由一定等級的祭司管理，他們不僅是信念的守護者和上天旨意的解讀者，還是科學知識的祕密看守人。在這些知識裡，以占星學、天文學和曆法的奧祕最為重要。

當時的一些西班牙編年史學家，為了抵消這些印地安野人令人尷尬的正面印象，把它們都歸因於科爾特斯訓誡蒙特蘇馬「崇拜的不是神，而是邪惡的魔鬼」。科爾特斯透過在金字塔頂建造一個有十字架和「聖母形象」的聖壇，試圖抵消一種邪惡勢力。但令西班牙人驚訝的是，甚至連十字架的象徵也為阿茲特克人所知，它被認為是有著上天意義的標誌，就像羽蛇神魁札爾科亞特爾盾牌上的徽章所描繪的那樣（見圖5）。

此外，在令人混亂的眾神信仰之間，也有著對至高神、萬物創造者的潛在信仰。一些祈禱文聽起來也很熟悉。下面是從阿茲特克禱告中節選的詩歌，它從古老的納瓦特（Nahuatl）語言轉化而來，以西班牙語記錄。

你居住在天堂，
你支持著山脈……
你無處不在，持久永恆。
你被懇請，被祈求。

圖5：羽蛇神的盾牌上也有十字徽章

你的成就卓越顯赫。

儘管存在著令人困惑的相似之處，但阿茲特克文明也存在令人擔憂的差異。這不是大群修士和傳教者對其宣戰的理由——「過度崇拜」；更不是挖出犯人的心臟，獻給戰神慧茲羅波西特利以求贖罪的野蠻風俗（這是在一四八六年由蒙特蘇馬的前任君主刻意施行的一項措施）。而是這個文明的全部，好像它是一個文明被捕獲的結果，或是一個入侵的先進文化像一塊薄板那樣，掩蓋了一個粗糙的底層結構。

那些建築物令人印象深刻且被巧妙布置，但它們不是用打磨好的石塊建造的，只是泥磚結構，用簡單的砂漿粗魯地將野地裡的石頭組在一起。商業貿易發達，但只是簡單的以物易物。貢品以實物上交；賦稅以個人勞動支付。那裡沒有任何意義上的金錢概念。紡織物在最低等級的紡織機裡編織；棉花用土製紡錠來紡織，類似物品在歐洲也有被發現，比如在特洛伊（西元前兩千年）的廢墟和巴勒斯坦地區（西元前三千年）。阿茲特克人的工具和武器還停留在石器時代，即使他們掌握金匠的手藝，卻不知何故缺乏金屬工具和武器。他們拿玻璃狀的黑曜石碎片來切割（阿茲特克曾經一度流行的物品，是用來挖出罪犯心臟的黑曜石刀具）。

由於美洲其他地方的民族沒有文字，擁有一套寫作系統的阿茲特克人在一定程度上顯得更先進。但他們的文字既不是字母的，也不是語音的；只是一系列圖畫，有點像漫畫性質的卡通圖案（見圖6a）。與之對比的是，古代近東地區大約在西元前三千八百年開始出現書寫文化，（在蘇美）一開始是以象形文字的形式，後來快速轉變為楔形文字字母，再進化到代表音節的語音字母，並且在西元前第二個千年結束前，形成完整的字母體系。在埃及方面，大約西元前三千一百年開始實行王位制度時，出現了圖畫文字，並且很快就進化成一套象形文字系統。

專家的研究，包括阿米莉亞．赫茲（Amelia Hertz）的《歷史綜合評論》（*Revue de Synthese*

Historique, vol. 35）顯示，西元一五〇〇年的阿茲特克圖畫文字，與最早期的埃及文字很相似，就像四千五百年前刻在納爾邁（Narmer）國王石碑上的文字那樣（見圖6b）；納爾邁被認為是埃及第一代國王。阿米莉亞．赫茲在墨西哥阿茲特克和早王朝埃及之間，發現了一個奇妙的類似點：當青銅熔煉術還沒有開發出來時，兩國的製金工藝都已經很發達，工匠可以在黃金製品中鑲嵌藍玉（它在兩國都是不太珍貴的寶石）。

a

圖6a：阿茲特克人的圖畫文字

b

圖6b：埃及納爾邁國王石碑上的文字

阿茲特克的移民神話

墨西哥城的人類學國家博物館（公認的此領域世界最佳博物館之一），在U形建築裡展示該國的考古學遺產。遊客在其中穿越時間和空間，從史前起源到阿茲特克時代，從南北到東西。中央部分著重介紹阿茲特克；它是墨西哥國家考古學的核心和驕傲，「阿茲特克人」是人們後來為它取的名字。他們稱呼自己為「墨西哥」，因此以「墨西哥」來為首都（建於阿茲特克的首都特諾奇提特蘭遺址上），以及整個國家命名。

墨西哥廳被博物館形容為「最重要的大廳……其輝煌的規模，是設計來詳盡展示墨西哥民族的文化」。這裡有具紀念意義的石頭雕刻，包括重達二十五噸的巨大年曆石（參見十六頁圖

1），不同神和女神的巨大雕像，一個切割成圓形的厚重大石盤。整個大廳裡充滿了令人印象深刻的小石頭、泥人像、陶器品、武器、黃金飾品，以及其他阿茲特克遺蹟，再加上神聖區域的模型等。

左手邊是呈鮮明對比的原始泥土、木製品和怪誕的假人像，右手邊是氣勢磅礴的石刻藝術和神聖區域，這些都令人震驚。從阿茲特克在墨西哥存在不到四百年的時間來看，這都是無法解釋的。如何說明這兩種不同層次的文明呢？當我們在歷史中尋找答案時，阿茲特克人比較像是遊牧的、笨拙的遷徙部落，不斷被擁有更先進文化的部落驅趕進山谷。一開始，他們透過部落定居的方式謀生，大多數像雇傭兵一樣生存。一段時間後，他們決定侵略近鄰，搶奪其文明和工藝。阿茲特克原本是慧茲羅波西特利的信徒，但他們也接納了近鄰的眾神信仰，包括雨神特拉洛克、仁慈的羽蛇神魁札爾科亞特爾；羽蛇神是工藝、寫作、數學、天文和時間計算之神。

但那些被學者稱為「移民神話」的傳說，主要是透過更早期的傳說把事件推到另一個角度上。這些資訊的源頭不僅是口頭傳說，還在被稱為「手抄本」的書中。比如《波杜里尼手抄本》（*Codex Boturini*）裡寫道，阿茲特克部落的祖籍是在一個叫做「阿茲特蘭」（Azt-lan，意思是白色宮殿）的地方。那裡是第一對父權夫妻——伊特扎克·密克瓦爾（Itzac-mixcoatl，意思是白雲蛇）和他的妻子伊蘭奎（Ilan-cue，意思是老女人）的住所；他們為講納瓦特語的部落生育了男孩，做為這些部落中的一員，阿茲特克人就這樣出現了。托爾特克人也是伊特扎克的後裔，但他們的母親卻是另一個女人，因此他們和阿茲特克人是同父異母的兄弟。

沒有人可以確定阿茲特蘭在什麼地方。在眾多探索這個問題的研究中（其中包括它就是傳說中的亞特蘭提斯的理論），最出色的一個就是愛德華·塞勒（Eduard Seler）的《阿茲特克人的家——阿茲特蘭在哪裡？》（*Wo lag Aztlan, die Heimat der Azteken*）。這個地方明顯和數字「七」有關，它曾經一度被稱為「七洞阿茲特蘭」。在抄本裡還描述說，它是一個可由七座神廟辨別出的地方；其中央大型階梯金字塔由六個較小的聖壇圍繞。

在伯納狄諾・迪薩哈岡（Bernardino de Sahagun）修士所著的《新西班牙事物的歷史》（*Historia de las cosas de la Nueva Espana*）裡，引用了西班牙人征服當地後以納瓦特語寫成的原始文獻，來說明阿茲特蘭的多個部落移民史。阿茲特蘭裡總共有七個部落。他們乘船離開阿茲特蘭。圖畫書裡描繪他們越過了一個界標，但界標上的象形文字仍然是個謎團。迪薩哈岡為這些小站取了一些名字，比如把有陸地的地方叫做「帕諾特蘭」（Panotlan），就是「經由海洋到達的地方」之意；學者們從各種線索中，得出那裡就是當今的瓜地馬拉的結論。

那些移民的部落有四個聰明人指引他們，因為這四個人隨身攜帶著儀式手稿，也知道年曆的祕密。部落朝雲蛇宮殿的方向前進，但這麼做明顯會走散。最終，包括阿茲特克人和托爾特克人的部落，到達了名為「特奧蒂瓦坎」（Teotihuacan）的地方，他們在那裡建造了兩座金字塔，一座象徵太陽，一座象徵月亮。

在特奧蒂瓦坎統治的歷代國王們也都埋葬在那裡，他們認為埋在特奧蒂瓦坎可以轉世成神。這次和下一次大規模遷徙相距多久，我們不得而知。但是在一定程度上，部落開始遺棄聖城了。首先離開的是托爾特克人，他們離開此地去建造自己的城市：托央（Tollan）。最後離開的是阿茲特克人。他們流浪到許多地方，最後一次移民的首領名字叫做梅西特里（Mexitli），意思是「塗抹過的」。據一些學者研究，這就是墨西哥（意思是塗抹全身的人）部落名字最初的由來。

最後一次移民的信號，是由阿茲特克或墨西哥信仰的慧茲羅波西特利神所發出的，他向人民保證，那片土地「房屋金碧輝煌，有著彩棉和彩色的可可樹」。他們按照指定的方向前進，直到他們看到一隻棲息於仙人掌上的鷹，那株仙人掌是從被湖水環抱的岩石裡長出來的。於是他們打算在那裡定居，並稱呼自己為「墨西哥人」，因為他們是上天所選擇的人，命中注定要去統治其他部落的人。

根據這些傳說，第二次抵達墨西哥山谷的就是阿茲特克人。他們也到達了被稱為「中間之地」的托央。雖然那裡的居民是他們的遠古親戚，卻不歡迎那些阿茲特克人。阿茲特克人在中央湖泊的沼澤邊緣生活了將近兩個世紀。他們取得了力量和知識，最終建立了自己的城市——特諾奇提特蘭。

「特諾奇提特蘭」這個名字的意思是「特諾奇（Tenoch）的城市」。一些人認為，此處叫這個名字，是因為以前阿茲特克人的首領、城市的建造者，名字就叫特諾奇。但眾所周知的是，阿茲特克人當時認為他們自己是特諾奇人——特諾奇的後代。其他人則認為，特諾奇是很早以前一個部落祖先的名字，傳說中父親般的角色。

現今學者普遍認可的是，墨西哥人或特諾奇人大約在西元一一四〇年來到那座山谷，於西元一三二五年建立了特諾奇提特蘭。他們透過一連串的結盟和戰爭擴大影響力。一些研究者懷疑，阿茲特克人是否統治了一個真正的王國。事實上，當西班牙人到來時，他們是墨西哥中部占優勢的力量，和同盟一起統治，一起抗敵。西班牙人對阿茲特克的征服，是因為其內部反抗壓迫的暴動，才顯得格外容易。

納瓦特傳說中的古神

就像《聖經．希伯來書》為了父權夫妻及人類起源去追尋家系宗譜，阿茲特克人、托爾特克人和其他納瓦特人也這樣做了，他們為了同樣的目的找到創世傳說。《舊約》為活躍於創造過程的不同神設計了一個複數的實體——Elohim（伊羅興，希伯來語原版《聖經》中的「上帝」，如翻譯成中文則是「上帝們」），濃縮了詳盡的蘇美語來源。而納瓦特傳說則保留了蘇美人和埃及人關於幾個單獨或共同行動的神的概念。

部落信仰認為，從北邊現今的美國西南部，一直到南邊現今的尼加拉瓜，最初有一個古神，他是萬物、天堂和大地的創造者，住在最高的第十二層天堂裡。伯納狄諾・迪薩哈岡將知識的起源歸功於托爾特克人：

托爾特克人知道那裡有許多天堂。
他們說，那裡重重疊疊有十二層，
居住著神和他的配偶。
他是天神、雙重之主；
他的配偶是雙重女士，仙女。
這就意味著：他是十二層天堂之上的王及主。

這聽起來像是美索不達米亞天神宗教（celestial-religious）的信仰，的確令人詫異。在美索不達米亞的信仰中，眾神的首領叫做阿努（天國之主，Lord of Heaven），和他的配偶安圖（天國女士，Lady of Heaven）居住在最遙遠的星球上，太陽系的第十二個星體裡。蘇美人把它描繪成以十字架為圖騰的，散發著光和熱的星球（見圖7a）。這個圖騰後來被古代人們所採納，進化成翼碟上常見的圖案（見圖7b、7c）。然而，我們現在能看出，羽蛇神魁札爾科亞特爾的盾牌（見圖7d）和早期墨西哥石碑上描繪的圖案（見圖7e）也離奇地與它十分吻合。

在納瓦特傳說故事的文獻裡，把古神描述成是滿臉鬍鬚的人（見圖8），恰好就像滿臉鬍鬚的羽蛇神魁札爾科亞特爾的祖先。在美索不達米亞和埃及的神譜裡，也有關於神聖伴侶以及兄弟迎娶自己姊妹的傳說。對阿茲特克人來說最重要，也是他們最關心的，是四個神聖的兄弟，他們按照出生順序排列如下：特拉特拉赫基（Tlatlauhqui）、特斯卡特利波卡・耀特爾（Tezcatlipoca-

Yaotl）、羽蛇神、慧茲羅波西特利。他們代表四個方位基點：東、西、南、北，以及四種重要元素：土、風、火、水（這是在舊大陸廣為流傳的「萬物根本」的概念）。這四位神還代表四種顏色：紅、黑、白、藍，以及通常以恰當膚色及其象徵物、樹木和動物一起被描繪的四個人類種族。

這個對人類四種不同分支的認識，是十分有趣的。也許它與美索不達米亞聖經中源自挪亞的閃—含—雅弗（Shem-Ham-Japhet）血脈的亞非歐區別概念，兩者之間的差異處是深具意義的。

a

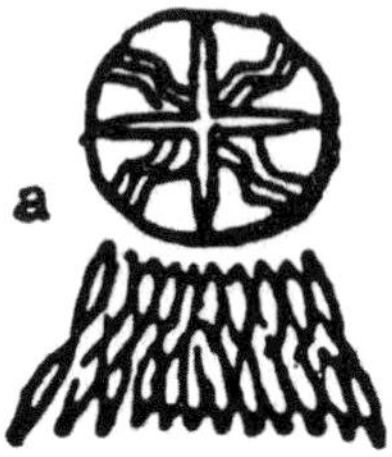

圖7a：以十字架為圖騰的星球

b

c

圖7b、7c：翼碟上常見的圖案

d

圖7d：羽蛇神的盾牌

e

圖7e：墨西哥石碑

納瓦特部落所增加的第四種人——紅種人——即是美洲民族。

納瓦特人的傳說曾經提及眾神之間的衝突甚至戰爭。其中包括慧茲羅波西特利擊敗四百位小神，以及他與特斯卡特利波卡、羽蛇神魁札爾科亞特爾的大戰。這些為了爭奪地球領土或地球資源而發生的戰役，在古代傳說中也被記載。西臺人和印歐人記載的，有關特舒蔔或因陀羅（Indra）和兄弟戰爭的傳說，透過小亞細亞傳到了希臘。閃族迦南人和腓尼基人也寫下了巴艾（Ba'ai）和他兄弟之間戰爭的傳說，裡面記錄了巴艾屠殺上百名被引誘來參加勝利宴會的「眾神之子」。在非洲的含（Ham）之地，埃及文字裡記錄了奧西里斯（Osiris）被弟弟塞特（Seth）分屍，以及塞特和為父復仇的奧西里斯之子荷魯斯（Horus）之間漫長殘酷的戰爭。

圖8：滿臉鬍鬚的古神

這些神最初是出自墨西哥人的概念嗎？或者他們是根基於古代近東的信仰和傳說的記憶呢？只有深入研究納瓦特人關於創造和史前的傳說後，答案才會浮現出來。

我們尋找萬物創造者以繼續對比，他是一位「賦予生與死、好與壞的命運」的神。編年史學家安東尼奧・德・埃雷拉・易・托雷西拉斯（Antonio de Herrera y Tordesillas）曾寫道，印地安人「在苦難中呼喚他，凝視著他們認為他所在的天空」。創造神首先創造了天國和大地；然後用黏土塑造一男一女，但是他們並不持久。又經過一次冒險後，他用礦渣和金屬創造了一對人類夫妻，人類由此而來。但在一次洪水中，所有男女都被毀滅，只有一位祭司和他的妻子，以及一些種子和動物，被一個漂浮的中空原木所救。祭司派小鳥發現了陸地。根據編年史學家葛列格里奧．加西亞（Gregorio Garcia）的描述，洪水持續了一年零一天，整個大地成為汪洋，世界一片混亂。

阿茲特克的太陽紀元

透過傳說、繪畫描述，以及諸如年曆石的石刻藝術，影響人類和納瓦特部落之祖先的早期或史前事件，被劃分為四個年代或四個「太陽」紀元。阿茲特克人認為，他們的時代屬於最近的第五個年代——第五太陽紀元。前面出現的四個太陽紀元，每個都是經歷了一些災難後才走向滅亡，有時候是自然災害（比如洪水），有時是由眾神之間的戰爭所引發的災難。

人們認為，偉大的阿茲特克年曆石（在神聖區域內被發現），是一個記錄五個紀元的聖石。環繞著中央面板的圖示以及中央區域本身，一直是眾多研究的課題。那裡面的第一個環，詳述了阿茲特克月曆裡代表二十天的二十種圖案。環繞著中央的四個矩形區塊，被認為是一些象形文字，它們代表著過去的四個紀元，以及使之滅亡的各種災難——洪水、狂風、地震和暴雨，以及美洲虎。

就這些紀元的週期和其中的關鍵事件來說，四個紀元的傳說提供了很有價值的資訊。儘管有諸多版本顯示在文字記錄之前有一段相當長的口述傳統，研究人員仍然同意，第一個紀元終結於一次洪水，一場吞沒了整個地球的大洪水。人類的倖存得益於一對夫妻，內內（Nene）和塔塔（Tata），他們將人類拯救到一個中空原木裡。

第一個或第二個紀元是白髮巨人的時代。第二個太陽紀元被稱為「泰茲奎茲提克」（Tzoncuztique），即「黃金時代」，終結於狂風大蛇（Wind Serpent）。第三個太陽紀元被烈焰巨蛇（Fire Serpent）所統治；那是紅髮人類的時代。根據編年史學家伊克斯提利（Ixtlilxochitl）記載，那些紅髮人是第二個紀元的倖存者，他們乘坐船隻從東邊來到新大陸，在作者稱為「波頓成」（Botonchan）的地方定居；他們在那裡碰到了同樣是第二個紀元倖存者的巨人，被這些巨人當作奴隸使喚。

第四個太陽紀元是黑頭人的紀元。那是羽蛇神魁札爾科亞特爾在墨西哥出現的時代——他身材高大，面容俊朗，留著鬍鬚，穿著束腰外衣。他的下屬，體型像蛇，身上被塗成黑色、白色和紅色，嵌著珍貴的寶石，裝飾著六顆星星（也許這不是巧合，墨西哥的第一代主教祖馬拉加〔Zumarraga〕的下屬，其打扮和羽蛇神的下屬非常相似）。托爾特克的首府托央也正是在那個時代建造的。羽蛇神是智慧和知識的主人，根據五十二年的循環，引入了知識、工藝、法律和時間計算。

第四個太陽紀元滅亡時，眾神之間的混戰發生了。羽蛇神也離開了，向東回到他原本歸屬的地方。眾神的戰爭踩躪了大地；野生動物也開始襲擊人類，因此托央被人類遺棄。五年後，與阿茲特克人結盟的奇奇梅克（Chichimec）部落出現，第五個太陽紀元，即我們現在的這個紀元，阿茲特克時代開始了。

為什麼把一個紀元稱為「太陽」呢？一個太陽紀元會持續多長的時間呢？個中原因不明，而且各個時代的長度也不明確或因版本而有所不同。我們可以從《梵蒂岡拉丁抄本》（*Codex Vaticano-Latino*）三七三八號裡，看到一種看似合理可信的理由。裡面寫道：第一個太陽紀元持續了四千零八年，第二個太陽紀元是四千零十年，第三個太陽紀元是四千零八十一年，第四個太陽紀元「始於五千零四十二年前」，但沒有說明它具體的結束時間。也許就像裡面所寫的，我們看到的有關這些事件的傳說，是距今一萬七千一百四十一年時記載的。

這個時間跨度太長，恐怕人們很難回想。雖然學者們也同意，第四個太陽紀元發生的事件包含一定的歷史元素，但他們傾向將早期時代視為純粹的神話。然而，要如何解釋類似亞當和夏娃的故事、全球性大洪水、一對夫妻倖存的情節？亞歷山大（H. B. Alexander）在《拉丁美洲神話》（*Latin-American Mythology*）中提到：「這情節令人不禁想起《創世記》裡的創造故事和類似的巴比倫宇宙觀。」一些學者認為，納瓦特語文獻以某種方式反映了印第安人從傳遞《聖經》訊息的西班牙人那裡聽來的內容。但是，並非所有手抄本都是在西班牙人征服後所撰寫的，它們與《聖經》或美索不達米亞神話會有相似之處的原因，只能解釋為墨西哥部落和美索不達米亞有著古老的連結。

此外，墨西哥－納瓦特人的時間表，把事件和時代，與科學和歷史精確地連結起來，令人不得不停下來靜靜思索。文獻記載了第一個太陽紀元最後的洪水氾濫時間，是在編寫手抄本之前的一萬三千一百三十三年，也就是西元前一萬一千六百年。而我在《第十二個天體》（*The 12th Planet*）中總結出，淹沒地球的大洪水大約出現在西元前一萬一千年；這不僅是傳說本身的巧合，也是大概時間上的一致，說明了那並不僅是阿茲特克的神話。

我們完全著迷於傳說裡關於第四個紀元是「黑頭人」（前面的紀元被認為是白髮巨人，之後是紅髮人類）紀元的描述。這和蘇美人在其文字裡的稱呼一樣。在阿茲特克的傳說中，也認為第四個太陽紀元是蘇美人出現在人類舞臺的時期嗎？蘇美文明大約在西元前三千八百年出現；現在看起來，我們對於蘇美人把第四個紀元的開端定位在其時代之前的五千零二十六年，而阿茲特克人則定位在西元前約三千五百年——關於「黑頭人」的起源時間幾乎一致的這一發現，無需感到驚訝。

這些有關蘇美人的解釋（阿茲特克人向西班牙人講述他們聽說的西班牙人起源）未必是站得住腳的；西方世界在征服新大陸四個世紀後，才揭開偉大的蘇美人文明的遺蹟和遺產。

我們已經知道：納瓦特部落從自己的遠古資料裡，得知了類似創世記之類的傳說。但他們是怎麼知道的呢？

新舊大陸間的跨洋往來

這個問題已經困惑了西班牙人很長一段時間。他們驚訝地發現，新大陸不僅有著與歐洲大陸相似的文明，還有著「數量眾多的人民」。他們還被阿茲特克紡織品裡的《聖經》線索迷惑。後來他們找到了一種解釋，答案看起來很簡單：他們是以色列失落的十個支派的後裔，這些支派於西元前七二二年被亞述人流放，隨後就杳無音訊了（殘留的猶太王國由猶大〔Judah〕和便雅憫〔Benjamin〕支派所維護）。

一五四二年，多明尼克・弗萊・狄亞哥・杜蘭（Dominican Friar Diego Duran）在五歲時被帶到新西班牙，他是首位在一封手稿裡詳述以上理由的創始者。他的兩部作品，《神、儀式和古代年曆之書》（*Book of the Gods and Rites and the Ancient Calendar*）和《新西班牙的印地安歷史》（*Historia de las Indias de Nueva Espana*）已經被海頓（D. Heyden）和赫卡斯塔斯（F. Horcasitas）譯成英文出版。在第二本書裡，杜蘭引用許多相似之處，以強調他對「印度群島和新大陸」土著所下的結論：「他們是猶太人和希伯來人。」他的理論認為，「就其本性而言：這些土著是被亞述國王撒縵以色（Shalmaneser）抓住並帶到亞述的以色列十個支派的一部分。」

杜蘭與印地安老人交談後的報告，探索出當時的部落傳說：「身材高大的巨人出現並統治這個國家……那些巨人沒有到找觸摸太陽的方法，於是決定建造一座頂部可以觸及天國的高塔。」這個情節類似於《聖經》的巴別塔（Tower of Babel）故事，其意義也與《出埃及記》的移民故事相符。

這也難怪，隨著類似的報告不斷增加，「十個失落支派」的理論逐漸成為十六至十七世紀最知名的理論之一。這種猜測認為他們以某種方式穿過亞述領土來到東方，越過以色列來到美洲。

在歐洲皇家議會贊助下達到尖峰的「十個失落支派」思想，後來被一些學者所嘲弄。當前的理論堅持，人類最初是在大約兩萬或三萬年前，從亞洲跨越冰封陸橋來到新大陸的阿拉斯加，後來逐漸向南繁衍。有許多包含工藝品、語言、人種學和人類學評估的證據，顯示了這些影響來自跨越太平洋而來的人：印度人、東南亞人、中國人、日本人、波里尼西亞人（Polynesian）。學者們以「這些人定期來到美洲」為理由來解釋這些影響，並強調這些事件發生在基督教時代，也就是征服新大陸的幾百年前，而不是西元前的任何時候。

儘管這些有聲望的學者一直輕視那些有關新舊大陸之間透過大西洋往來的所有證據，但他們不得不重視近期把跨太平洋的交流視為創世記之類的故事在美洲流傳的解釋。實際上，全球性大洪水，以及用黏土或類似物質創造人類的傳說，在全世界都是神話學的主題，而一條從近東（傳說起源的地方）通往美洲的大致路線，可能的途徑是東南亞和太平洋諸島。

但是納瓦特人記載的某些方面則指向了更早的源頭，而不是相對新近的大征服之前的幾個世紀。原因之一是，納瓦特關於人類創造的傳說，遵循了一個非常古老的美索不達米亞版本，這甚至在《創世記》裡都找不到相關解釋。

阿茲特克的人類起源傳說

實際上，《聖經》有著兩個而不只有一個關於人類創造的版本；兩者都引用了早期的美索不達米亞版本。但這兩者又都忽略了第三個，它也許是最古老的版本，裡面記載著人類不是用黏土創造的，而是用一位神的鮮血創造的。在該版本所根據的蘇美文獻中，男神艾（Ea）和女神寧蒂（Ninti）合作，「準備了一個淨化浴」。他命令「一位神把血滴進去，讓寧蒂把血肉和黏土混合」。男人和女人就是從這種混合物中產生的。

我們認為，這個版本沒有出現在《聖經》裡，而是在一個阿茲特克傳說裡反覆出現，具有重要的意義。在著名的《一五五八年手稿》（*Manuscript of 1558*）中，提到了在第四個太陽紀元悲慘滅亡後，眾神在特奧蒂瓦坎聚集的情況。

這些神一聚集，就說：「誰應該居住在地球上？天國已經建設好，地球已經建設好；但眾神啊，誰應該居住在地球上？」

聚集的眾神「很傷心」，但智慧和科學之神——羽蛇神（魁札爾科亞特爾）提出一個想法。他來到「死亡之地」米克特蘭（Mictlan），向掌管這片土地的神聖夫妻聲明：「我來這裡，是為了你們保存的珍貴骨頭。」在克服異議和欺騙之後，羽蛇神終於拿到「珍貴骨頭」：

他收集了珍貴骨頭；他把男人的骨頭整理好放在一邊，把女人的骨頭整理好放在另一邊。羽蛇神將它們拿起來，綁成一束。

他帶著這些乾燥的骨頭前往「祖先之地」或「我們起源之地」——塔摩安成（Tamoanchan）。他在那裡把骨頭交給擁有魔法的神奇女神西哈科特爾（Cihuacoatl，意思是蛇女）。

她碾碎這些骨頭，把它們放進土盆裡，接著羽蛇神用他男性器官的鮮血滴灌它們。

在其他神面前，西哈科特爾把碾碎的骨頭和羽蛇神的鮮血混合在一起；接著，馬奇胡拉雷（Macehuale）就從類似黏土的混合物中被塑造出來。人類再度被創造出來了！

在蘇美傳說裡，人類的創作者是神「艾」（Ea，意思是他的家是水），也稱為恩基（Enki，意思是大地之主）。他的綽號和象徵物常常暗示了他的狡猾，而他的冶金學家（metallurgist）身分，在語言學上等同於一個單詞「蛇」（Serpent，譯注：此詞有狡滑之意）。他那能力高強的同伴，寧蒂（Ninti，意思是給予生命之女），是醫學女神；而醫學的古代象徵物也是一隻纏繞的大蛇。蘇美人在圓筒印章上的描述，向我們展示了兩個在一個類似於實驗室、到處是燒瓶之處的天神（見圖9a）。

在納瓦特人的傳說裡發現這些元素，非常令人震驚：一個被稱為羽蛇的知識之神，一個被稱為蛇女，具有神奇力量的女神；俗世的元素和神的精華（血液）在一個充滿泡沫的浴缸裡融合；包括男人和女人的人類，就在混合物中被創造出來了。更令人驚訝的事實是，在米斯特克（Mixtec）部落裡發現的一件納瓦特手抄本中，有這個神話的相關圖畫。上面描繪著一個男神和一個女神，把一種元素放進大燒瓶或桶子裡，再將神之血滴入其中混合；一個人類就從混合物中誕生了（見圖9b）。

a

圖 9a：蘇美人圓筒印章的圖畫

b

圖 9b：納瓦特人抄本的圖畫

移民美洲的過程

綜合其他與蘇美人相關的資料和術語，我們發現了很久以前人類之間的聯繫。這些證據看起來也挑戰了人類首次移民美洲的理論。依照這些證據，移民並不是透過北方的白令海峽從亞洲進入美洲，而是透過南極洲從澳洲或新西蘭前往南美洲。這種看法會在最近被重提，跟在智利北部、靠近祕魯國境線所發現的，已有九千多年歷史的人類木乃伊有關。

這兩種理論讓我們感到困惑，因為它們都需要男人、女人和兒童長途跋涉數千公里的冰凍區域。我們猜想著他們在兩萬或三萬年前是如何做到這件事的；此外，我們還納悶為什麼這樣的旅程能夠被允許。為什麼那些男人、女人和兒童會在看起來只會經歷更多的冰雪，其餘一無所獲的冰凍地形上跋涉數千英里？——除非他們認為冰雪之後有一片樂土。

但是，他們還沒去過那裡，之前的民族也沒去過，他們怎麼會知道在無盡的冰雪後方有什麼呢？根據定義，他們是第一批越洋來到美洲的人嗎？

在有關出埃及的聖經故事裡，國王把樂土描述成「那地有小麥、大麥、葡萄樹、無花果樹、石榴樹、橄欖樹、和蜜。……那地的石頭是鐵、山內可以挖銅。」（《申命記》8：8－9）阿茲特克的神這樣形容樂土：「房屋金碧輝煌，盛產彩棉和彩色可可。」早期前往美洲的移民，他們的長途跋涉沒有經過任何人——包括他們的神——的同意，告訴他們去做這件事，告訴他們該期待什麼嗎？如果那位神不只是一個神學實體，而是一個實際存在於地球上的人，那麼他會像《聖經》的上帝為以色列人所做的那樣，幫助那些移民克服旅途的艱辛嗎？

因為不明白為什麼這趟不可思議的旅行會被同意，又是如何被同意的，我們一遍又一遍地翻看納瓦特人關於移民和四個紀元的傳說。由於第一個太陽紀元是被大洪水終結，它應該是在上一個冰河時期的最終階段；我們在《第十二個天體》裡曾提到，大洪水是因南極洲冰層滑入海洋所引發的，使得上一個冰河時期在西元前一萬一千年前突然結束。

納瓦特部落的起源，是傳說中稱為「阿茲特蘭」的地方嗎？它會被稱為「白色宮殿」，是因為它是白雪覆蓋之地嗎？這是第一個太陽紀元被認為是「白髮巨人」時代的原因嗎？根據阿茲特克的歷史紀錄，回溯到在一萬七千一百四十一年前展開的第一個太陽紀元，這是否代表他們在冰雪於新舊大陸間形成陸橋的西元前一萬五千年左右移民至美洲？而且，納瓦特人的傳說可能與穿越整片冰原，而不是乘船渡過太平洋有關嗎？

經由海路或陸路到達太平洋海岸的史前傳說，並不局限於墨西哥人。南部的安地斯人也有被稱為傳說的類似記憶。其中的納蘭普（Naymlap）傳說，可能與來自其他地方，首度在海岸定居的人們有關。裡面說到了大批蘆葦船的登陸（**後來，著名探險家暨作家索爾．海達爾〔Thor Heyerdahl〕曾使用同樣的蘆葦船，來模擬蘇美人的航海**）。有一塊可以發出神所說的話語的綠色石頭，被放在船頭，指引移民者的首領納拉姆普駛往被選中的海灘。而透過這個綠石像說話的那位神，也教導人們關於耕種、建築和工藝的技術。

一些有關綠石像傳說的版本十分精確地指出，厄瓜多的聖赫勒納角（Cape Santa Helena）就是他們的登陸地點；那是南美大陸西邊面向太平洋的小地方。很多編年史學家，包括胡安．德．貝拉斯科（Juan de Velasco），都認為第一批定居在那片赤道區域的土著是巨人。

移居到那裡的人類，信仰以太陽和月亮為首的十二位神。貝拉斯科寫道，在厄瓜多首都所在地，這些移居者建造了兩座面對面的神廟。在獻給太陽的神廟入口前豎立了兩排柱子，它的前庭有排成一個圓圈的十二根石柱。

當他們的領袖納拉姆普完成任務時，他就必須離開了。不像他的祖先，納拉姆普不需要死：他被賜予一雙翅膀飛走了，從此再也沒有出現過。他在說話石之神的指引下飛向天國。

由於美洲印地安人相信說話石會發出神聖的指令，因此彼此合作無間。所有舊大陸的古代人都信仰神諭石，以色列人逃難時攜帶的方舟上也安裝了「施恩座」（Dvir），字面上的意思是「發聲者」，它是一種可攜式設備，摩西可以透過它聽到上帝的指示。有關納拉姆普飛往天國的細節在《聖經》也有類似描述。《創世記》第五章提到，亞當生塞特之後，塞特的第七代後裔是以諾（Enoch），在他三百六十五歲後「離開」了地球，因為有上帝指引他飛向天國。

學者們對於人類在一萬五千年或兩萬年前乘船越洋一事抱有疑問。他們堅持認為當時的人過於原始，不可能擁有足以越洋的船隻，也不會在海上航行。直到蘇美文明在西元前第四個千年展開，人類才有能力在陸地（以輪子）和水域（以船隻）上進行長途運輸。

但透過蘇美人的自述，那都是大洪水之後的事情。而他們一再堅持，在大洪水發生之前，地球上有高度發達的文明，那是由來自阿努（Anu）的行星的外星人所開創的文明，並一直以永生的「半神」（demigods）血脈往下延續；這些半神是外星人（《聖經》中的納菲力姆〔Nefilim〕）與「人類的女兒」之間通婚的後代。埃及編年史學家暨祭司曼涅托（Manetho）的作品中，也堅持同樣的觀點。《聖經》裡也一樣，描述了大洪水前的農耕生活（耕種，牧羊）和城市文明（城市，冶金）。然而，根據全部的古代文獻，所有這一切都被大洪水一掃而空，萬物不得不從痛苦中重生。

流浪者該隱的去向

《創世記》一開始的創世傳說，其實是更詳盡的蘇美文獻的濃縮版本。在這些傳說裡，不只一次提到了「亞當」（the Adam），字面意思就是「居住在地球的人」（the Earthling）。但隨後就轉換到一個名叫「亞當」的祖先的家系族譜裡了：「這是亞當後代之書。」（《創世記》5：1。

編按：《聖經》和合本譯為「亞當的後代記在下面」。）起初他有兩個兒子，該隱（Cain）和亞伯（Abel）。該隱殺害他的弟弟亞伯後，被耶和華驅逐。「亞當又與妻子同房，他就生了一個兒子，起名叫塞特。」（《創世記》4：25）接著，《聖經》循著塞特的家譜往下，直到大洪水故事中的英雄挪亞。然後，故事的重點就放在亞非歐的人民身上。

那麼該隱到底怎麼了呢？我們在《聖經》裡只能找到十二句說明。耶和華把該隱貶為流浪者，「一個在地球上的逃亡者和流浪者。」

> 於是該隱離開耶和華的面，去住在伊甸東邊挪得（Nod）之地。該隱與妻子同房，他妻子就懷孕，生了以諾。該隱建造了一座城，就按著他兒子的名將那城叫作以諾。（《創世記》4：16—17）

幾百年之後，拉麥（Lamech）出生了。他有兩個妻子。其中一個生下了雅八（Jabal），「雅八就是住帳棚牧養牲畜之人的祖師。」（《創世記》4：20）而另一個妻子生了兩個兒子。其中一個叫猶八（Jubal），「他是一切彈琴吹簫之人的祖師。」（《創世記》4：21）另一個叫土八該隱（Tubal-Kain），「他是銅匠鐵匠的祖師。」（《創世記》4：22）

這些貧乏的聖經知識，在某種程度上由偽經之書《禧年書》（*Book of Jubilees*）所補充，書中包含了來自早期資料的西元前第二世紀的故事。把一些事件與《禧年書》的內容連結起來後，發現「該隱娶了他的妹妹阿萬（Awan，意思是遊蕩者）為妻，在第四個五十年節（jubilee）結束時，她生下了以諾。接著在第五個五十年節第一年的第一週，房子被建在大地上，該隱建造了一座城市，並以他兒子的名字『以諾』來命名」。

聖經研究者一直被亞當將其子取名為塞特，該隱將其子取名為「以諾」（意思是「成立」、

「**創建**」（Founding），「**根基**」（Foundation）所困惑，也被其他後代名字的相似性所迷惑。不管是什麼原因，可以明顯看出，《聖經》的編輯所依賴的資料，主要源於兩個以諾（**也許是史前人物**）的非凡事蹟。《禧年書》寫道，以諾「是第一個在地球出生的人，他學習了寫作、知識和智慧，並根據天國的月份在書中寫下天國的標誌」。根據《以諾書》（*Book of Enoch*），這位族長在天國旅程中被教授了數學、行星的知識和曆法，也看到了地球上「在西邊」的「七種金屬之山」。

早於《聖經》的蘇美文獻《列王紀》（*King Lists*）中，也提到了在大洪水發生之前，統治者被神授予各種知識。他的綽號是恩麥杜蘭基（EN.ME.DUR.AN.KI），意思是天國和地球的基礎知識之王，很有可能就是《聖經》中以諾的原型。

美洲的納瓦特人也有關於流浪的傳說。人們在抵達最終目的地後，建造一座城市以移居到此；族長有兩名妻子，兒子們的部落民族已經進化；其中一個兒子因成為金屬工匠而聞名。這些傳說內容不是幾乎跟《聖經》一樣嗎？甚至納瓦特移居者對於數字「七」的強調，在《聖經》故事中也有提到：該隱的第七代子孫拉麥神祕地宣布：「若殺該隱，遭報七倍，殺拉麥，必遭報七十七倍。」（《**創世記**》4：24）

我們是否觸及了七個納瓦特部落傳統裡所迴盪的古老記憶？那是關於該隱及其兒子以諾的流放路線？

阿茲特克人把他們的首都稱為「特諾奇提特蘭」（**特諾奇的城市**），這是以他們的祖先命名的。考慮到在他們的方言裡，阿茲特克人習慣在許多單字前加上首字母「T」，特諾奇（Tenoch）有可能就是起源於少了首字母「T」的以諾（Enoch）。

有一份巴比倫文獻被學者們認為是基於西元前三千年的早期蘇美文獻所著，其中令人費解地提到一場發生在種地和牧羊兩兄弟之間以謀殺告終的衝突，就像《聖經》裡該隱和亞伯的故事一樣。惹事生非的是名叫凱恩（Ka'in）的領袖，他注定要「在痛苦中煎熬」，於是移民到敦奴（Dunnu）之地，「建造了一座有雙塔的城市」。

神廟金字塔頂上的雙塔，是阿茲特克建築的特徵。這是為了紀念凱恩而建造的「雙塔之城」嗎？然後再命名為「特諾奇提特蘭」（特諾奇的城市）？它會被這樣命名和建造出來，是因為幾千年前的該隱「建造了一座城，就按著他兒子的名將那城叫作以諾」（《創世記》4：17）？

我們在中美洲找到了失落的該隱帝國，那個以「以諾」命名的城市嗎？這種可能性為人類在這塊土地上的開端之謎，提供了一種看似可信的答案。

它也解釋了另外兩個謎團——「該隱的記號」，以及所有美洲人共有的遺傳特性：缺少鬍鬚。

根據《聖經》傳說，在上帝把該隱從居住地驅逐，判決他成為東方的一個流浪者之後，該隱害怕自己會被仇家殺害。所以上帝同意該隱在他保護的範圍內流浪，「耶和華就給該隱立一個記號，免得人遇見他就殺他。」（《創世記》4：17）雖然沒人知道這個「記號」有多麼與眾不同，但一般認為它是一種刻在該隱前額上的圖騰。但從之後的《聖經》描述看來，針對該隱的復仇以及保護，一直延續到第七代之後。但他前額上的圖騰持續不了那麼長的時間，也不能代代相傳。只有一個代代相傳的基因特性符合《聖經》裡的資料。

從美洲人特殊的基因特性來看——缺少鬍鬚——有人猜想，是否這種基因變化就是「該隱的記號」或其後代的記號。如果我們的猜想正確，中美洲正是美洲印地安人在新大陸往南北遷徙的焦點區域，也的確是該隱失落的國度。

3．蛇神的王國

當特諾奇提特蘭發展達到頂峰時，托爾特克首府圖拉（Tula）已經被視為傳說中的托央。當托爾特克人建造他們的城市時，特奧蒂瓦坎已經在神話裡被奉為神聖之地，其名字的意思是「眾神的城市」；而且根據神話記載，確實也是如此。

據說，曾經有一段時間災難降臨於地球，因為太陽無法出現，使得地球陷入黑暗。只有在特奧蒂瓦坎那裡才有光亮，因為有神聖火焰持續在燃燒。憂心忡忡的眾神聚集在特奧蒂瓦坎，討論該怎麼辦。「該由誰來管理和指揮世界？」他們相互詢問：「誰才可以使得太陽重現？」

他們在眾神之間尋找願意跳入神聖火焰的志願者，以他的犧牲來換回太陽。特庫西斯特卡特爾（Tecuciztecatl）表示願意。他穿著閃耀的衣服走向火焰；但每次一靠近火焰時，他都退縮，失去了勇氣。後來納納瓦特辛（Nanauatzin）也表示願意，且毫不猶豫地跳進火中。特庫西斯特卡特爾感到慚愧，也跟著這麼做，但他只落到火焰的邊緣。當這兩位神被燒盡後，太陽和月亮重現在天空中。

儘管當時已看得到日月，但它們卻在天空中靜止不動。根據另一個版本，太陽在一位神拿箭射它時才移動；還有一個說法是，風神吹動太陽後，才使其回到原來的軌道。在太陽恢復運行後，月亮也開始移動了；因此白天和夜晚的循環才得以恢復，地球得救了。

日月金字塔的相對位置

這個傳說與特奧蒂瓦坎最負盛名的古蹟——太陽金字塔和月亮金字塔密切相關。有一種說法是，眾神建造這兩座金字塔來紀念犧牲的兩位神；另一種說法是，事發當時兩座金字塔已經存在，兩位神就是從早已存在的塔頂跳進神聖的火焰中。

不管傳說如何，事實是日月金字塔依然巍然聳立，直至今日。它們就在墨西哥城以北三十英里處，幾十年前還是被荒草覆蓋的土丘，如今已變成主要的旅遊景點。日月金字塔從山谷中拔地而起，群山環繞如同永恆的舞臺幕布（見圖10），遊人不由得放眼仰望向上傾斜的雙塔，仰望群山及其上空。這兩座古蹟散發出力量、知識和意圖；而背景則體現了天堂與大地之間刻意的連結。沒有人會錯過這歷史的一幕，它展現著一段令人敬畏的過去。

這是一段多麼久遠的過去呢？考古學家們假設，特奧蒂瓦坎建立於西元一世紀，但後來逐漸追溯到更遠之前。根據實地考察，這座城市的祭儀中心在西元前兩百年就已經占地四．五平方英里。一九五〇年代，頂尖考古學家科瓦盧比阿斯（M. Covarrubias）在《墨西哥及中美洲的印地安藝術》

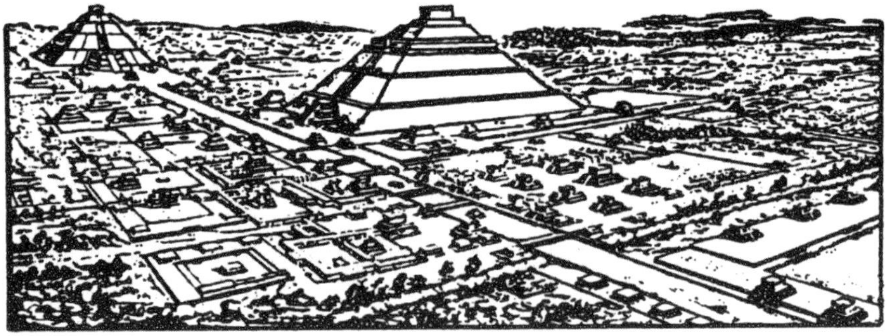

圖10：山谷中的日月金字塔

（*Indian Art of Mexico and Central America*）中承認，放射性碳定年法測出「一個幾乎不可能的年代——西元前九百年」。事實上，進一步的放射性碳定年法測出的年代是西元前一四七四年。現在被廣泛接受的年代是大約西元前一千四百年。那個時候，被認為是特奧蒂瓦坎紀念性建築建造者的奧爾梅克人，正在墨西哥的其他地方建立偉大的「祭儀中心」。

特奧蒂瓦坎顯然經歷了許多個發展時期，而金字塔也揭示了早期內部結構的一些證據。一些學者在殘垣廢墟上研究這個始於六千年前（西元前十四世紀）的故事。這與阿茲特克人的傳說相符，這兒是第四個太陽紀元裡的眾神之地。然後，大約在西元前十四世紀那個黑暗日子來臨時，這兩座偉大的金字塔已呈現如今的巨大雄偉規模。

月亮金字塔矗立在祭儀中心的北端，有較小的輔助建築矗立在兩側，前面是一座大廣場。一條寬廣的大道從那裡往南延伸到視線所及的盡頭，大道旁是一些不太引人注目的聖壇、神廟和一些曾被認為是墳墓的建築。因此這條大道被稱為「亡靈大道」（Avenue of the Dead）。在亡靈大道往南走大約兩千英尺，就會到達矗立在大道東邊的太陽金字塔（見圖11），旁邊有廣場、一些聖壇和其他建築。

經過太陽金字塔後，再往南三千英尺，就來到西烏達德拉（Ciudadela）。這是一塊四方形的區域，包含著特奧蒂瓦坎第三大金字塔——羽蛇神（魁札爾科亞特爾）金字塔的東側。現在所知道的是，越過亡靈大道，面向西烏達德拉之處，有一塊相似的四方形區域，曾經是當時的行政商業中心。亡靈大道繼續向南延伸，一九六〇年代由蘭德·米倫（René Millon）帶領的「特奧蒂瓦坎製圖勘測專案」（Teotihuacan Mapping Project）建造了這條南北長將近五英里的街道，比現代機場最長的跑道還要長。儘管這條大道如此之長，但它卻像一支被射出的箭那樣往前直奔，隨處都展現出高超的建造工藝。

一條東西走向的軸線，與南北走向的亡靈大道垂直，從西烏達德拉向東延伸，並從四方形行政區域向西而去。「特奧蒂瓦坎製圖勘測專案」的成員發現，在太陽金字塔的南邊，有一個刻在岩石上的標誌，那是在兩個同心圓裡有一個十字架。西邊約莫兩英里的山上也有一個類似的標誌。用視線將這兩個標誌連接起來，正好暗示了東西軸線的方向。而十字架的橫線則與南北軸線的方向一致。相關研究得出結論，他們發現這是城市最初的規畫者所用的標誌；但他們沒有理論可以說明，到底規畫者是使用何種方法在這兩個遙遠的地點之間拉出一條直線。

從其他一些事實中，可以明顯看出祭儀中心的座向及設計有一定的意義。第一點就是特奧蒂瓦坎山谷中的聖胡安河（San Juan）流向被轉變，使其穿過祭儀中心：有人工管道導引這條河流

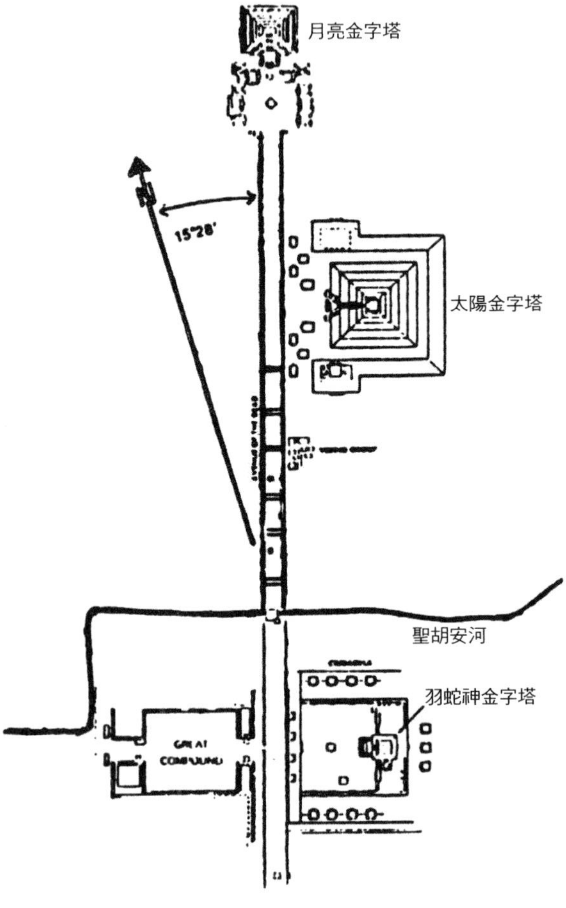

圖11：日月金字塔的相對位置

淌於西烏達德拉，並沿著面對西烏達德拉的四方形區域，精確地與東西軸線平行，接著在流過兩個直角之後，轉向朝西的大道。

第二個顯示此為刻意設計的事實是，這兩條軸線不是指向基本方位，而是朝東南方偏了一五．五度（見圖11）。研究顯示，這並非偶然或古代規畫者的計算失誤。古中美洲天文學家安東尼．艾維尼在《古代中美洲天文學》中稱之為「神聖的方向」，還指出後來的祭儀中心（如圖拉以及其他更遠的中心）都是遵循這個座向，這與它們的位置以及何時建造並無多大的關聯。他的研究指出，在特奧蒂瓦坎建城時期，這種座向的設計是為了能夠在某個重要的日子裡觀察天象。

齊利亞．納托爾（Zelia Nuttal）在一九二六年於羅馬舉辦的第二十二屆國際美洲文化學者會議上遞交的文章中指出，這種座向與太陽在南北之間來回移動抵達兩個至日點的軌道方向一致。假如建造金字塔是為了觀察這種天象，那麼我們就能夠理解金字塔的最終外形（沿著階梯拾級而上，到達最高處的瞭望神殿）是合理的。但是，由於有強力的證據顯示，現在我們所看到的兩座主要金字塔的外層是新修建的（而且曾有考古學家還武斷地重整過它們的表面），所以沒人能夠肯定這兩座金字塔最初的用途不會是另一種。這座階梯可能是後來增加的，因為我們看到太陽金字塔大階梯的第一層是傾斜的，與金字塔的座向並不吻合（見圖12）。

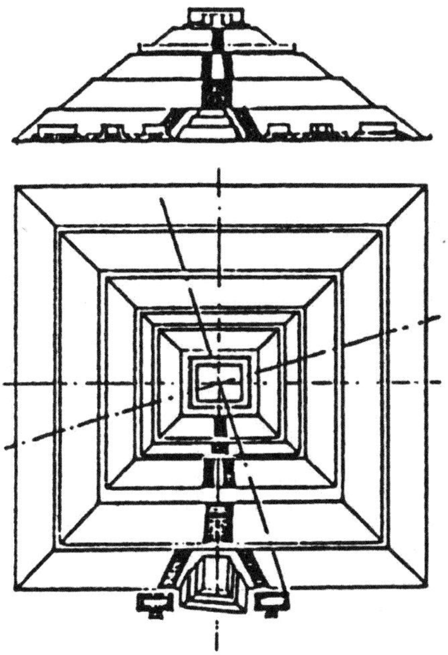

圖12：太陽金字塔的大階梯

日月金字塔是吉薩金字塔的翻版？

在特奧蒂瓦坎三座金字塔中，最小的就是位於「城堡」裡的羽蛇神金字塔。後來被挖掘出的部分，顯現了最初的階梯金字塔形狀。部分暴露在外的塔身，正面雕刻著羽蛇神的象徵「蛇」，與雨神特拉洛克的制式面孔，兩者交替排列，背景是水波紋（見圖13）。這座金字塔被認為是托爾特克時代建造的，並且與墨西哥其他許多金字塔相似。

相比之下，兩座較大的金字塔反而未經任何修飾。它們有著不同的尺寸和外形，因為其巨大無比和歷史悠久而引人矚目。在這些方面，它們與吉薩（Giza）的兩座大金字塔相似。吉薩大金字塔與之後的其他埃及金字塔都不同，後者是由法老所建，而吉薩那兩座獨特的金字塔是由「神」建造。也許類似的事情也發生在特奧蒂瓦坎；若是如

圖13：羽蛇神金字塔的外觀

此，考古證據將會證實有關建造日月金字塔的傳說。

雖然特奧蒂瓦坎兩大金字塔是為了用來觀察天象，但它們還是被建成階梯形，頂部有平臺並搭配階梯，正如美索不達米亞的金字神塔（ziggurat）那樣。毫無疑問的是，這兩座金字塔的建築師顯然相當熟悉埃及的吉薩金字塔，而且他在外形上做了調整，欲與獨一無二的吉薩金字塔相媲美。一個驚人的相似之處是：雖然吉薩的第二大金字塔比最大的金字塔略矮，但兩者的頂端卻是在同一海平線上，因為第二大金字塔建在相對稍高的地平面上；而特奧蒂瓦坎的兩座金字塔也是如此，月亮金字塔所在的地面比太陽金字塔的高出三十多英尺，但它們的頂端也處於相同的海平線。

兩座最大金字塔之間的相似之處尤其明顯。兩者都是建在人工的平臺上。測量出的面積大小也幾乎相同：吉薩的大約是七百五十四英尺，特奧蒂瓦坎的大概為七百四十五英尺，後者幾乎與前者相等（見圖14）。

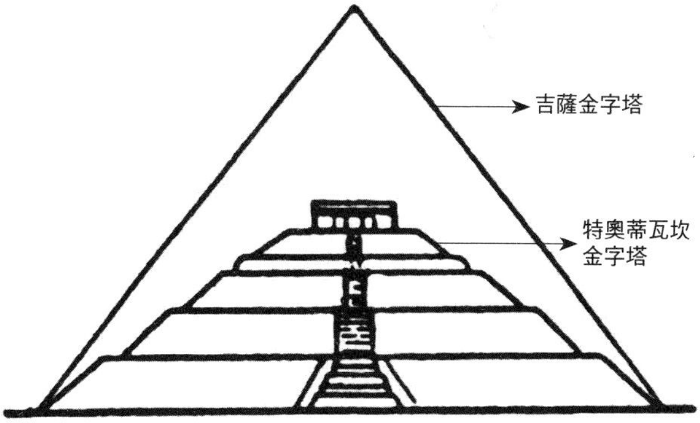

圖14：吉薩金字塔與特奧蒂瓦坎金字塔比較圖

金字塔傾斜角度之謎

儘管這些相似處與一致性證明了兩座金字塔之間潛在的關聯，但是我們也不應該忽略兩者間存在的某些差異。吉薩大金字塔是建在一塊巨大的岩石上，經過小心翼翼的構造、堆砌，不靠砂漿黏合在一起，總重量七百萬噸，體積達到九千三百萬立方英尺。太陽金字塔是用泥磚、土磚、小圓石及沙粒建造，再由一層粗石塊和砂漿組成的外殼建構在一起，體積只有一千萬立方英尺。吉薩金字塔內部包含了由走廊、大走廊，以及許多錯綜複雜卻設計精密的房間所組成的複雜空間；而特奧蒂瓦坎金字塔並沒有這麼多內部構造。吉薩金字塔高四百八十英尺，而太陽金字塔（包括從前最高的神廟）的高度只有兩百五十英尺。埃及大金字塔四面為三角形，與地面成五十二度角；特奧蒂瓦坎的兩座金字塔有相疊的臺階，因此四面為了保持穩定而稍微向內傾斜，與地面的角度是四十三．五度。

這些重要的不同之處，反映了每座金字塔的年代和目的。但最後還有一個不同點是之前所有研究人員都未曾注意的，卻是解開一些謎團的關鍵。

在埃及，只有吉薩金字塔才有這麼傾斜的五十二度角，它既不是基奧普斯（Cheops），也不是其他任何法老建造的（在《地球編年史》系列先前出版的書中已經提出證明），它是古代近東眾神所建，做為地標矗立在西奈半島的太空站。其他所有的埃及金字塔，無論是次要的、較小的、腐朽的或是倒塌的，確實都是由千年之後的法老們所建，目的是效法眾神的「通往天國的階梯」。但是，沒有人能夠成功建造出完美的五十二度角，不管他們怎麼嘗試，都以坍塌告終。

當法老斯尼夫魯（Sneferu，大約西元前二六五〇年）想要建造此巨大榮耀的金字塔時，他得到了教訓。孟德爾松（K. Mendelssohn）在《金字塔之謎》（*The Riddle of the Pyramids*）中，針對古代事件進行詳細分析，他認為，當斯尼夫魯的第一座五十二度角金字塔在美杜姆（Maidum）倒塌時，他的工匠們正在達舒爾（Dahshur）為他建造第二座金字塔。於是工匠們急忙將正在建造中的達舒爾金字塔改為相對安全的四十三．五度，給予這座金字塔獨特的外形，並因此被稱為「彎曲金字塔」（The Bent Pyramid，見圖15 a）。斯尼夫魯打算留給後人一座真正的金字塔，因此他在附近繼續建造了第三座金字塔。這座金字塔因其石頭的顏色，被稱為「紅色金字塔」，也是採用比較安全的四十三・五度角（見圖15 b）。

為了安全而改回四十三・五度角，使得斯尼夫魯的工匠們回歸到法老左塞爾（Zoser）在一個世紀之前，即西元前二七〇〇年採用的做法。他的金字塔是迄今依然存在於塞加拉（Sakkara）的最古老金字塔。這是一個階梯金字塔，有六層臺階緩緩上升（見圖15 c），符合了較小的四十三・五度角。

太陽金字塔與吉薩大金字塔的底座大小相同，難道只是巧合？也許是。有沒有可能法老左塞爾先採用了精確的四十三・五度角，並在他的階梯金字塔中進一步完善，然後特奧蒂瓦坎的金字塔也跟著這樣做？對此我們存有懷疑。但是一個較小的角度，比如說四十五度，即使一個沒什麼經驗的建築師，只要將直角（九十度）分成兩半，就能得出這個角度，但在埃及，會使用四十三・五角，是為了精確配合圓周率π（圓形的周長與直徑的比值，約三・一四）。

吉薩金字塔所使用的五十二度角，需要精通π數值的運用。當金字塔的「高度」等於「寬度的一半，除π，再乘四」（754÷2＝377，377÷3.14＝120，120×4＝480），才能得出這個角度。而要得到四十三・五度角，只需要在最後乘三，而不是乘四，就行了。在這兩種情況下，都需要有π的知

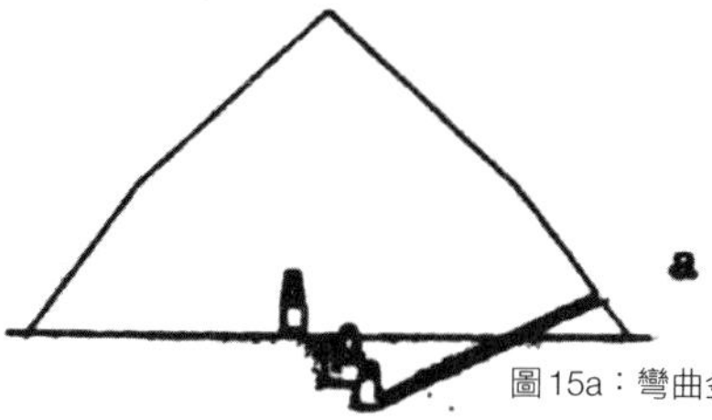

圖15a：彎曲金字塔

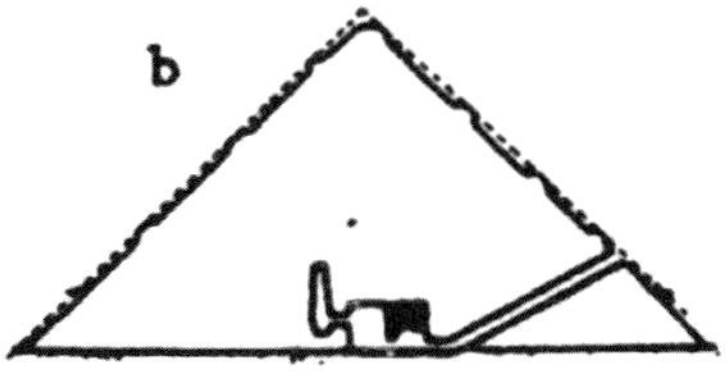

圖15b：紅色金字塔

圖15c：階梯金字塔

識；而在中美洲，人們絕對沒有這種知識。如果沒有熟悉埃及金字塔建造方式的人，四十三・五度角怎麼出現在特奧蒂瓦坎這兩座特別的（對於中美洲而言）金字塔上呢？

金字塔的地下結構

除了獨一無二的吉薩大金字塔之外，埃及的其他金字塔都只有較低的通道（見圖15），通常是設在金字塔底座邊緣或其附近，然後從底座延伸而下。太陽金字塔底下也存在這樣的通道，難道只是巧合嗎？

一九七一年，人們在一場暴雨過後偶然發現了這個通道。就在金字塔中央階梯的前方有一個地洞，裡面有一座古代階梯，向下走二十多英尺就到達一條水平通道的入口。開鑿者斷定這是一個被人工擴大及修繕過的天然洞穴，並在金字塔基岩的下方延伸。最初的洞穴因為某種目的而被改造過，這一點可以從以下事實看出：天花板是由沉重的石塊構成，隧道的牆壁因為塗了砂漿而變得平滑。這條地下通道的土磚牆有許多銳利轉角，並因此改變了通道的路線。

在距離古代階梯一百五十英尺處，這條隧道延伸出兩個房間，好像張開的雙翼似的；這個地點正處在階梯金字塔的第一層。從那裡開始，地下通道大約有七英尺高，繼續延伸將近兩百英尺；它的內部構造使用了多種材料，因而變得更複雜。分段鋪設的地板是人工建造的，排水管道為了某個現今不知道的原因而建造（也許是為了連接一條現已消失的地下河道）。最後，隧道的盡頭在金字塔第四層下方，一個被挖空如三葉草形狀，由泥磚柱和玄武岩厚板支撐的空間。

地下結構是因為什麼目的而被建造得如此複雜呢？由於牆面在現代被發現以前，已經遭到破壞，難以確定黏土容器、黑曜石刀刃和木炭灰是不是被用於隧道最初期的階段。但是，特奧蒂瓦坎在用於觀測天象之外還有什麼用途？這個問題已經與其他發現混雜在一起了。

亡靈大道與水務工程

亡靈大道好像是一條寬闊順暢的跑道，從月亮金字塔的廣場延伸至南方的地平線；但實際上，太陽金字塔與聖胡安河之間的這一段，破壞了這條大道的順暢。月亮金字塔至太陽金字塔之間的斜坡，在這條大道上也因此更顯得突出。實地檢測清楚顯示了，這段斜坡是由外力刻意切入自然岩石而形成的；總的來說，月亮金字塔與西烏達德拉的高度差為九十多英尺。

太陽金字塔與聖胡安河之間，透過豎立一連串垂直於亡靈大道的雙層牆壁，闢建了六個段落。大道的凹處築有牆壁和低矮建築，所以有六個半地下室向天空敞開。垂直的牆壁在地面上安裝著閘門。給人的印象就是，這個複雜的構造是為了引入沿著亡靈大道順流而下的河水。流水可能源於月亮金字塔（那裡被一條地下隧道所環繞），並被用某種方法與太陽金字塔的地下隧道連接起來。一連串的間隔留住了流水，然後水流蔓延開來，直到最後抵達聖胡安河的分流河道。

是不是因為這些人工河以及蜿蜒的水流，所以羽蛇神金字塔的正面才會雕刻波瀾起伏的河水？畢竟這裡是內陸地區，距離大海有數百英里遠。

還有一個發現也進一步暗示了這個內陸地區與水的關聯，那就是水神查秋特麗裘（Chalchiuhtlicue）的巨石雕像，她是雨神特拉洛克的妻子。這座雕像（見圖16）曾經矗立在月亮金字塔正前方的廣場中央，現今陳列於墨西哥國家人類學博物館（National Museum of Anthropology）裡。在畫像中，這位名為「水之女士」（Lady of Waters）的女神，通常都是穿著裝飾了海螺貝殼的碧玉裙。她的飾品有綠松石耳環、玉項鍊或是其他掛著金色獎牌的藍綠色

圖16：水神查秋特麗裘

石頭。這座雕像重現了這身裝扮及飾品，也佩戴一個真金的吊墜，牢牢地嵌在一個大小適當的凹洞中，後來被盜賊盜走。在畫像中，經常描繪她頭戴蛇冠或是用蛇當作裝飾，這也暗示著她是墨西哥的蛇神之一。

特奧蒂瓦坎是否被設計並建造成某種水務工程，以便使用水來進行一些技術上的加工？在回答這個問題之前，讓我們關注那裡的另一個奇妙發現。

從太陽金字塔往下，沿著第三段，人們挖掘出一系列相互連接的地下室，顯示出有幾層地面覆蓋著數層厚厚的雲母。這種有機矽具有防水、防熱、抗電流的特殊屬性。因此它在各種化學加工、電器及電子應用中被用作隔熱絕緣體，近年來也用於核技術和太空技術之中。

雲母的特殊性能在某種程度上，取決於雲母中所含的其他微量元素，也因此取決於其地理來源。根據專家意見，在特奧蒂瓦坎所發現的雲母，是在遙遠的巴西才有的種類。本世紀初期，當人們發現太陽金字塔時，在從金字塔各層移取的遺蹟中，也都找到了這些雲母的痕跡。這些絕緣材料在特奧蒂瓦坎到底有什麼用處呢？

我們擁有的印象是，主神羽蛇神旁邊有雨神和水神、傾斜的大道、一連串建築、地下室、地下隧道、分流河道、有閘門的半地下區域，以及布滿雲母的地下隔間——所有這些組成了一座經科學設計的工廠，用來分隔、提煉或淨化礦物。

西元前一世紀中期，或是西元前二世紀中期，有一個熟悉金字塔建造祕密的人來到這個流域；他同樣精通物理科學，用當地現有的資源建造了這座複雜的加工廠。就如水之女士的吊墜所暗示，這個人是否要尋找黃金，或是其他更稀罕的礦物？

正如關於特奧蒂瓦坎的傳說一樣，假如他不是人類，而是神，那麼這位神是不是就叫做特奧蒂瓦坎？

托央城的建造與荒廢

除了眾神，誰會是特奧蒂瓦坎最原始的居民？誰搬來石頭並建造了第一座金字塔？誰開築河道並控管閘門？

有些人認為特奧蒂瓦坎建於西元前幾世紀，並提出一個很簡單的答案：托爾特克人。有些人傾向認為這座城建造的時間更早，指出答案是奧爾梅克人，那是西元前二世紀中期出現在中美洲的神祕民族。但是奧爾梅克人本身就令人困惑，因為他們似乎是非洲黑人。對於那些不能接受「數千年前橫跨大西洋遷徙」理論的人而言，這是令人厭惡的存在。

即使特奧蒂瓦坎的起源及其建造者仍然充滿神祕，但能確定的是，在西元前幾個世紀，托爾特克人已經漂泊至此地。最初，他們做一些手工勞務，後來逐漸學會了這座城市的各種工藝，採用當地統治者的文化，包括繪畫、金匠業的祕密、天文學知識、曆法，以及對神的崇拜。大約西元前兩百年，掌管特奧蒂瓦坎的統治者一一離去，後來這個地方就成了托爾特克人的城市。幾百年來，這個地方以工具、武器、黑曜石古器物，以及廣泛輻散的文化和宗教影響而聞名。托爾特克人漂泊至此地的一千年以後，他們同樣也收拾包袱離開了。沒有人知道原因，但是所有人都離開了，特奧蒂瓦坎變成一座荒城，只存留在一段金色過往的回憶裡。

有些人認為，托爾特克人的離開與他們在西元七百年建立了新的首都托央有關。這個地方就在圖拉河畔，已經有人類移居至此長達千年。托爾特克人將這裡建成一個迷你版的特奧蒂瓦坎。手抄本及傳說將托央描繪成一座傳奇的城市，是藝術和工藝中心，宮殿和神廟壯麗輝煌，黃金和寶石閃閃發光。但學者們長期質疑它的存在……現在已經毫無疑問地證實了托央的確存在過，就在墨西哥城西北方五十五英里處，現今稱為「圖拉」的地方。

托央的重新發現始於十九世紀末，這項工作的開始主要與法國旅行家戴西萊・夏爾奈（Desire Charnay）有關。但正式的挖掘工作是在一九四〇年代由墨西哥考古學家喬治・阿科斯塔（Jorge R. Acosta）帶領下才展開。挖掘與恢復工作主要集中在被稱為「圖拉壯景」（Tula Grande）的祭儀廣場；後來密西西比大學的研究隊伍才將工作延伸至發掘過去。

這些發現不僅證實了這座城市的存在，也證實了許多手抄本中所描述的關於它的歷史，尤其是《古奧提蘭編年史》（*Anales de Cuauhtitlan*）。現在所知道的是，托央由祭司君主統治了一個朝代，他們自稱是羽蛇神的後代，因此除了名字，他們還將羽蛇神的名字「魁札爾科亞特爾」當作姓氏，這種習俗在埃及法老之中也十分盛行。有一些祭司君主是武士，熱衷於擴展托爾特克人的統治；其他一些君主則更注重他們的信仰。西元十世紀後半期的統治者是希・阿克特・托皮爾金・魁札爾科亞特爾（Ce Acatl Topiltzin-Quetzalcoatl），他的名字和年代（相當於西元九六八年）能得以確定，是因為在俯瞰城市的岩石上刻著他的畫像與日期。

在托皮爾金・魁札爾科亞特爾統治時期，托爾特克人爆發了一場宗教衝突，原因似乎是部分祭司要求犧牲活人來平息戰神的怒火。西元九八七年，托皮爾金・魁札爾科亞特爾效仿之前神聖羽蛇神的傳奇性離去，他與追隨者一起離開托央，向東遷徙，在猶加敦半島安頓下來。

兩百年後，自然災害以及其他部落的襲擊，迫使托爾特克人屈服。人們相信自然災害是神憤怒的徵兆，預示了這座城市的厄運。根據編年史學家伯納狄諾・迪薩哈岡修士的記載，最終同樣帶有羽蛇神姓氏的統治者灰麥克・魁札爾科亞特爾（Huemac Quetzalcoatl），勸服托爾特克人應該遺棄托央。「因此托爾特克人遵照命令離開，儘管他們在那裡安居多年，建造了漂亮的大房子、神廟和宮殿……最後他們不得不背井離鄉，拋下房屋、田地、城市及財富。但因為他們不能將財富全部帶走，所以埋藏了許多東西。有些東西如今從地下被挖掘出來，其做工之精緻令人佩服。」

於是，在西元一一六八年左右，托央變成了荒城，走向破敗。據說阿茲特克的首領第一次看到這座城市的遺址時，不禁痛哭流涕。大自然的毀滅力，加上入侵者、掠奪者和盜賊毀壞神廟，推翻紀念碑，破壞一切殘存在托央的東西。因此，托央被夷為平地並漸漸被遺忘，最終成為一個傳說。

在八個世紀之後，人們對托央的瞭解，證明了其名字的意義：眾鄰之邦。因為它是由許多相鄰的區域所組成，每一塊區域占地只有七平方英里。就像在特奧蒂瓦坎（**那是托央的建造者試圖模仿之地**）一樣，托央的心臟地帶是一塊神聖區域，沿著一英里長的南北軸線延伸。正如我們已經注意到的，托央的走向沿襲了特奧蒂瓦坎「神聖的傾斜」，儘管在那個時候，托央的地理位置已經不再具有研究天文的意義。

在神聖區域北邊的盡頭，我們發現了一座不同尋常的建築遺蹟。它的正面像普通的階梯金字塔一樣建有階梯，但後面卻是圓形，可能被塔所覆蓋。這座建築很可能是一個觀測臺，後來位在特諾奇提特蘭的阿茲特克羽蛇神廟，以及墨西哥其他地方的圓形觀測臺金字塔，應該都是模仿它而建。

觀測臺南方約一英里之處，有主要的祭儀建築群

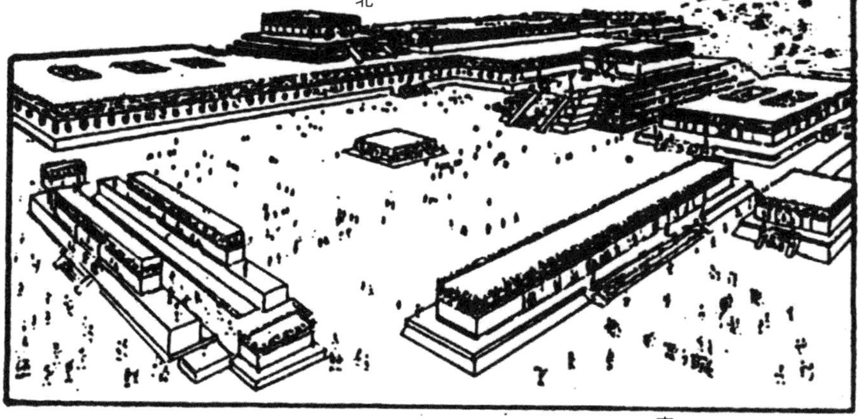

圖17：托央的祭儀中心廣場

圍繞著一座大廣場而建，大廣場中央是一座大祭壇（Great Altar）。主廟位在廣場東邊的大型五層金字塔上面。北邊一座較小的五層金字塔上有另一個神廟，這座金字塔兩邊有一排被火燒過的多室建築，也許曾用於某些工業用途。有一排由柱子支撐其屋頂的建築或前廳，位在廣場的南邊，並連接這兩座金字塔。廣場西邊是一座用來玩神聖的特拉其特里（tlachtli）橡膠球的球場（見圖17，根據考古學家薩拉查・奧特岡〔P. Salazar Ortegon〕的意見進行的藝術重現）。

神祕的石頭雕像

「圖拉壯景」的主要建築群以及神聖區域北側邊緣之間，各種建築群依然存在。人們還挖掘出另一個球場。在這個特殊的建築群以及整個區域，人們發現了許多石頭雕像，包含我們熟悉的郊狼、不太常見的老虎等動物，還有被稱為「查克穆爾」（Chacmool）的半神臥像（見圖18）。托爾特克人也雕刻了他們首領的雕像，看起來都是身材矮小的人。另外還有打扮成武士的人像，左手拿著梭標投射器（atl-atl，一種彎曲的矛或投箭器）。這些都被雕刻在廣場的柱子上（見圖19 a），且包含了側面像和背面像（見圖19 b）。

一九四〇年，在喬治・阿科斯塔的領導下，考古工作有條不紊地持續進行著。這時，研究的重點放在大祭壇對面的大金字塔，它很明顯適用於天文觀察。

圖18：被稱為「查克穆爾」的半神臥像

當時，考古學家們不明白為什麼當地的印地安人將荒廢的土丘稱為「埃爾特索羅」（El Tesoro，意思是寶藏）。但是在展開挖掘工作之後，工人發現了許多史前古金器。他們認定這座金字塔是建在「金田」之上，並拒絕繼續工作。阿科斯塔寫道：「不管這是現實還是迷信，結果就是挖掘工作中斷了，再也沒有重新開始。」

後來，研究工作集中在較小的金字塔上，最初它被稱為「月亮金字塔」，之後又叫做「B」

a

圖 19a：雕刻在廣場柱子上的人像

b

圖 19b：呈現各種角度的雕刻人像

金字塔，最後改為「羽蛇神金字塔」。這個稱號來自當地一座山的名字，其意思是「晨星之主」（Lord of the Morning Star），這也許是羽蛇神的另一個稱呼。此外，從裝飾在金字塔階梯上的彩色砂漿及浮雕中，都能看出這些豐富的裝飾是以有羽毛的蛇的圖案為主。考古學家也相信，已有部分被挖掘出來的兩根圓柱上，都雕刻了有羽毛的蛇圖案，而且是豎立在金字塔頂部神廟入口的兩側。

當阿科斯塔研究團隊意識到，這座金字塔的北側在西班牙征服當地前就已經被破壞了的時候，他們也發現了最偉大的考古珍寶。一個類似斜坡的土堤從金字塔的北側往下，取代了階梯斜道。當考古學家們在那裡挖掘時，發現了一條跟金字塔一樣高的壕溝，穿過北側通往金字塔的內部。這段壕溝是用來埋藏無數石雕的。在搬出這些石雕，將它們豎立並拼湊起來之後，可以發現這些石雕顯然是兩個圓形門道的一部分。他們相信這四根方柱是用來支撐金字塔神廟的屋頂，還有四個超過十五英尺的人類模樣的巨大雕像，是用來做男像柱（Atlantes，見圖20）。考古學家們也認為這些雕像具有女像柱（用於支撐屋頂或屋梁的壁柱）的功能，因此在完成重建工作後，便將這些柱子重新豎立起來。

每一個男像柱（見圖21）都是由被雕刻成能夠組在一起的四

圖20：男像柱

個部分所構成。最頂端的部分是雕像的頭，戴著羽毛頭飾，圍著一圈象徵星星的裝飾，雙耳被垂下的東西覆蓋。雕像的臉部特徵已經不太容易辨認，因此無法與已知的民族做比較。儘管這四張古老的臉部表情幾乎一致，但近看時還是能發現有微小的不同。

雕像的軀幹由兩個部分組成。上半部或胸部的特點是戴著厚厚的蝴蝶形狀胸甲。軀幹下半部分的主要特點集中在後背，中間是一塊帶著人臉的圓盤，旁邊圍繞著一些無法解譯的符號，有些人認為那是盤旋兩圈的蛇。雕像的底部是大腿、小腿和穿著涼鞋的腳。從雕像的服裝雕刻上，可以看到是由帶狀物將精製服裝的臂帶、踝環和纏腰帶等配件，固定在適當的位置（見圖21）。

這些巨大的雕像代表著誰呢？最初的發現者稱這些雕像為「偶像」，肯定地認為它們代表了神。普通作家暱稱它們為阿特蘭蒂斯（Atlantes，拼字同男像柱），暗指它們可能是女神阿特拉托娜（Atlatona，意思是水中閃耀之女）的後代，也暗示了它們可能來自傳說中沉沒於大西洋的亞特蘭提斯島。缺乏想像力的學者則稱他們只不過是托爾特克戰士，因為

圖21：雕像的四個面

他們的左手拿著一捆箭，右手握著梭標投射器。但是這個解釋也許不對，因為他們左手裡的箭不是直的而是彎的，而我們已經說過，左手的武器是梭標投射器。右手的武器不像梭標投射器那樣彎曲（見圖22a），它會是什麼呢？

這個東西看起來像是放在皮套中的手槍，同時被用兩隻手指拿著。傑德勒・勒威爾（Gerardo Level）在《致命任務》（*Mision Fatal*）中曾提出一種有趣的說法，說這不是武器，而是工具——一把「電漿手槍」。他發現，廣場壁柱上，刻在左上角的托爾特克首領背著背包（見

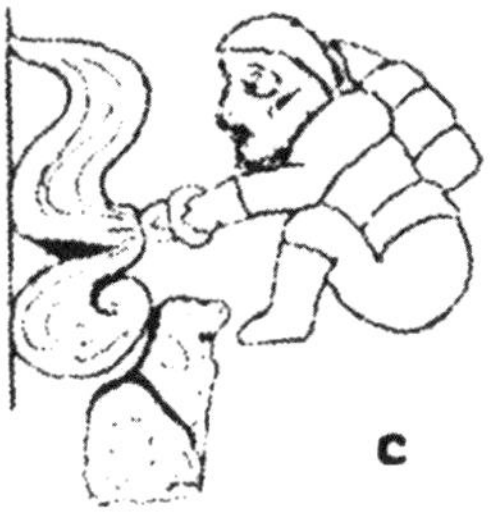

c

圖22c：用來雕刻石頭的噴射器

a

圖22a：手裡拿著「武器」的雕像

b

圖22b：背著背包的托爾特克首領

圖22ｂ），手裡拿著的正是那個備受爭議的工具，並把它當作噴射器，用來雕刻一塊石頭（見圖22ｃ）。毫無疑問，這個工具就是巨石雕像右手裡拿著的東西。勒威爾指出，這是一個高能量的「手槍」，用於切刻石頭。他還指出，在現代，這種蒸汽噴射槍曾用來雕刻喬治亞州石頭山（Stone Mountain）的巨大紀念雕像。

勒威爾的這一項發現可能比他提出的理論更具有意義。因為人們曾經在中美洲發現許多石碑及雕刻品，這些都是當地藝術家的作品，所以我們不需要再去尋找更高科技的工具來解釋這些石雕。另一方面，前述工具還解釋了托央的另一個神祕面向。

在研究人員移開了土堤斜坡的泥土之後，他們測量了金字塔的深度。考古學家發現，這座存在於人們視野中的金字塔在建好之後，遮掩了另一座更古老的金字塔。那座金字塔的階梯離每一邊大概八英尺。他們還發現了一些豎直的牆面遺蹟，這些牆暗示了較古老的那座金字塔裡曾建有內室及通道（但他們沒有研究這些通道的方向）。他們也發現了一個獨特的地方——裡面有一條石管，是由內徑大約十八英寸的管件完美組構而成（見圖23）。這條長管以與原始坡度相同的角度，設置在金字塔內部，直通金字塔頂。

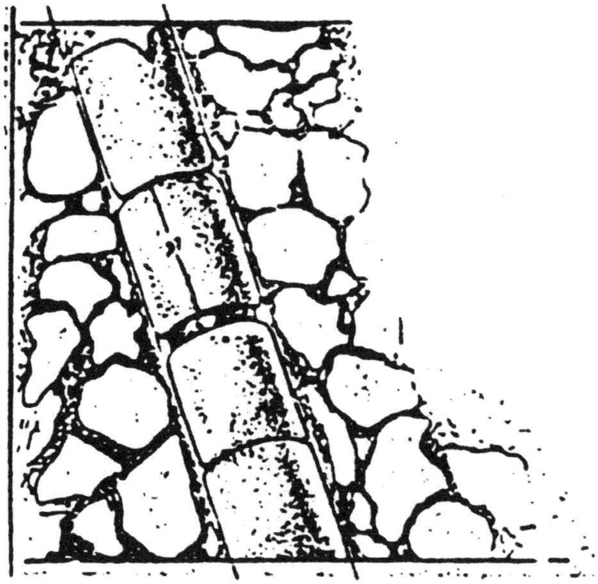

圖23：金字塔裡的石管

阿科斯塔及其研究團隊推測，這條石管是用來排出雨水的；但是，即使沒有設計這麼複雜的裝置，只需要一條簡單的泥土管道也能排出雨水，並不需要如此精密塑造的石管。石管的位置和傾斜度就算不是獨一無二，也是非常罕見的；而這個管形的奇妙裝置，很顯然是金字塔原本設計的一部分，也是不可缺少的一部分。旁邊的多室及多層建築，暗示了這裡曾進行一些工業處理，以及圖拉河的水曾被導引流到這些建築旁邊。因此，這裡很有可能就像特奧蒂瓦坎一樣，在非常早期時曾經進行過一些淨化和提煉處理。

我們隨之想到的問題是：這種神祕的工具是否並非用來刻石，而是鑿開石頭以提取礦物呢？換而言之，它會不會是一種複雜精密的採礦工具呢？

他們尋找的是什麼礦物呢？黃金嗎？

羽蛇神來自埃及

在墨西哥中部，這些阿特蘭蒂斯像所擁有的這個高科技工具，讓我們不禁疑惑，他們到底是誰呢？當然，從臉部特徵來判斷，他們不是中美洲人，如果雕像的大小暗示著一種崇拜的話，他們也許是「神」而非凡人，因為這三座巨石雕像旁邊豎立著方柱，上面托爾特克統治者的塑像就是正常大小。在西班牙征服當地之前的某個時期，這些巨大的雕像被分解並小心翼翼地埋藏在金字塔深處，暗示了它們是聖潔的象徵。這確實符合了先前提及的伯納狄諾．迪薩哈岡的說法（見七〇頁），當托爾特克人遺棄托央時，「他們埋了一些東西」，即便是在迪薩哈岡的那個年代，其中一些「從地裡挖出來的東西，讓人不得不佩服它們的美麗和精細做工」。

考古學家認為，豎立在羽蛇神金字塔頂的四座阿特蘭蒂斯像，支撐著金字塔上的廟頂，如同撐起天幕（Celestial Canopy）。這是埃及神話中，荷魯斯（Horus）的四個兒子所做的事，他們在東西南北四個方位撐起天空。根據埃及的《亡靈書》（*Book of the Dead*），正是這四位神連接了天與地，他們陪伴過世的法老來到神聖之梯，法老們能在那裡升天以尋求永生。這條「通往天國的階梯」是用象形文字所記錄，這些階梯有的只有一條，有的有兩條，後者代表的是階梯形金字塔（見圖24a）。托央金字塔周圍的牆上也用階梯符號裝飾，並且變成了阿茲特克人的主要圖像象徵，難道這也是巧合嗎？（見圖24b）

a

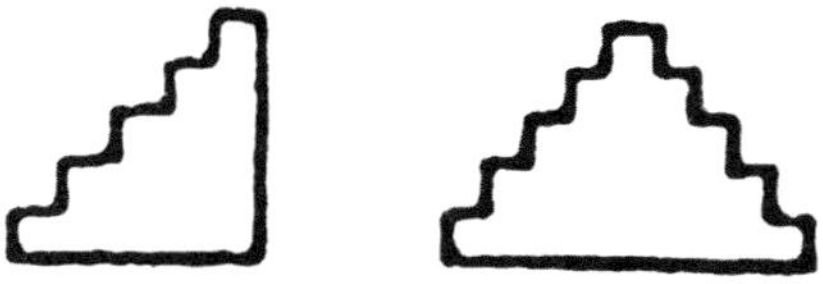

圖24a：階梯金字塔的象形文字

b

圖24b：階梯符號裝飾

納瓦特人所有的這些象徵符號以及宗教信仰的中心，就是他們的英雄之神——給予他們所有知識的羽蛇神魁札爾科亞特爾（意思是有羽毛的蛇）。或許有人會問，有「羽毛」的蛇，如果不是蛇的話，那是不是像鳥一樣，有翅膀且會飛翔？

如果真是這樣，那麼「魁札爾科亞特爾」所指的「有羽毛的蛇」的意思，等同於埃及的「有翅膀的蛇」（Winged Serpent，見圖25）。它能幫助死去的法老進入永生神的國度。

除了羽蛇神，納瓦特人充滿了各種與蛇有關的神。西哈科特爾是「蛇女」（Serpent Female），穿著「蛇裙」，是「七隻蛇」；伊卡可密斯利（Ehecacoamixtli）是「風蛇之雲」等。偉大的雨神特拉洛克常常被描繪成戴著雙蛇的面具。

也許這對實事求是的學者、神話、考古和象徵學來說是難以接受的，卻是必然會得出的結論：即使不是整個中美洲，至少墨西哥中部也是蛇神（古埃及之神）的國度。

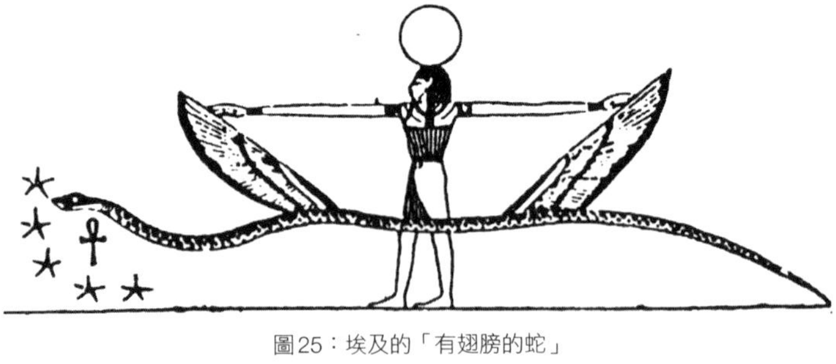

圖25：埃及的「有翅膀的蛇」

4・叢林深處的天空觀察者

「馬雅」這個名字使人想起神話、奧祕與冒險。儘管其種族還存活著，但它的文明卻已經消失了。難以置信的是，那座被遺棄的城市卻保留得完好無損，綠色叢林環繞，金字塔直達雲霄，意在觸摸神；而精巧裝飾的紀念碑上，雕刻著至今為止仍然是謎團的象形文字。

西班牙人第一次踏上猶加敦半島之時，便被馬雅文明的神祕所吸引，好奇的他們參觀了失落在叢林裡的城市遺蹟。所有這些都令人難以置信：階梯金字塔、層級神殿、精美宮殿、雕刻石柱。他們凝視著這些令人震驚的遺蹟，傾聽著當地人講述這座古老城邦的君主制傳說，以及它們曾經的榮譽。其中最臭名昭彰的西班牙修士迪亞哥・德・蘭達，寫了一本關於猶加敦半島和馬雅的書《猶加敦諸事陳述》（*Relation de las cosas de Yucatan*），裡面描述道：「在猶加敦半島有許多漂亮的宏偉建築物，儘管在該國沒有發現金屬，但這是已發現的遺蹟中最突出的，它們都是使用石頭建成的，並且有精美的裝飾。」

探尋馬雅遺蹟

由於西班牙人心中有其他在意的事，例如尋找財富、將當地人轉變為基督教徒等，他們在將近兩個世紀後，才將注意力轉向遺蹟廢墟。在一七八五年，一個皇家專門調查委員會視察了當時發現的廢墟：帕倫克（Palenque）。幸運的是，委員會圖文並茂的報告之副本被送往倫敦，其最終出版品吸引了對馬雅謎團感興趣的富有貴族——金斯伯勒（Kingsborough）。他熱切地相信，中美洲的居民是以色列十大失落支派的後裔，於是將餘生和所有財富都用在探索和描述古老墨西哥文明。他的《墨西哥古蹟》（*Antiquities of Mexico*，一八三〇年至一八四八年）一書，以及蘭達的《猶加敦諸事陳述》，已成為失落馬雅文明的寶貴資料來源。

但是從流行觀點來看，發動馬雅文明考古發現的榮譽，應該歸於紐澤西（New Jersey）的當地人。美國駐中美洲大使約翰・史蒂芬斯（John L. Stephens）和多才多藝的藝術家朋友弗雷德里克・卡塞伍德（Frederick Catherwood）前往馬雅的遺址。之後，由史蒂芬斯撰寫，卡塞伍德繪製插畫，合著了兩本書：《中美洲、恰帕斯和猶加敦半島旅途事件》（*Incidents of Travel in Central America, Chiapas, and Yucatan*，一八四一年），另一本叫做《猶加敦半島旅途事件》（*Incidents of Travel in Yucatan*，一八四三年）。這兩本書出版一個半世紀以來，至今仍然是被推選的書籍。卡塞伍德的個人著作《中美洲、恰帕斯和猶加敦半島的古代遺蹟景象》（*Views of Ancient Monuments of Central America, Chiapas, and Yucatdn*）更進一步引發人們對該主題的興趣。當人們把卡塞伍德的畫作與現在的照片並排在一起時，將會驚訝地發現他的描繪非常準確（同時也會因意識到自那時之後發生的侵蝕而感到難過。）

這個團隊的報告十分詳細，特別是對帕倫克、烏斯馬爾（Uxmal）、奇琴伊察（Chichen Itza）和科潘（Copan），後者尤其與史蒂芬斯有關。他為了沒有阻礙地進行調查，以五十美元的價格從當地房東那裡購買了住所。這兩人探索了將近五十個馬雅城市；這些豐富的文明不僅動搖我們的想像，也讓人堅信雨林的翡翠樹冠不只掩蓋了一些失落的前哨基地，而是整個失落的文明。尤其重要的是，我們認識到，這些刻在紀念碑上的符號和象形文字標明了它們的日期，因此馬雅文明能被放置在一個時間框架當中。儘管要完整解譯馬雅象形文字還有很長的路要走，但學者們已經成功閱讀出銘文上的日期，並確立了西方曆法中所對應的日期。

巴拉姆神諭

我們原本可以從馬雅文化豐富的文學書籍中，得知更多關於他們的資訊。這些書使用由樹皮製成的白紙，上面壓了一層白色石灰，當作寫上墨水文字的基底。但是，這些數以百計的書籍已經被西班牙神父徹底摧毀掉了。其中最著名的是迪亞哥・德・蘭達，而他是唯一在著作中保存有關於「異教徒」資訊的作者。

僅有三個（或可能是四個）手抄本（「圖畫書」）保留下來。在這三本書中，部分學者發現最有趣的是他們論述天文學的部分。在其他兩本文學作品中也可以發現，它們可能改寫自原版圖畫書或是當地人口頭傳說，但使用的是拉丁文。

其中一本書是《奇拉姆・巴拉姆》（*Chilam Balam*），意思是巴拉姆（Balam）祭司的神諭或口述。許多猶加敦半島的村莊都保存了這本書的副本。其中保存且翻譯得最好的是《丘馬耶爾的奇拉姆・巴拉姆之書》（*the Book of Chilam Balam of Chumayel*）。看起來，「巴拉姆」就像是馬雅的「艾德格・凱西」（Edgar Cayce，一八七七至一九四五，編按：美國著名的通靈預言家），這些書記錄了有關神話般的過去和對未來的預言，包括儀式、禮儀、占星術和醫療建議。

「巴拉姆」一詞在當地母語中的意思是「美洲虎」，這使得許多學者感到疑惑，因為它與神諭沒有明顯的關聯。耐人尋味的是，古埃及的一些祭司被稱為「閃－祭司」（Shem-priests）。他穿著豹皮（見圖26 a），在某些皇家儀式上宣布神喻，以及目的是「張開嘴巴」的祕密配方，以讓死去的法老在來世加入神的行列。身著類似服裝的馬雅祭司也被發現（見圖26 b）。由於在美洲只有美洲虎皮，而不是非洲豹皮，由此可以解釋巴拉姆一詞的「美洲虎」含義。這也再次表明了埃及儀式的深遠影響。

我們感到更好奇的是，馬雅神諭祭司的名稱——巴拉姆（Balam），與《聖經》中先知巴蘭（Balaam）的名字極度相似。在出埃及期間，巴蘭被摩押（Moab）國王留下，要求他對以色列人施加詛咒，但最終巴蘭給予祝福。這只是巧合嗎？

馬雅文明的起源

另一本書籍是關於馬雅高地的《波波烏》（*Popol Vuh*，會議之書〔Council Book〕）。它提供了人類起源和皇家族譜的預言；馬雅的宇宙進化論和創造傳統，基本上與納瓦特人類似，這表示他們有相同的來源。關於馬雅起源，《波波烏》陳述他們的祖先是「從大海的另一邊」遷移過來的。迪亞哥．德．蘭達寫道，印第安人「從他們的祖先那裡聽說，這片土地被來自東方的人占領，這些人是被上帝開闢的十二條穿越大海的道路所拯救的」。

這些陳述與世人熟知的馬雅傳說「佛丹（Votan）傳奇」是一致的。許多西班牙編年史作者都有記錄這個傳奇，尤其是天主教修士拉蒙．奧多涅斯．阿吉亞爾（Ramon Ordonez y Aguiar，以下稱阿吉亞爾）和主教努涅斯．德拉維加（Nunez de la Vega）。

圖26a：穿著豹皮的埃及祭司

圖26b：穿著美洲虎皮的馬雅祭司

後來，阿貝·布拉瑟爾·德·皮埃爾布（Abbe E. C. Brasseur de Bourbourg）在《墨西哥國家文明史》（*Histoire de nations civilisees du mexique*）中，將不同的來源進行整理。據他計算，大約西元前一千年，「第一個人被上帝派遣到這個區域的人」抵達猶加敦半島，「並將現今名為美洲的土地分配給人們。」這個人的名字就是佛丹（即「未知」之意），他的象徵是蛇。「他是坎族（Can）守護者的後代，其起源地是名叫赤姆（Chivim）的地方。」他總共出航了四次，第一次登陸後，他選擇在河岸邊居住下來。過一段時間後，他向內陸挺進，並在「一條大河的支流處建立了一座城市，它被認為是文明的搖籃」。他把這座城市叫做「納產」（Nachan），意思是「蛇之都」。在他第二次到訪時，他發現了新大陸，並勘察了它的地下區域和地下通道，他發現有一個通道可以直接通往納產附近的山區。當他第四次返回美洲時，他發現不同民族之間開始不合並展開競爭。所以，他將這個國度劃分為四個區域，為各個區域建造一座城市當作首都。帕倫克就是其中一個，另一個似乎是在太平洋海岸附近，其他的都未知。

努涅斯·德拉維加深信，當時佛丹抵達的土地是巴比倫（Babylonia）的邊界。阿吉亞爾的結論是，赤姆是希未人（Hivites）的土地，在《聖經》中說他們是迦南（Canaan）的兒子，埃及人的表親。最近，齊利亞·納托爾在哈佛大學皮博迪博物館（Peabody Museum）的一篇文章提到，馬雅文字中的「蛇」（Can）一詞與希伯來語中的「迦南」是類似的。如果是這樣，馬雅人的傳說是否在暗示佛丹來自迦南民族且其象徵是蛇，而使用文字遊戲來說明這件事？這無疑證明了我們的疑惑，也就是為什麼「納產」（Nachan，蛇之都）的，與希伯來語中的Nachash一樣，都是指「蛇」。

這樣的傳說強化了把墨西哥灣視為猶加敦文明（包含馬雅和較早的奧爾梅克）的起源處的學派。在這個觀點之下，我們必須考慮到一個鮮為遊客所知的地方，根據美國杜蘭大學國家地理學會的研究，當地屬於非常初期的馬雅文化，「西元前兩千年至西元前一千年，或者更早」。國家地理學會稱它為「齊比沙爾敦」（Dzibilchaltun），它坐落於猶加敦半島的西北部海岸港口城市普羅格雷索（Progreso）附近。這些遺蹟分布在二十平方英里的範圍內，顯示這座城市從最早期直到西班牙時代都被占領，其建築物不斷被重新修建。它的切割石塊和裝飾石塊被拖走，用於建造遠近各處的西班牙及現代建築。除了巨大的神廟和金字塔外，這座城市的顯著特點是一條白色大道（Great White Way），那是鋪滿石灰石、長達一．五英里的公路，也是該城市的東西軸線。

一連串主要馬雅城市延伸至猶加敦半島北端，其盛名不僅為考古學家所知，數以百萬計的遊客也知道：烏斯馬爾、伊薩馬爾（Izamal）、馬雅潘（Mayapan）、奇琴伊察，還有一個更知名的遺蹟：圖倫（Tulum）。每座城市都在馬雅歷史中扮演著重要角色。馬雅潘是城邦聯盟的中心，奇琴伊察是由托爾特克移民一手建立的。西班牙編年史學家狄亞哥．加西亞．德．帕拉西奧（Diego Garcia de Palacio）認為，每座城市都可能是首都。他還提到，一位來自猶加敦的偉大馬雅之主征服了南部高地，建立了最南端的馬雅中心城市科潘。帕拉西奧寫道，這些內容全都寫在科潘的印第安人在他造訪當地時展示給他看的書中。

儘管有這一切傳說和考古證據，但另一個學術流派認為，馬雅文化，或至少是馬雅人自己，起源於南部高地（今天的瓜地馬拉），從那裡向北蔓延。馬雅語言可以追溯其來源到「原馬雅社會，它也許在西元前兩千六百年左右，存在於現今瓜地馬拉北部的韋韋特南戈省（Huehuetenango）」。

但是，不論馬雅文明是在何處發生或怎麼發展的，學者認為西元前第二個千年應該是它的「前古典」階段，而取得最大成就的經典階段起始於西元二〇〇年。西元九〇〇年，馬雅的領域從太平洋沿岸延伸到墨西哥灣和加勒比海地區。在這幾個世紀裡，馬雅建造了許多城市。它們的金字塔、神廟、宮殿、廣場、雕塑、碑文及裝飾，使得學者和遊客為其豐富多彩和美麗而感到驚奇不已，更不用說其巨大的規模和富有想像力的建築物了。除了少數城市有圍牆，馬雅城市是一座由大量管理者、工匠和商人組成的開放式祭儀中心，並由廣泛的農村居民支持。在這些中心地帶，每個成功的統治者都會增加新建築物，或是在原有基礎上擴建為更大的建築物，這就好比在洋蔥上面增加一層皮一樣。

然後，在西班牙人到來之前的五個世紀，不知道為什麼，馬雅人突然放棄自己的神聖城市，讓叢林掩蓋它們。

金字塔裡的墓室

帕倫克是最早的馬雅城市之一，位於墨西哥和瓜地馬拉的邊界附近，可從從現代城市維雅艾爾摩薩市（Villahermosa）前往。在西元七世紀，它代表著馬雅向西擴張。自一七七三年以來，它的存在是歐洲人眾所周知的。自從一九二〇年代開始，神廟和宮殿的遺蹟已經被發現，考古學家也開始研究豐富的灰泥裝飾和象形文字碑文。一九四九年，阿爾貝托・魯茲・盧依耶（Alberto Ruiz Lhuillier）發現當地的階梯金字塔——碑銘神廟（Temple of the Inscriptions），其內部有往下延伸的祕密階梯，使得這座城市聲名大噪。

經過幾年的挖掘，清除那些填充和掩蓋內部結構的土壤及碎片之後，有了令人興奮的發現：墓室，它被公諸於世（見圖27）。在曲折階梯的底部，有一個三角形石塊擋住入口，門口有一個馬雅戰士的骨骸守衛著。在它後面有一個拱形的地窖，牆上畫有壁畫。地窖中，一塊長達十二・五英

圖27：碑銘神廟

尺，重量為五噸的長方形石板蓋住了石棺。當這個石蓋被移開後，出現在眼前的是一個身材高大的男人，他的全身用珍珠和玉飾品裝飾著。他的臉上蓋著鑲嵌玉石的面罩；在曾經是玉製項圈的串珠中，有一顆帶有神像的小玉墜。

這一發現令人震驚，因為在此之前還沒有在墨西哥發現其他金字塔或神廟是一個墳墓。於是，刻在石蓋上的畫作更加深了這個墓穴及其主人身上的謎團。那個圖像是一個赤腳馬雅人坐在羽狀或燃燒著的寶座上，似乎在一個精緻的房間內操作機械裝置（見圖28）。古代太空人協會（Ancient Astronaut Society）和其贊助人艾利希·馮·丹尼肯（Erich von Daniken）認為圖中畫的是一名太空人坐在由火焰噴射器驅動的太空船裡。他們認為被埋葬在這裡的是外星人。

考古學家和其他學者嘲笑這種想法。墓室建築牆壁上和相鄰結構上的銘文，使他們確信埋葬在這裡的是統治者帕卡爾（Pacal，意思是盾牌）。他在西元六一五至六八三年統治著帕倫克。有些人認為，死去的帕卡爾被陰間的地龍帶到死亡的國度。他們認為，在冬至的落日剛好照在碑銘神廟後面時，象徵著國王隨同太陽神離去。其他人則根據事實來修改解釋，認為那些描繪是由代表天體和十二星宮的符號鏈——天空之帶（Sky Band）所組成的，將這幅畫面視為國王被天蛇大帝帶到眾神的天界。死者面前的十字形

圖28：坐在寶座上的馬雅人

物體，現在被認為是生命之樹的象徵符號，代表國王正在被運送到永恆的來世。

事實上，在提卡爾大廣場（Great Plaza of Tikal，在今瓜地馬拉），有一個被稱為「一一六陵墓」的相似墓穴，在它的主金字塔底下被發現了。在地下二十英尺處，有一個身材異常高大的男人的骨骼。他的遺體被放置在砌石平臺上，全身裝飾著玉器珠寶，周圍布滿了珍珠、玉器和陶器。此外，「火蛇（一些學者稱之為「天神」（Sky Gods））嘴裡含著一個人」的圖案，在馬雅的很多遺蹟中都可以看到，例如這個來自奇琴伊察的圖案（見圖29）。

拉．費伊（H. La Fay）在刊載於《國家地理雜誌》（*National Geographic Magazine*）的"The Maya, Children of Time"一文中提到，在綜合考量下，學者們必須承認「人們無可避免地會把它拿來與埃及法老的地窖做比較。帕卡爾之墓與尼羅河岸較早期統治者之間的相似之處，令人震驚」。事實上，帕卡爾石棺的景象，跟有翅膀的蛇將法老帶到天堂眾神之間的永恆來世的畫面，是非常類似的。這位原本不是太空人的法老，在他死後變成其中一員；我們認為，帕卡爾雕刻場景所隱含的意義就是如此。

圖29：火蛇嘴裡含著一個人

提卡爾和科潘的金字塔群

在中美洲和南美洲赤道地區的叢林裡，不只發現了墓穴。近來，一個長滿熱帶植物的小山丘被發現是一座金字塔；金字塔群是失落之城的頂峰。

艾爾米拉多爾（El Mirador）是一個橫跨瓜地馬拉和墨西哥邊境的叢林遺蹟，在一九七八年展開挖掘工作後，才發現這個占據六平方英里的主要馬雅城市，其歷史可追溯到西元前四百年。南部起源學派的學者認為，提卡爾不僅是最大的馬雅城，而且是最早的。在瓜地馬拉北部的佩滕省（Peten），提卡爾的金字塔高高地矗立在叢林綠海中。它是如此之大，以至於其邊界似乎延伸到了任何一個被發現的遺蹟之處。它的主要祭儀中心就占據了超過一平方英里，這個空間不僅是砍伐雨林而來，更是在被整為平地的山脊上建造的。兩側的山溝被改造成蓄水池，由一連串堤道相連。

提卡爾金字塔群由許多部分緊密組合在一起，是建築的奇蹟。它們又高又狹窄，堪稱是摩天大樓，陡升到接近甚至超過兩百英尺的高度。高度逐漸上升的金字塔，是其上方神廟的高架平臺。矩形的神廟中只有幾個狹窄的房間，上方是巨大的裝飾性建築，進一步增加了金字塔的高度（見圖30）。這樣的建築結構，使得這個聖殿就像是懸掛在天空與大地之間，

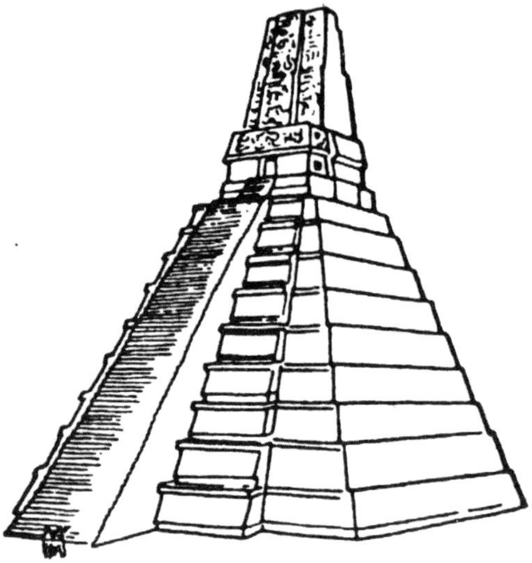

圖30：提卡爾金字塔

可以透過象徵著「通往天國的階梯」的陡峭臺階到達。在每個神廟裡，都有一連串從外到內的門道，每個門道都比前一個高出一步。這些門道的過梁都是使用稀有木材製成，並有精雕的細刻。通常有五個外門和七個內門，總共十二個門。但是到目前為止，其象徵意義尚未引起人們的特別關注。

一九五〇年之後，當地在提卡爾遺蹟附近開始建造飛機跑道，這加速了人們對此地的勘探。同時，此地的考古工作也開始廣泛展開，特別是由賓夕法尼亞大學博物館組成的團隊。他們發現，提卡爾大廣場曾經是個大墓地，這裡埋葬的都是統治者和貴族們。另外，許多較小的建築實際上是陪葬廟宇，它們毗鄰在墓穴旁邊，但其高度不超過墓穴，主要是一種紀念碑。他們還發現了大約一百五十個石碑，朝向西面和東面豎立著。這些石碑上描繪出統治者的畫像，記錄下統治者當政期間的主要紀念慶祝活動。那些雕刻在上面的象形文字（見圖31），精確地記錄了這些事件的日期，統治者的名字用象形文字寫在事件旁（此處是"Jaguar Paw Skull," A.D. 488）並註明該事件。學者們現在確定，那些象形文字不僅是圖畫或表意文字，正如穆勒（A. G. Miller）在《馬雅時代的統治者》（*Maya Rulers of Time*）中所指出的：「有的也標注了類似於閃族語、巴比倫語和埃及語發音學上的音節。」

圖31：石碑上的統治者畫像和象形文字

在這類石碑的幫助下，考古

學家得以辨別出西元三一七年至八六九年間，提卡爾十四任統治者的順序。但可以肯定的是，提卡爾在很久以前曾經是皇家馬雅的中心城市：對一些皇家墓塚裡的遺蹟進行放射性碳年定法檢測，發現提卡爾可以追溯到西元前六〇〇年。

提卡爾東南方約一百五十英里處，有一座小城科潘，它是美國駐中美洲大使約翰·史蒂芬斯曾追尋過的。它位於馬雅帝國東南角周邊，現在叫宏都拉斯的地方。儘管科潘不像提卡爾有那麼多險峻的「摩天大樓」，它的範圍和布局卻是最具馬雅城市特徵的。它的祭儀中心占地七十五英畝，周圍環繞著許多金字塔神廟（見圖32）。那些金字塔根基寬廣，大約七十英尺高，因其紀念階梯上裝飾精美的雕塑和象形文字銘文而聞名。廣場上遍布聖壇、祭壇，而對歷史學家最重要的是，上面還有描寫當地統治者在位日期的雕刻石碑。它們揭示了大金字塔於西元七五六年完工，科潘在西元九世紀達到其輝煌的歷史頂峰，就在馬雅文明突然分崩離析之前不久。

但是隨著進一步的發現和挖掘，人們在瓜地馬拉、宏都拉斯、貝里斯（Belize）發現了許多新遺址，它們都顯示那些歷史遺蹟和註明日期的石碑，最早在西元前六百年就存在了。所有學者都同意，這些遺蹟揭示了一種

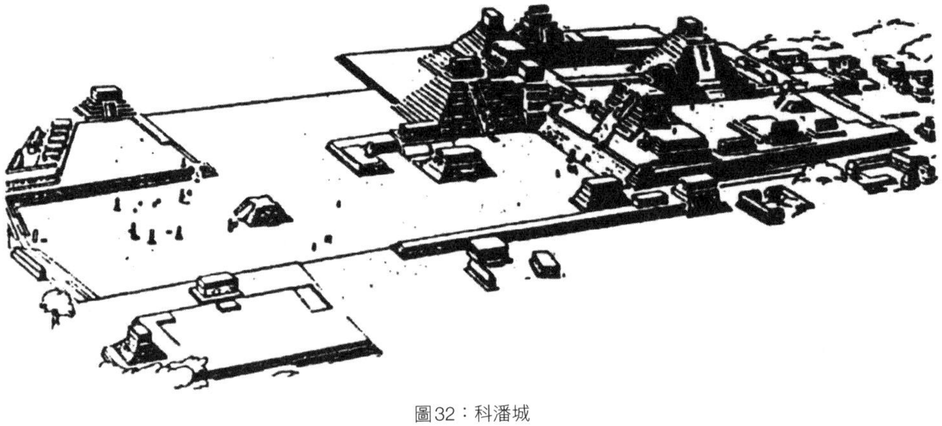

圖32：科潘城

發達的書寫系統在其之前必須有發展階段或來源。

就像我們接下來將看到的，科潘在馬雅的生活和文化裡發揮了極其特殊的作用。

馬雅年曆的週期

研究馬雅文明的學者，都對馬雅時間計算的準確性、獨創性和多樣性，感到印象深刻。但這些特點都應該歸功於馬雅人擁有高等級的天文學。

事實上，馬雅人擁有三種而不只有一種年曆，但其中之一——我們認為最重要的一種——在天文學上毫無用處。它是所謂的長紀曆（Long Count），透過計算從某個起始點到馬雅人在石碑上記錄事件的那天所經過的天數，來標註日期。大多數學者根據目前的基督教年曆，認為神祕的第一天應該是西元前三一一三年八月十三日——這是早於馬雅文明出現的時間和事件。

長紀曆和其他兩種時間計算系統一樣，是基於馬雅的二十進制數學系統——就像古代蘇美——運用了「位置」概念，第一列是一，第二列是二十，然後是四百等。馬雅的長紀曆計時系統，使用垂直列（底部的最低值），命名這些各種倍數，並用圖形進行標識（見圖33）。一金（kin）代表一天，二十金稱為烏納（uinal）等，當倍數達到阿托盾（alautun）時，它代表一個令人難以置信的數字：兩

圖33：倍數的圖形標識

百三十億四千萬天，也就是六千三百零八萬零八十二年！

但正如上述，根據馬雅人紀念碑上記載的實際年曆推算，他們並非回溯到恐龍時代，而是一個意義重大的特殊事件，就像基督教年曆是從耶穌的出生日那天開始算起一樣。因此，提卡爾的29號石碑（見圖34），它記載著皇家紀念碑中年代最久遠的日期（西元二九二年），長紀曆表示為8.12.14.8.15，小數點代表數字一，以五位元表示：

8伯克盾（bak-tun）	8×400×360＝1,152,000天
12卡盾（ka-tun）	12×20×360＝86,400天
14盾（tun）	14×360＝5,040天
8烏納（uinal）	8×20＝160天
15金（kin）	15×1＝15天
總計	1,243,615天

把一百二十四萬三千六百一十五天，用陽曆年天數三百六十五又四分之一天來除，就可以算出石碑上的日期或描述的事件，是發生在神祕的第一天之後的三千四百零四年又三百零四天；神

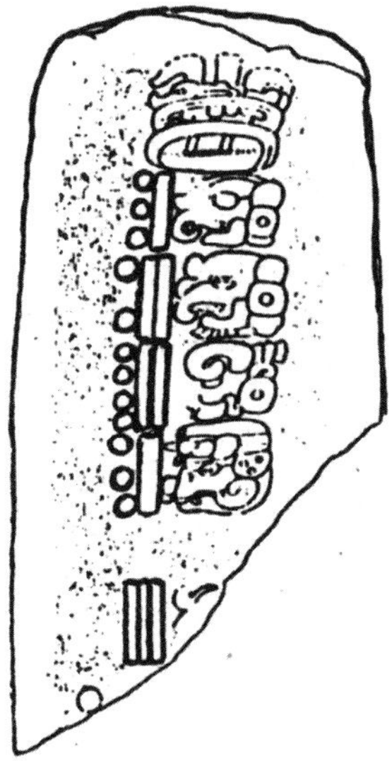

圖34：提卡爾的29號石碑

祕的第一天就是西元前三一一三年八月十三日。根據目前廣泛接受的相關性，石碑上的日期就是西元二九二年（3,405－3,113＝292）。一些學者發現，馬雅在伯克盾第七時代（大約是西元前四世紀）開始使用長紀曆；但其他學者並不排除有更早的使用時間。

在這些不斷發展的年曆中，有兩種循環年曆。一種是哈布曆（Haab），即馬雅的陽曆，它把一年三百六十五天分成十八個月，每月二十天，再加上年末的五天。另一種是卓爾金曆（Tzolkin），或稱為神曆，由二十個基本日，每年循環十三次，組成兩百六十天的神聖年。這兩種循環年曆後來結合在一起，好像兩個相互驅動的齒輪，創造了五十二個陽曆年的巨大神聖週期（Sacred Round）。因為十三、二十和三六五的組合，只會每隔一萬八千九百八十天出現一次，這就相當於五十二年。古代中美洲的所有人民都很神聖地對待這種五十二年制年曆週期，他們把它和過去、未來連結起來，就像對羽蛇神歸來的彌賽亞式期盼。

最早的神聖週期年曆在墨西哥瓦哈卡（Oaxaca）山谷裡被發現，可以追溯到西元前五百年。這兩種時間計算系統（一直持續累計的和神聖週期的）都非常古老。一種是歷史學上的，記錄了從一個至今仍是謎團的古代事件起始所經過的天數。另一種是特殊的兩百六十天循環。學者們仍在努力猜想，是否有某些事情是每兩百六十天發生一次或持續發生。

一些人認為這種循環完全是數學性的：如果採用較短的兩百六十天為一年，在兩百六十年裡五十二年可以循環五次。但這種對「兩百六十」的解釋，已經把問題轉移到對「五十二」的解釋上了：「五十二」的起源在哪裡，為什麼選擇「五十二」呢？

其他人認為選擇兩百六十天為一個週期，是考慮到農業因素，比如說雨季的長度或旱季的週期。有人猜想，從馬雅人對天文學的偏愛來看，他們試圖計算兩百六十天與金星或火星移動的關係。其中一位質疑，為什麼齊利亞・納托爾在第二十二屆國際美洲文化學者會議上所提出的解釋，沒有獲得應得的全面認識。她指出，新大陸的居民把太陽的季節性移動，應用到他們自己身上最簡單的途徑，就是去測量太陽正好在中午時經過頭頂正上方的天數。太陽每年向北移動，再向南移動，一年有兩次越過頭頂正上方。她認為，印地安人測量了兩次太陽在頭頂時間的間隔，其結果就成為年曆週期的基礎。

這個間隔在赤道上是半個陽曆年，並隨著地點往北或往南移動而拉長。比如說在赤道以北十五度，間隔就是兩百六十三天（從八月十日號到隔年的五月一日）。這一段時間是雨季，而馬雅的後代就在這之後的五月三日（這天恰好是墨西哥聖十字日）開始耕種。這個間隔在北緯十四度四十二分處（科潘的緯度）恰好是兩百六十天。

由齊利亞．納托爾所提出的，關於兩百六十天儀式年（ritual year）固定不變之風俗的合理解釋，由「科潘被認為是馬雅天文學首都」的事實所證實。除了雄偉建築物常見的天體定向外，一些石碑也被發現可以確定關鍵的年曆日期。在另一個案例中，「A石碑」上刻著長紀曆日期等於西元七三三年某天，同時也刻著另外兩個長紀曆日期，一個多兩百天，一個少了六十天（破壞了兩百六十天的循環）。

考古天文學家安東尼．艾維尼在《古代墨西哥的天空守望者》（*Skywatchers of Ancient Mexico*）中猜測，這是試圖用有著三百六十五天的哈布曆，來重排長紀曆（一年有三百六十五天又四分之一天）。也許西元七六三年在科潘舉辦天文學家會議的原因，就是為了調整或改革年曆的需要。在名為「Q祭壇」的方形紀念碑上，刻畫了參加會議的十六名天文學家，每一面有四名（見圖35）。人們注意到，每個人的鼻子前

圖35：紀念碑 ——Q祭壇

面都有一個「淚珠」圖形（就像在帕卡爾描繪中所做的一樣），以表明自己的天空守望者身分。雕刻在紀念碑上的日期，也出現在其他馬雅遺址的石碑上，代表在科潘所達成的一致意見，後來應用於整個帝國。

由於馬雅人的手抄本裡，包括了日食、月食和金星的天文學知識，使得馬雅人身為出色天文學家的聲譽更加顯赫。然而，在針對已經披露的資料做進一步研究之後，卻有大量證據顯示，那些手抄本裡並沒有馬雅天文學家自己的觀察紀錄。它們是從某些早期來源複製而來的年曆，為馬雅人提供了可適用於兩百六十天週期現象的現成數據。正如埃文·哈丁漢（Evan Hadingham）在《早期人類和宇宙》（*Early Man and the Cosmos*）中所述，這些年曆為我們展示了「一種奇怪的長期精確和短期錯誤的混合」。

看來，當地天文學家的主要任務，是根據早期的天體運動資料，繼續驗證或調整兩百六十天的神聖年。事實上，位在猶加敦半島上，久負盛名且佇立至今的天文臺——奇琴伊察的卡拉科爾（Caracol，見圖36）使許多研究者感到挫敗。他們一直試圖尋找它對於兩個至日（夏至與冬至）或兩個平分日（春分與秋分）的

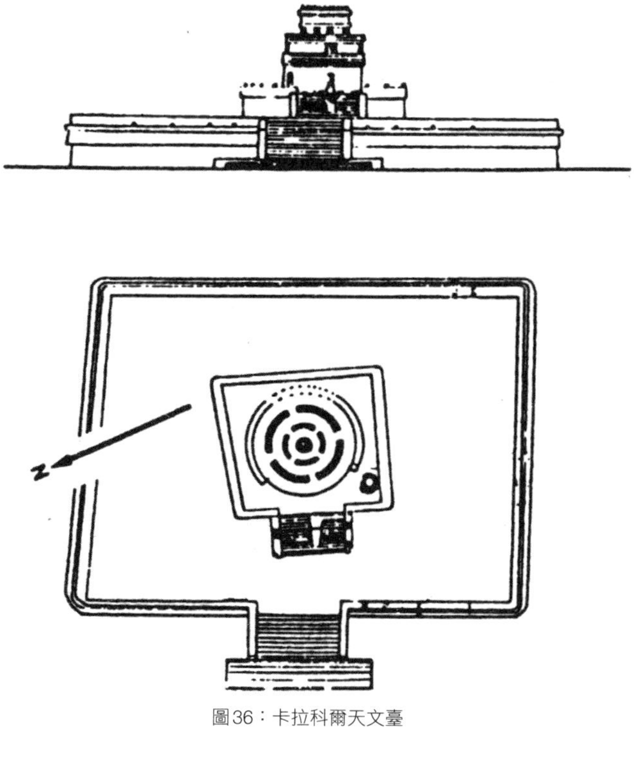

圖36：卡拉科爾天文臺

方向和孔洞視線，但是都徒勞無功。然而，一些視線的確看起來和卓爾金曆（一年兩百六十天）循環有關。

但為什麼是兩百六十天呢？只是因為它跟科潘的太陽在頭頂的間隔天數相同？為什麼不選擇靠近北緯二十度，間隔天數為三百天的地點，比如特奧蒂瓦坎呢？

數字「二六〇」和「五十二」的祕密

數字「二六〇」看起來是一個隨意卻又刻意的選擇，似乎來自於自然數「二十」（**手指加腳趾的數量**）乘十三的結果。但這樣的話，問題又會變成：為什麼是十三？這個數字是怎麼來的？長紀曆也包含了一個隨意的數字：三六〇。無法解釋的是，它捨棄了「二十」的級數，在金（一）和烏納（二十）後，系統裡引入了盾（三六〇）。哈布曆也把三百六十認為是它的基本長度，把這一數字分拆成十八個「月」，每個月二十天；最後加上五個「不好的日子」組成三百六十五天的太陽循環年。

這三種基於某個數字的年曆，其中的數字都不是自然形成的，而是可以挑選的。我們可以看到二六〇、三六〇這兩個數字，是透過埃及，從美索不達米亞傳到中美洲。

我們都很熟悉數字「三六〇」。它是圓形的度數。但很少人知道，針對這一個數字，我們得感謝蘇美人，它來自於蘇美人的六十進制數學體系。第一種為人所知的蘇美人年曆叫做尼普爾（Nippur），它把圓的三百六十度平分成十二份，數字「十二」一直是神聖的數字，比如一年有十二個月、星座有十二宮、奧林帕斯（Olympus）的十二位神等。關於多出來的五又四分之一天的問題，則藉由在經過一些年後附加一個第十三月來解決。

雖然埃及人的算術系統不是六十進制的，但他們也採納了蘇美人的十二乘三十等於三六〇的規則。但在這樣的設定下，他們不能進行非常複雜的計算，只是簡單地透過在年底增加一個只有五天的短「月」，來完成一個整年。這個系統在中美洲也被採納。哈布曆和埃及的年曆不只是相似，可說是幾乎完全一樣。此外，就像中美洲人伴隨著陽曆年會有一個儀式年一樣，埃及人也有一個和天狼星的出現，以及在同一時間尼羅河水上升有關的儀式年。

由於蘇美人對埃及人的影響，因此中美洲年曆不僅局限在六十進制的數字「三六〇」。主要由瑞克（B. P. Reko）進行的，針對早期墨西哥的各種研究，認為卓爾金曆的十三個月，實際上反映了蘇美人的十二個月制加上第十三個小月，只是在埃及（因此在中美洲）的第十三個月縮減至每年五天。代表「三六〇」的詞語「盾」（tun），在馬雅語裡的意思是「天國」，一個有著黃道帶的恆星或行星。有趣的是，一個「星系」（一個星群）被稱為Mool，實際上就和蘇美人過去表示「星體」的詞語MUL一樣。

中美洲年曆和舊大陸之間的關聯，在我們看到最神聖的數字「五十二」時，顯得格外清楚。「五十二」是所有偉大的中美洲事件所導向的數字。許多人都努力地試圖解釋它（像是它代表十三乘四），卻忽略了它最明顯的起源：近東年曆（以及之後的歐洲年曆）的五十二週。然而，「週」的數量似乎只有一週七天才可能被接受。但這並非理所當然。一週七天的由來，已經被研究了將近兩個世紀，而最佳的理論指出這是來自月亮的四個階段。可以確定的是，它的出現好比聖經時代裡一個神聖的法定時段，那時上帝命令以色列人在出埃及期間，把第七天當作安息日。

因為「五十二」是中美洲曆法的共同點，所以它成了最神聖的循環？或是採用「兩百六十」為神聖循環，是因為它（而不是三百）是「五十二」的倍數（52×5＝260）？

雖然一個綽號為「七」（Seven）的神是蘇美的主神之一，但他在迦南之地也受到崇敬，有聖域以他為名（例如Beer-sheba，意思是七之井），也有相關的人名（例如Elisheva，意思是我的上帝是七）。在亞伯拉罕（Abraham）前往埃及並留在法老的宮廷之後，數字「七」才在希伯來族族長的傳說中出現。數字七遍布在《聖經》裡——有關約瑟（Joseph）、法老的夢想、埃及事件的傳說等。而且在一定程度上，「五十二」也是源自把「七」當作年曆單位的考量，我們將會看到中美洲最神聖的循環，其實起源於埃及人。

更特殊的是，「五十二」是一個與埃及神圖特（Thoth）有關的神奇數字，他是科學、寫作、數學和年曆之神。

古埃及傳說：薩特尼的冒險

在可與任何現代驚悚片相比的，充滿魔法、神祕和冒險故事的古埃及傳說《薩特尼·胡莫斯與木乃伊的冒險》（*The Adventures of Satni-Khamois with the Mummies*）中，就把神奇數字「七」與圖特，以及當地年曆的祕密連結起來。這個寫在莎草紙上的傳說，在一座可追溯到西元前三世紀的底比斯墓塚裡被發現，其他講述同一個傳說的莎草紙碎片也被找到，這說明它是一本古埃及文學中的經典著作，屬於神與人的故事之循環。

傳說裡的英雄，法老的兒子薩特尼·胡莫斯，「在各方面上都訓練有素」。他習慣在孟斐斯（Memphis，當時的首都）的墓地裡散步，學習寫在神廟牆壁和石碑上的神聖作品，研究古代魔法書。最終他成為了「一位在埃及無與倫比的魔法師。」有一天，一個神祕的老人告訴他有這麼一個古墓：「那裡存放著一本圖特親手撰寫的書。」那本書裡揭示了地球的神祕和天堂的祕密，包含的神聖知識涉及到「太陽的升起，月亮的出現，眾神（行星）圍繞太陽的運行」等，天文學和年曆的祕密。

這個古墓是前任法老（專家認為他於西元前約一二五〇年在位）之子——尼諾弗蘭克普斯

（Nenoferkheptah）的。不出所料，薩特尼非常感興趣，於是詢問了古墓的地點。老人警告他，雖然尼諾弗蘭克普斯已經木乃伊化，但他還沒有死，能夠擊倒任何妄想帶走放置在他腳下的那本書的人。無所畏懼的薩特尼依然前去尋找古墓。而古墓在幾乎不可能被發現的地底下。但薩特尼抵達正確的位置，「在上面吟誦制式咒語後，地面突然出現一道裂痕，於是薩特尼進入了寶書的所在地。」

在古墓裡，薩特尼遇到了尼諾弗蘭克普斯、他的妹妹兼妻子，以及他們孩子的木乃伊。那本書確實在尼諾弗蘭克普斯的腳下，「好像太陽一樣閃閃發光」。當薩特尼走向那本書時，妻子木乃伊說話了，警告他不要再前進一步。當薩特尼試圖拿起書時，妻子木乃伊告訴他有關尼諾弗蘭克普斯的冒險經歷：圖特把那本書藏在一個神祕的地方，那是在銀盒子裡的金盒子；而銀盒子又是在一層層重疊的盒子裡，最外面那一層是銅鐵盒子。尼諾弗蘭克普斯不顧所有警告，克服了所有的困難，終於得到那本書。然而，他們被圖特詛咒，從此定格不能動了：儘管他們還活著，卻被埋葬了；儘管他們已經木乃伊化，但仍然可以看見、聽見及說話。她警告薩特尼，如果他碰一下那本書，也會被圖特詛咒。

但是薩特尼已經付出這麼多努力，下定決心要得到那本書。當他又往前走一步時，木乃伊尼諾弗蘭克普斯開口了。他說，有一種可以得到書，又不會被圖特詛咒的方法，就是去玩圖特的神奇數字「五十二」的遊戲並獲勝。

薩特尼欣然接受挑戰。他輸了第一盤，發現自己的部分身體已經陷入地下。他又接二連三地輸，身體也越陷越深……但最後，他得到聖書並逃離了古墓，結果災難降臨到他身上，而最後他又將聖書歸還到它的埋藏地——就像好萊塢大片《法櫃奇兵》（*Raiders of the Lost Ark*）的古老版本。

這個傳說的寓意是，即使是多麼博學多才的人，若沒有神的允許，就無法了解地球、太陽、月亮和行星的奧祕；而沒有圖特的許可，人類將輸掉「五十二」這個遊戲。即使他試圖打開由地球礦物和金屬製成的保護層來找出祕密，他也將失去它。

埃及蛇神是曆法傳授者

我們相信，正是圖特（又名魁札爾科亞特爾，即羽蛇神）傳授了「五十二之曆」（Calendar of Fifty-Two）和其他知識，給中美洲的人們。在猶加敦半島，馬雅人稱他為「庫庫爾坎」（Kukulcan）；在瓜地馬拉和薩爾多瓦的太平洋地區，他被稱作「希烏特庫特利」（Xiuhtecuhtli）；這些名字的意義都一樣：有羽毛或翅膀的蛇。

這些消失的馬雅城市的建築風格、銘文、圖像以及紀念碑，使得學者們必須去追蹤和重建它們及其統治者的歷史，以及他們轉變的宗教概念。首先，神廟設在金字塔的頂端，用來供奉蛇神，並留心觀察以尋找天空週期的關鍵。但是當那位神，或是所有的天神，都離去的時候。他們看不見任何東西，推測是黑夜的統治者美洲虎吞噬了一切；而偉大之神的形象從此被戴上美洲虎的面具（見圖37）。但透過面具，他以前的象徵「蛇」仍然能顯現出來。

但是，羽蛇神的承諾是否沒有實現？

叢林中狂熱的天空觀察者們查閱著古老的曆書。祭司認為，主動供奉祭祀者跳動的心臟，那些消失的神就會回來。

但是，在西元九世紀一些重要的曆法日期中，一個被預言的事件未能發生。所有的週期會合在一起，卻沒有任何價值。於是那些祭儀中心和供奉神的城市被人們拋棄了，而綠色叢林覆蓋了蛇神的領地。

圖37：戴上美洲虎面具的神

5・漂洋過海的陌生人

西元九八七年，當托爾特克人在他們的統治者——托皮爾金・魁札爾科亞特爾領導下離開托央時，他們受到了宗教抵制者的厭惡。為了找尋一個能讓他們像從前一樣膜拜神的地方，他們來到猶加敦半島。當然，他們能夠找到一個更近的落腳之處，不必艱辛跋涉，不必遭遇如此多的敵人部落。但是他們選擇了艱苦跋涉將近一千英里，來到一個完全不同的地方——地勢低平、河流稀少的熱帶地區。他們寸步不停，直到來到奇琴伊察。為什麼？為什麼他們非得來到這個被馬雅人遺棄的神聖城市呢？我們只能從廢墟之中尋找答案。

奇琴伊察的遺蹟與殘酷球賽

從猶加敦的行政首都梅里達（Merida）出發，很容易就能到達奇琴伊察。奇琴伊察足以與義大利的龐貝（Pompeii）相提並論。龐貝是一座羅馬城市，被埋藏在火山灰之下。當火山灰被去除後，這座城市的街道、房子、壁畫、牆上的塗鴉，以及其他事物都重現人間。而當覆蓋於奇琴伊察上方的叢林冠層被移除後，給予遊客的是雙倍獎勵：能夠看到「古帝國」馬雅城市，它就如同當年最後一批移民所看到的托央的翻版。因為當托爾特克人抵達這裡時，他們在奇琴伊察重建了昔日首都的模樣。

考古學家認為，這個地方在西元前一千年是重要的聚居地。《奇拉姆．巴拉姆編年史》（*The Chronicles of Chilam Balam*）證實了此處直到西元四五〇年仍是猶加敦的主要聖城。那時，這裡叫做奇欽（Chichin，意思是井口），因為這裡最神聖的特點就是灰岩坑或神井，吸引了遠近無數的朝聖者前來。馬雅時代遺留下來的大多數遺蹟，位於南部或「老奇琴」（Old Chichen）部分。史蒂芬斯和卡塞伍德所描述和繪製的建築，大多位在該處，並有著浪漫的名字，如阿卡茲布（Akab-Dzib，意思是神祕寫作之處〔Place of Occult Writing〕）、修道院、門檻神廟（Temple of the Thresholds）等。

在托爾特克人到達之前，最後占領（準確地說應該是收復）奇琴伊察的是伊察人。有些人認為，這個部落與托爾特克人有血親關係；還有一些人說，伊察人是從南方遷移過來的。奇琴伊察正是因伊察人而得名，意思是「伊察人的井口」。他們在馬雅廢墟的北邊建造了自己的祭儀中心。此處最負盛名的大建築，就是中央大金字塔——卡斯蒂略（El Castillo）金字塔和卡拉科爾天文臺。後來托爾特克人在奇琴伊察重建托央時，接管了這座天文臺並再次建造。

一個偶然被發現的入口，讓今天的遊人能夠進入伊察金字塔和托爾特克金字塔之間被封住的空間，也能夠爬上古老的階梯到達伊察聖所，托爾特克人在那裡放置了查克穆爾及一隻美洲虎的雕像。從外面只能看見托爾特克金字塔的結構——一座九層金字塔（見圖38），高達一百八

圖38：托爾特克金字塔

十五英尺。為了顯示對羽蛇神（魁札爾科亞特爾／庫庫爾坎）的忠誠，這座金字塔不僅刻著有羽毛的蛇，還加入許多年曆方面的元素，例如金字塔四面的階梯都有九十一級，再加上頂端那一「級」或平臺，全部的級數就相當於一個陽曆年（91×4＋1＝365）。而一座名叫「戰士神廟」（Temple of Warriors）的建築，其位置、方向和階梯都是仿造圖拉的阿特蘭蒂斯金字塔，兩邊都是羽蛇的石像、裝飾及雕塑。

就像在圖拉（托央），這座金字塔神廟的對面，在穿過大廣場後就是主要的球場。它是一個矩形的場地，長五百四十五英尺，是中美洲最長的球場。兩側豎著高牆，在離地面三十五英尺的中心處都有一個突起的石環，上邊刻著盤旋的蛇。球員只要把堅硬的橡膠球投過這些石環就算贏了。每個球隊有七名球員，輸的一方將會付出慘重的代價：隊長會被殺頭。沿著長牆的石板上刻有浮雕，描繪了球賽的情景。東牆上中間的石板（見圖39）仍然刻著這一幕：贏球那方的隊長（左邊）提著輸球方隊長的頭顱。

這個殘酷的結局意味著這種球賽不僅是比賽和娛樂。就像在圖拉一樣，奇琴伊察也有好幾個球場，也許是為了訓練或是較小的比賽。主要的球場在其大小及壯觀程度上都是獨一無二的。球場內有三座神廟，其裝飾非常豐富，有戰士、神的相遇、生命之樹、帶鬚有翼的兩角神（見圖40），全都強調了這裡曾發生過什麼重要事件。

所有這些，還有球員構成的多樣化以及王權標誌，都暗示了即使這不是國際間，也算是部落間的一場具有重要政治宗教意義的大事件。球員的人數（七人），輸球方的隊長要被殺頭，以及使用橡

圖40：帶鬚有翼的兩角神

圖39：雕刻在牆面上的球賽情景

膠球，這些都模仿了神話《波波烏》中的一場格鬥。在這場比賽中，眾神正是與一顆橡膠球進行爭鬥。它使得神七金剛鸚鵡（Seven-Macaw）及其兩個兒子，與眾多天神，包括太陽神、月神及金星神，進行對抗。結果失敗的兒子七華南普（Seven-Huanaphu）被執行酷刑：「他的頭被砍下，滾到一旁，心臟從胸腔被挖出來。」但因為他是神，他得以復活，變成一顆星球。

托爾特克人像這樣重演眾神事件的習俗，與古代近東的宗教戲劇相似。在埃及，奧西里斯（Osiris）的肢解和復活每年都會在一齣神祕劇中重演，其中包括法老在內的演員扮演了各種神的角色。在亞述，每年上演的一部多幕劇也是如此，劇中有兩位神進行戰鬥，輸者要被處決，只有得到天堂之神的寬恕才能復活。在巴比倫，《伊奴瑪・伊立什》（*Enuma elish*）是一部描述太陽系形成的故事，閱讀這本書是每年新年慶祝活動的一部分。這本書描述了巴比倫的至高神馬杜克（Marouk）將巨大的提亞瑪特（Tiamat）劈開並砍下他的頭時，導致天體碰撞而使地球（第七大行星）誕生了。

尖角星是天體的象徵

馬雅神話及其不斷被重演，與近東神話及其被重演非常相似。這些神話保留了天神的元素，以及數字「七」的象徵，因為「七」與第七大行星地球有關。極具意義的是，沿著球場牆壁描繪的馬雅／托爾特克人中，有些球員戴著太陽圓盤的標誌，而其他球員則戴著七角星（見圖41）。我們認為，這是天體的象徵，而非偶然出現的標誌。在奇琴伊察其他地方一再被描繪的四角星，與象徵金星的「八」有所關聯（見圖42 a）。在猶加敦西北部的其他神廟牆上，則裝飾著六角星（見圖42 b）。

用五角星來代表行星，對我們來說已經是司空見慣的事，以至於我們都快忘了這一做法是如何形成的：像很多其他習慣一樣，這也是開始於蘇美。人們從對納菲力姆的研究得知，蘇美人排列九大行星的方式與我們不同，他們不是從太陽開始向外排列，而是由遠到近排列。因此，冥王星是第一顆星，接下來是海王星、天王星、土星及木星。接下來第六顆星是火星，第七顆是地球，第八顆是金星。學者們解釋到，馬雅／托爾特克人之所以把金星排在第八，是因為金星運行五圈（5×584＝2,920天）之後才會與地球再度會合，這相當於八個地球年（8×365＝2,920）。但若是這樣的話，金星就應該排在第五，而地球排在第八。

我們發現蘇美人的這一理論更為簡潔準確，這代表馬雅／托爾特克人是仿照近東的圖像研

圖41：球員身上戴著七角星

a

圖42a：四角星

b

圖42b：神廟牆上的六角星

c

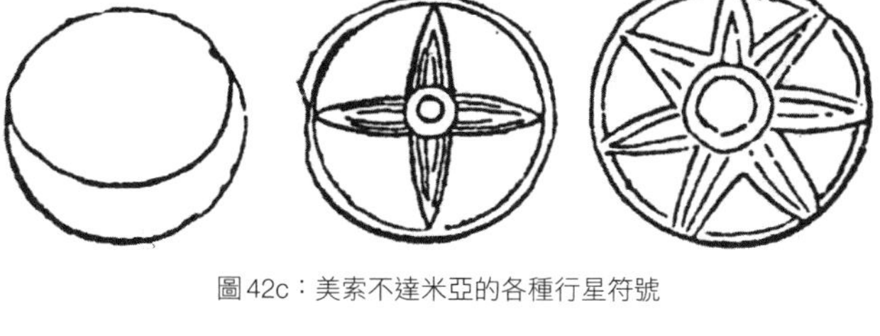

圖42c：美索不達米亞的各種行星符號

究。因為我們看到奇琴伊察及猶加敦其他地方所使用的符號，都與美索不達米亞所記述過的各種行星符號相似（見圖42c）。

確實，近東人使用尖角星代表行星的方法，在猶加敦地區越往西北部及沿海就越盛行。在一個名叫齊克爾納（Tzekelna）的地方，曾被發現過一座非同尋常的雕像，這座雕像現在陳列於梅里達博物館。它是由一塊巨石雕刻而成，其背部依然緊貼巨石。這個人物有一張堅毅的臉，可能還帶著一頂頭盔。他穿著由鱗片或稜紋做成的緊身服飾，彎曲的手臂上拿著一樣東西，博物館稱之為「五角星狀的幾何模型」（見圖43）。他的腰上綁著一個神祕的圓形裝備，學者們認為這在某種程度上暗示了此雕像所代表的可能是水神。

在附近的奧克斯托克（Oxkintok），人們發現有許多大型神像是巨石的一部分。考古學家認為，這些石像曾經是用於支撐神廟的柱子。其中一個（見圖44）看起來類似前述雕像的女性版。她身上類似稜紋與鱗片狀的衣服，在吉安納（Jaina）的一些大小雕像上都出現過。吉安納是遠離猶加敦西北部海岸的一座島嶼，有一座最罕見的神廟。這座島嶼曾是神聖墓地，根據傳說，這裡是伊察姆納（Itzamna）最後的安息之地。伊察姆納是伊察人的偉大古神，他涉過海洋來到此地。其名字的意思是「他的家是水」。

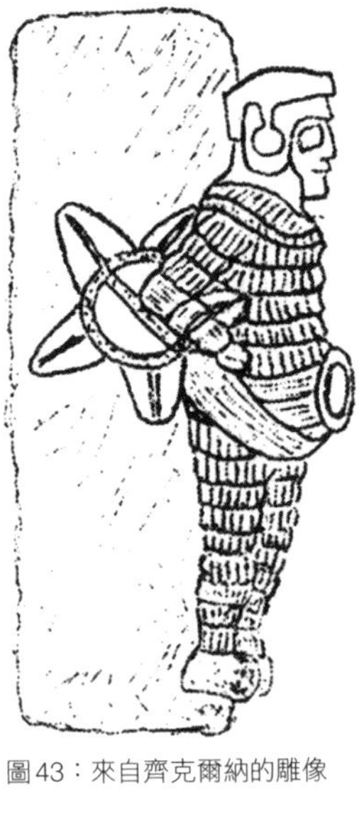
圖43：來自齊克爾納的雕像

圖44：奧克斯托克的神像

奇琴伊察聖井中的祭品

因此，古老的文獻、傳說和宗教信仰都說明了，曾經有神或是神一般的人從猶加敦半島的海灣沿岸登陸，並且在這些土地上定居及發展文明。或許正是這些集體記憶的強力組合，讓托爾特克人為了尋求原始信仰的復興和純化而遷移時，跋涉到猶加敦這個角落（尤其是奇琴伊察）的原因。他們認為在那裡一切可以重新開始，回歸的神會越過大海再次降臨。

他們對於伊察姆納和羽蛇神（魁札爾科亞特爾）——或許還有關於佛丹的記憶——的崇拜焦點，就是奇琴伊察聖井；奇琴伊察就是因這口大井而得名。

這口井位於大金字塔北邊，透過一條長長的遊行大街與祭儀廣場相連。現今，井水的水面離地面大約七十英尺，井水大概有一百英尺深，包含泥沙的話就更深了。井口呈橢圓形，長約兩百五十英尺，寬約一百七十英尺。這口井有明顯被人工擴大的痕跡，曾有樓梯可通往下面。在井口仍可看到平臺和聖壇的遺蹟。迪亞哥．德．蘭達曾寫過，此處曾舉行過祭祀水神和雨神的儀式，處女要被投進井裡獻祭，從四方而來的崇拜者聚集於此，並可能將黃金做的珍貴物品丟進井裡。

一八八五年，因專題著作《亞特蘭提斯不是神話》（*Atlantis Not a Myth*）而聞名的愛德華．湯普森（Edward H. Thompson），在擔任美國駐墨西哥領事時接受了一項任務。不久後，他以七十五美元買下包含奇琴伊察廢墟在內的一百平方英里大的叢林。他以廢墟為家，為哈佛大學皮博迪博物館籌畫進入井內尋找神聖祭品的工作。

在井底，打撈人員發現了四十幾具人類骸骨，以及大量的藝術品。超過三千四百件物品是玉石製成的，這種不算珍貴的玉石是馬雅人和阿茲特克人最為珍貴的寶物。這些玉品包括珠子、壓尺、耳塞、鈕釦、圓環、吊墜、球體、圓盤、肖像及小雕像。還有五百多件是動物和人的雕刻。

後者有明顯的鬍鬚（見圖45a、b），與神廟球場牆上的雕刻相似（見圖45c）。

打撈人員帶回來的物品中，更重要的是金屬製品。上百件是黃金做的，還有一些是銅或銀製成的。在缺乏金屬的半島上，這一發現極具意義。其他一些物品為鍍銅或銅合金，包括青銅。這展示了馬雅不為人知的成熟冶金技術，並且證實了這些物品是從遙遠的地方帶過來的。其中最讓人不解的是純錫的圓盤，因為當地並沒有錫。而錫只能從一種礦物中經過複雜工序提煉而得，而這種礦物在中美洲根本不存在。

這些做工精緻的金屬製品，包括許多的鐘，還有儀式用品（杯、盆）、圓環、頭冠、面具、裝飾品、珠寶、權杖，以及一些不知所為何用的物品。最重要的是，圓盤上刻著許多人物相會時的情景。在上面，衣著各異、各具特徵的人在地面、天蛇或天空之神面前，在戰鬥中相互對抗。主導者或勝利者通常都有鬍鬚（見圖46a、b）。

很顯然的，這些人物並不是神，因為蛇或天神已出現在旁邊。與他們的模樣相似，但不同於蓄鬍和有翼的天神（見一〇六頁圖40）的浮雕，出現在奇琴伊察的牆壁和柱子上，與其他英雄和戰士在一起。他們有著又細又長的鬍鬚（見圖47），被人們暱稱為「山姆大叔」。

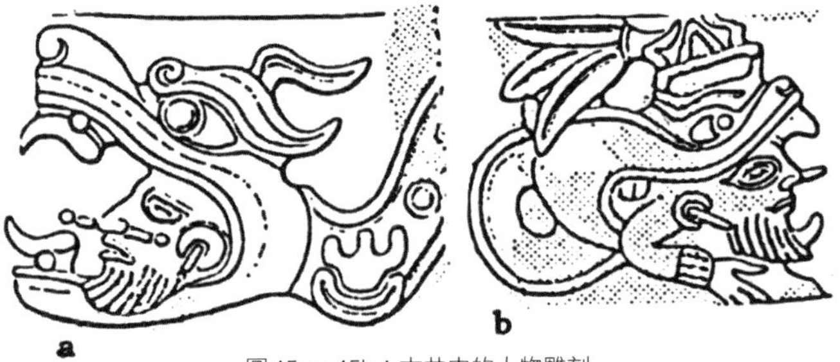

圖45a、45b：古井中的人物雕刻

圖45c：球場神廟牆上雕刻的人物

圖47：留著細長鬍鬚的人物

圖46a、b：圓盤上的圖像

蓄鬍人的身分之謎

這些蓄鬍人的身分至今仍是一個謎，唯一能確定的是他們並非當地的印地安人，因為印地安人臉部無毛，也沒有鬍鬚。那麼這些外來者是誰呢？他們具有「閃族人」或說是地中海東部人的特點（**在那些能看清臉表情的泥塑上，特點尤其明顯**），因此，許多學者認為他們是腓尼基人或是「海上猶太人」。大約西元前一千年，所羅門（Solomon）國王和腓尼基國王希拉姆（Hiram）共同派遣海上艦隊遠征非洲尋找黃金時，他們被風或是大西洋洋流帶到猶加敦海岸。又或者是幾百年後，腓尼基人被逐出他們原本位於東地中海的港口城市，建立了迦太基（Carthage），然後航行到非洲西部。

無論這些遠航的人有可能是誰以及航行的年代為何，學術研究人員已經不再認為這確實是一次跨洋航行。他們的解釋是，那些鬍鬚很明顯是假的，是印地安人添加到他們的下巴上，甚至還認為那些泥塑只不過是船難的倖存者。但是第一種說法（**由著名學者嚴謹提出的**）很明顯存在一個問題：假如印地安人是模仿其他蓄鬍人，那麼這些蓄鬍人又是誰呢？

但是關於船難倖存者的說法也不合理。根據當地傳統，例如佛丹傳說中，所提及的幾次航行，他們都是探勘之後才定居（**建立城市**）。而考古證據不足以證明曾有一些倖存者漂流到任何一個海岸。姿態各異、處於不同情境的蓄鬍人，在墨西哥灣海岸、墨西哥內陸，甚至遠至南太平洋海岸都曾被描繪下來。它們沒有特定的風格，也沒有被神化，而是真人的肖像。在維拉克魯茲，人們發現了一些最驚人的例子（**見圖48a、b**）。這些永存的人像很明顯與閃族西部貴族相似。這些貴族在亞洲戰役中被埃及法老俘虜，並被勝利者描繪在神廟的牆上，以紀念他們的勝利（**見圖49**）。

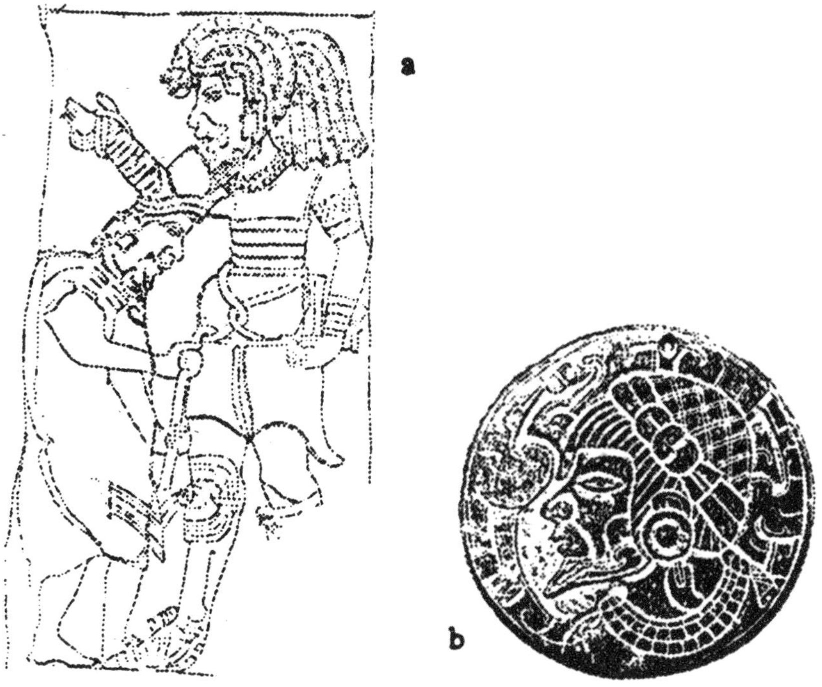

圖48a、b：在維拉克魯茲發現的肖像

圖49：埃及神廟牆上描繪的閃族西部貴族

圖50：阿爾瓦拉多當地的浮雕

為什麼這些地中海航海人會來到中美洲，又是何時到來的呢？考古學家也不清楚，因為他們陷入了一個更大的謎團：許多描繪都顯示出奧爾梅克人具有明顯的非洲黑人血統，例如來自維拉克魯茲的阿爾瓦拉多（Alvarado，見圖50）的作品。這代表了那些蓄鬍人曾經與奧爾梅克人在同一時間、同一區域碰過面。

中美洲最古老的奧爾梅克文明

在所有這些失落的中美洲文明中，奧爾梅克人是最古老也最神祕的民族。奧爾梅克文明是其他所有文明的根源，被其他民族模仿與採用。西元前兩千年，奧爾梅克人的文明開始降臨於墨西哥灣海岸一帶。到西元前一千兩百年（有些人認為是西元前一千五百年），他們的文明在四十多個地方繁榮綻放。奧爾梅克文明向四方輻散，但主要是向南傳播。到西元前八百年，已經遍及整個中美洲。

奧爾梅克王國是中美洲最早出現文字紀錄，以及創造點和條計算法的國家。他們有最早的長紀曆銘文，其神祕的開始日期是在西元前三一一三年；擁有最早的一批宏偉雕刻作品；最早使用玉石；最早描繪了手持武器或工具；有最早的祭儀中心、最早的天文臺。所有這些都是奧爾梅克人的成就。有如此之多的「最早」，難怪一些人，例如蘇斯戴爾（J. Soustelle）在《奧爾梅克人》（*The Olmecs*）中，會將中美洲的奧爾梅克文明，與包攬了古代近東所有「最早」的美索不達米亞蘇美文明相比。就像蘇美文明一樣，奧爾梅克文明也是突然傳播開來，前無古人，也不曾經歷過逐漸完善的發展階段。

蘇美人在他們的文獻中，將其文明描述成神賜予的禮物。那些到訪地球的神能在天際漫遊，因此被描繪為有翅膀的人（見圖51a）。奧爾梅克人將他們的「神祕」表現在雕刻藝術中，例如這個來自伊薩帕（Izapa）的石碑（見圖51b）中，一位有翅膀的神正在砍另一位神的頭。這個記錄在石頭上的故事，與蘇美人所描繪的十分相似（見圖51c）。

圖51a：蘇美人所繪製的有翅膀的人

圖51c：蘇美人描繪的故事

圖51b：奧爾梅克人記錄在伊薩帕石碑上的故事

奧爾梅克巨石頭像

是什麼人造就了這些偉大的成就呢？奧爾梅克人有個綽號叫「橡膠民族」（Rubber People），因為他們的海灣一帶盛產橡膠樹而聞名。但在現實中，他們是一個謎——是住在陌生國度的陌生人，漂洋過海而來的陌生人，不僅是屬於另一個地方，而是屬於另一個大陸的民族。在沼澤叢生的海岸地帶，石頭極為稀有，可是他們卻創造並留下了這些讓世人歎為觀止的紀念石雕。當然，最讓人匪夷所思的還是這些奧爾梅克人本身。

最特別的當屬奧爾梅克領導者的巨石頭像，以驚人的技巧和不為人知的工具所打造。麥爾格．塞拉諾（J. M. Melgar y Serrano）是第一個在維拉克魯茲的特雷斯薩波特斯（Tres Zapotes）看到此頭像的人。他在《墨西哥地理期刊》（*Bulletin of the Mexican Geographical*）和《地理學會》（*Statistical Society*，一八六九年）中，將其描述為「一件藝術之作……令人驚奇地呈現了衣索比亞人的宏偉雕塑」。旁邊的配圖真實地再現了這個頭像的黑人特徵（見圖52）。

圖52：具有黑人特徵的頭像

直到一九二五年，由法蘭斯．布洛姆（Frans Blom）帶領的美國杜蘭大學考古隊在塔巴斯科海岸附近的拉文塔（La Venta）發現了「深埋在地底的巨石頭像上半部分」，西方學者才得以證實巨石頭像的存在。當頭像（見圖53）從地裡完全出土，經測量後發現它有八英尺高，周長二十一英尺，重達二十四噸。毫無疑問，這是一個戴著特殊頭盔的非洲黑人。後來，在拉文塔發現了其他頭像，每一個都各具特徵，戴著不同的頭盔，但是有著相同的種族特徵。

一九四〇年代，由馬修·史特林（Matthew Stirling）和菲力浦·德魯克（Philip Drucker）帶領的考古探險隊，在聖洛倫佐（San Lorenzo）——拉文塔西南方六十多英里的一座奧爾梅克城市，發現了五個相似的巨石頭像。隨後，麥克·科（Michael D. Coe）帶領耶魯大學的團隊前去，發現了更多的巨石頭像。他們利用放射性碳定年法，得出時間大約是西元前一千兩百年。這代表此處的有機物（大多數是碳）的年代如此久遠，但是這個遺址本身及其古蹟更為古老。確實，墨西哥考古學家伊格納西奧·伯納爾（Ignacio Bernal）在特雷斯薩波特斯發現了另一個巨石頭像，可追溯到西元前一千五百年。

目前已經發現了十六個這樣的巨石頭像。它們的高度從五到十英尺不等，重約二十五噸。雕刻這些石像的人原本打算雕刻更多，因為連同那些已經完工的頭像，其他出土的還有大量「原材料」以及已經雕成圓球形的石頭。這些玄武岩石頭，不管是否完工，都是越過叢林和沼澤，從六十英里之外的產地運到這座無石之城。這些巨大的石塊是怎麼被挖出、運送，然後

圖53：在拉文塔發現的巨石頭像

最終雕刻成形，屹立在那裡，至今仍是一個謎。但是，很明顯的是，奧爾梅克人認為用這種方式來紀念他們的領袖是非常重要的。這些各具特色、頭飾各異的非洲黑人石像，我們會在肖像藝術館中看到（見圖54）。

毫無疑問，在土著印地安人眼裡，刻在石柱（見圖55 a）和其他紀念碑（見圖55 b）上的場景，都明確地把奧爾梅克人描繪為高大、肌肉發達的重量級人物，就像「巨人」一樣。但是，我們假定他們是少數領袖，而不是實際的非洲族群——男人、女人和兒童。奧爾梅克人留下了成百上千的自我描繪，分散在連接海灣和太平洋沿岸的中美洲廣大地區。

在雕塑、石雕、浮雕和小雕像上，我們總是看到同樣的非洲黑人面孔，例如來自奇琴伊察聖井的玉器或黃金肖像，還有從吉安納到墨西哥中部和北部一路上發現的許多陶俑（像是一對充滿愛的情侶），或者甚至像埃爾塔欣（El Tajin）遺址浮雕上的球員，圖56呈現了其中一些。

有的陶器（見圖57 a）和更多的奧爾梅克石雕（見圖57 b）把他們描繪為手裡抱著嬰兒，而這個動作對他們來說應該具有特殊的意義。

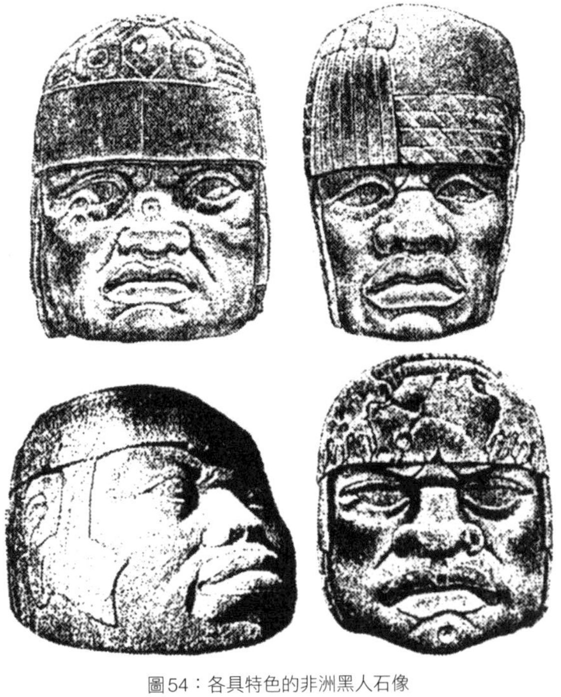

圖54：各具特色的非洲黑人石像

a

圖55a：石柱上的奧爾梅克人

b

圖55b：紀念碑上的奧爾梅克人

圖56：埃爾塔欣遺址的浮雕

a

b

圖57a：奧爾梅克陶器

圖57b：奧爾梅克石雕

拉文塔遺址之謎

這些被發現有巨石頭像和其他奧爾梅克描繪物品的遺址，同樣耐人尋味。它們的大小、規模和結構，揭示了這是有組織的定居者的工作，而不只是少數因海難而來的到訪者。拉文塔實際上是一個沿海地區的沼澤小島國，是透過人工建造、填埋，並根據既定計畫建設的。這裡的主要建築，包括一個不尋常的圓錐形「金字塔」、細長的圓形土丘、建築群、鋪平的院子、祭壇、石碑和其他人造特徵，沿南北軸線延伸大約三英里，具有極精確的幾何配置。

在這個不出產石頭的地方，有許多令人驚奇的石頭，每塊都是因為具有特殊品質而獲選。儘管這些石塊需要從遠地運送而來，他們仍然將之用於建築的結構、紀念碑和石碑上。要建造一座圓錐形金字塔，就需要把這些石頭搬運並堆放在一百萬立方英尺高的土壤上。這一切都需要巨大的體力，還需要很高的建築水準和石材加工方面的專業知識，而在當時的中美洲是沒有先例的，很顯然這種藝術是從其他地方得來的。

在拉文塔的獨特發現，包括一個矩形圍牆，它被玄武岩圓柱（與巨石頭像相同的材料）包圍或圍起來的。這個圍牆保護著一個石棺和一個長方形墓室；墓室的屋頂和圍牆也是用玄武岩打造的。在裡面，一些骨骼就躺在矮平臺上。總之，這個獨特的發現及其中的石棺，其模式類似於帕倫克當地不尋常的帕卡爾墓室。無論如何，對於紀念碑、紀念性雕塑和葬墓，即使必須從遠處搬來，仍堅持使用巨石，這必然是有關奧爾梅克人神祕起源的線索。

令人不解的是，在拉文塔發現了數百個具有藝術雕刻的玉器，包括不尋常的斧頭，但「玉」這種半寶石在當地是沒有的。更神祕的是，它們都是被埋在長而深的壕溝裡。這些壕溝都被填滿了黏土，每一層使用不同種類和顏色的黏土，而這幾千噸的土壤都是從遙遠的不同地方搬運過來的。此外，壕溝最底部是用成千上萬的蛇紋石（另一個藍綠半寶石）磚鋪砌而成的。人們普遍認為，這個壕溝是挖來埋藏寶貴玉器，但蛇紋石地板也許暗示了壕溝早期是為了其他用途而建造的，後來不需要用到壕溝，便把它們用來埋藏高價值的物品，如不尋常的斧頭等。毫無疑問的是，奧爾梅克遺址大約在基督教時代初期就被遺棄了，而且奧爾梅克人甚至企圖埋藏一些首領的巨石頭像。後來，有人進入這個遺址，展開復仇：一些巨石頭像被推倒，滑入沼澤中，其他則有被破壞的痕跡。

另一個拉文塔之謎，是關於在壕溝裡發現的結晶鐵礦石（磁鐵礦和赤鐵礦）凹鏡，它的形狀和打磨均臻至完美。經過研究，在華盛頓特區的史密森學會（Smithsonian Institution）實驗學者得出了這些鏡子可以用來集中陽光、生火或不明的「祭儀目的」的結論。

拉文塔的最後一個謎是遺址本身，因為它正好面對著正北向西傾斜八度的南北軸。各種研究顯示，這是一種刻意的定向，目的是提供目視觀察，也許圓錐形「金字塔」上突出的部分可能有定向指標的作用。

波普諾．哈奇（M. Popenoe-Hatch）經過一項專門研究，在加州大學《奧爾梅克和馬雅考古學檔第十三號》（*Papers on Olmec and Maya Archaeology No. 13*）中得出的結論是：「這個觀測模式是在西元前一千年於拉文塔進行的，這表示它必須追溯到一千年前學到的知識體系……拉文塔遺址及其西元前一千年的藝術，似乎反映了西元前兩千年左右恆星在冬夏至及春秋分所在的經線位置的傳統。」

西元前兩千年之初，拉文塔成為在中美洲最早的「神聖中心」（較早的特奧蒂瓦坎不算在內，因為傳說中只有眾神在那裡）。但這仍然不是奧爾梅克人飄洋過海來到這裡的真實時間，因為他們的長紀曆始於西元前三一一三年，這個時間點清楚地表明了，奧爾梅克文明距離著名的馬雅文明和阿茲特克文明有多麼久遠。

奧爾梅克人是礦工

在特雷斯薩波特斯，考古學家發現，其早期階段是西元前一千五百年至西元前一千兩百年的三百年間，石頭建築（雖然那裡很少有石頭）、陽臺、階梯，以及或許曾經是金字塔的土堆，分散在遺址內。至少有另外八個遺址位在特雷斯薩波特斯周圍半徑十五英里內，代表這裡是一個被衛星遺址所包圍的中心。除了巨石頭像和其他雕刻紀念碑，那裡也出土了一些石碑，其中有一塊石碑（「石碑C」）刻有長紀曆日期7.16.6.16.18，這相當於西元前三十一年，證明了奧爾梅克人此時仍在當地。

在聖洛倫佐，奧爾梅克文明仍然由建築物、土堆和築堤組成，其間穿插著人工池塘。遺址的核心部分建立在人工平臺上。平臺大約一平方英里，高於周圍階地一百八十五英尺，這是讓許多現代企業相形見絀的土方工程。考古學家發現，其上的一個池塘與一個地下通道系統相互關聯，「其含義或功能尚未被理解」。

至今為止，對奧爾梅克遺址的發掘仍可持續下去，目前大約已有四十個被發現，它們似乎無處不在，除了巨大的藝術品和石頭建築，還有幾十個土堆，以及其他經過精心計畫的土方工程等證據。

這些石雕、土方工程、壕溝、池塘、管道、鏡子，即使現代學者無法形容，它們一定含有某種有意義的目的。很顯然，在中美洲一定存在過奧爾梅克文明，除非有人贊同海難倖存者的理論。阿茲特克的歷史學家用「奧爾梅克」這個綽號來介紹他們。這些人是古代的非納瓦特母語（non-Nahuatl-speaking）的民族，而不是少數幾個人；他們在墨西哥創造了最古老的文明。考古證據支持並顯示，有一個基地或「首都圈」毗鄰墨西哥灣，拉文塔、特雷斯薩波特斯和聖洛倫佐在那裡形成了關鍵的三角地帶。奧爾梅克人的定居和影響區域，向南延伸到墨西哥和瓜地馬拉的太平洋沿岸。

這些土方工程的專家們、石材加工的指揮者、挖掘壕溝的人、水的引導者、鏡子的使用者……他們究竟在中美洲做了些什麼呢？石頭上的雕刻顯示他們是從「祭壇」中出現，而這個「祭壇」代表著前往地球深處的入口（見圖58），或是在洞穴裡拿著令人費解的一系列工具，就像在來自拉文塔的石碑上（見圖59），可以辨別出附在刀架頭盔上的神祕鏡子。

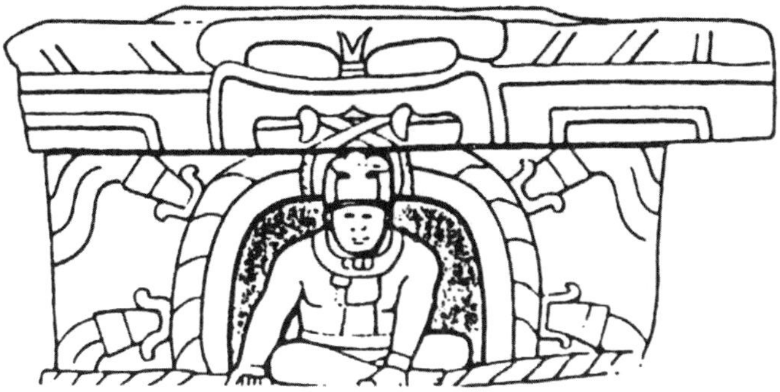

圖58：從「祭壇」中出現的人物

圖59：在刀架頭盔上有神祕鏡子的人物

總而言之，我們透過見到的設施、場景和工具，得出了一個結論：奧爾梅克人是礦工，來到新大陸挖掘一些貴重金屬，可能是黃金，也許還有其他稀有的礦藏。

在佛丹的傳說中有「通過山脈隧道」一說，也支持了這一結論。事實上，奧爾梅克人崇拜的古神，其實正是納瓦特人心目中的地震與回聲之神——特普約洛特（Tepeyolloti，意思是山之心）。他是一個蓄鬍的洞穴之神，他的神廟必須要有石頭，最好建在山裡。其雕像的標誌是一座被打穿的山，他拿著噴火器當作工具（見圖60a），就像我們在圖拉看到的一樣！

我們認為，噴火器（包括阿特蘭蒂斯柱和圓柱上描繪的）可能是用來切割石頭的，也可能不只是用來雕刻石頭。因為很顯然它還被一種關於石頭的信仰支撐著，就像在墨西哥的瓦哈卡谷遺址後面所發現的著名代諸（Daizu）四十號。它清楚描繪了在封閉區域裡的一個人，面對著牆使用噴火器（見圖60b）。牆上的「鑽石」標誌可能表示一種礦物，但其含義尚未被解譯。

正如許多描繪所顯示的一樣，非洲「奧爾梅克人」令人困惑之處，與地中海東部的鬍鬚族之謎交織在一起。在整個奧爾梅克遺址的紀念碑上，都有描繪相

a

圖60a：拿著噴火器當工具的蓄鬍神

b

圖60b：面對牆使用噴火器的人物

關的個人肖像或相遇場景。值得注意的是，一些人們相遇的場景是在洞穴內發生的。例如，來自特雷斯薩波特斯的石碑（見圖61）上，甚至包括一個攜帶照明設備的服務員（據推測，那個時代應該只會使用火把）。此外，來自卡爾卡金哥（Chalcatzingo）的一個驚人石碑（見圖62）上，描繪了長相具有「高加索人」特徵的女性，她正操作著一個看似技術上十分先進的設備，該石碑底部有「鑽石」標誌。這說明了一切都與礦物相關。

圖61：來自特雷斯薩波特斯的石碑

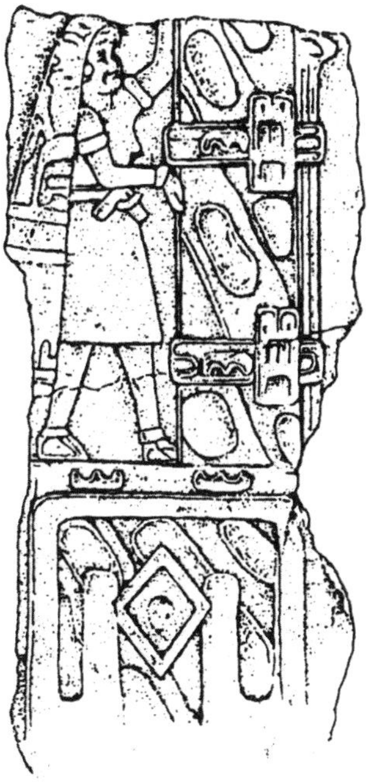

圖62：來自卡爾卡金哥的石碑

被大肆破壞的奧爾梅克遺址

地中海蓄鬍人來到中美洲的時間，跟非洲奧爾梅克人一樣嗎？他們是互相幫助的盟友，還是同一批貴重礦物或金屬的競爭對手？無人有肯定的答案，但是我們相信，非洲奧爾梅克人是最先到達那裡的，而且他們抵達的根源可以在神祕的長紀曆開始之日（西元三一一三年）中找到。

無論這種關係是在何時又是為何開始的，似乎都已經在之後的動亂中結束了。

學者們想知道，為什麼在許多奧爾梅克遺址都有蓄意破壞的痕跡，像是被損毀的文物古蹟

（包括巨石頭像）、粉碎的文物、被推翻的紀念碑，看起來都充滿了憤怒和報復。這種破壞似乎不是只發生一次，奧爾梅克遺址似乎是逐漸被拋棄。首先大約是西元前三百年在海灣附近的舊「都市中心」，後來就在更南部的遺址。我們在特雷斯薩波特斯看到了西元前三十一年的證據，這代表了奧爾梅克中心被拋棄的進程，其次是當奧爾梅克放棄這些遺址並向南撤退時，可能遭受了持續幾個世紀的報復性破壞。

對當時那個動盪時期以及奧爾梅克南部領域的描繪顯示，他們越來越像戰士，戴著可怕的鷹或美洲虎面具。一個取自南部地區的石刻，呈現了三個奧爾梅克戰士（其中兩個戴著鷹形面具），手裡拿著長矛。場景中還包括一個留著鬍鬚的裸體俘虜。我們不太確定，這兩個戰士是否正在威脅這個俘虜，或是否正在拯救他。這留下了一個令人疑惑的有趣問題：當這個動亂粉碎了中美洲的第一個文明時，奧爾梅克黑人和來自地中海東部的蓄鬍人是站在同一條戰線上的嗎？

他們似乎共享著同樣的命運。

有一個非常有趣的遺址，坐落在名叫做阿爾班山（Monte Alban）的太平洋海岸附近。那裡有數十塊石碑，豎立在許多為天文目的而建造的，具有不尋常結構的人工平臺上，以及紀念牆上，刻有呈現扭曲姿勢的非洲黑人男子圖像（見圖63）。有很長一段時間，他們的綽號是「舞者」，但現在在學者們都認為，他們表現出奧爾梅克赤裸的殘缺身體，大概是在暴力起義中被當地印地安人所殺。在被描繪的黑人中，有一個具猶太人鼻子且留著鬍鬚的男子（見圖64），很顯然也遭受了跟奧爾梅克人一樣的命運。

圖63：呈現扭曲姿勢的非洲黑人男子圖像

一般認為，阿爾班山自西元前一千五百年成為定居地，並在西元前五百年成為主要的中心。因此，經過幾個世紀的宏偉歷程後，它的建設者成為紀念碑上描繪的殘缺身體——成為他們所輔導的人的受害者。

幾千年之後，那個到處都是飄洋過海而來的陌生人的黃金時代，最終成為一個神話故事。

圖64：具猶太人鼻子且留鬍鬚的男子

6．黃金魔棒的王國

安地斯山脈文明的故事中充滿了神祕色彩，而相關書面紀錄或刻有故事的石碑的遺失，更加深其神祕感。不過，神話和傳說就用神、巨人，以及他們的國王後裔的故事，來填補這些神祕的畫面。

今天，沿海地區的人們可以回顧那些將其祖先引導至樂土的神，以及掠奪其莊稼和強姦其婦女的巨人傳說。住在高地的人們，於西班牙征服時期占主導地位的是印加人。他們以各種形式的活動和工藝、種植農作物、建設城市，來報答神的引導。他們重新描述著傳說的開端——創世的傳說，動盪時代的傳說，一個洪水吞沒萬物的傳說。他們認為，其王權的開始和首都的建立，應該歸於金棒的魔力。

沿海地區的奇穆帝國

西班牙編年史學家，以及學過西班牙語的當地人，已經確定在征服之時的兩名印加君主的父親——瓦伊納．卡帕克，是王朝的第十二任印加（Inca，頭銜名，意思是主權君主）；這個將首都設於庫斯科的王朝，大約開始於西元一〇二〇年。那是在印加人從高地據點突擊征服沿海地帶的幾個世紀之前；在印加人征服之時，沿海地帶已經存在著其他國王。在著名的太陽大道（Highway of the Sun）的助力之下，他們的領地向北延伸到現今的厄瓜多，也向南到現今的智利。印加人基本上將其統治和行政管理，疊加在已經使該區域繁盛數千年的文化和組織化社會之上。最後一個在印加人統治之下的是奇穆人的帝國；他們的首都昌昌（Chan-Chan）是一個大都市，其神聖區域、階梯金字塔和住宅，混合分散在八平方英里內。

莫切河在靠近現今城市特魯希略（Trujillo）的不遠處，注入了太平洋，位在那裡的古都讓曾經探訪埃及和美索不達米亞的探險家感到好奇。十九世紀探險家伊夫瑞・喬治・斯奎爾（Ephraim George Squier）在《祕魯圖錄：對印加土地的探索及旅行事件》（*Peru Illustrated: Incidents of Travel and Explorations in the Land of the Incas*）中，對自己所看到的一切感到震驚，即使那些是已經被毀損或尚未完全發掘的部分。他描述道：「長而大的牆壁，巨大的分室金字塔或瓦卡斯太陽神廟，以及大量的宮殿、住宅、溝渠、水庫、糧倉……和墳墓，遍布方圓數英里的每一個方向。」的確，這個在平坦海岸土地上綿延數英里的畫面，讓人聯想到二十世紀時洛杉磯的鳥瞰圖。

沿海地區坐落在安地斯山脈西側和太平洋之間，氣候十分乾燥。居住地和文明得以在此蓬勃發展，是因為來自高山的水流以大大小小的河流形式注入海洋，大約每五十至一百英里就切斷沿海平原。這些河流創造了肥沃的土壤和青翠的環境，也把一個個沙漠般的地區分隔開來。因此，在這些河流的沿岸和河口就出現了定居者。考古證據顯示，奇穆人透過來自山區的水道擴大水源的供應。他們還透過平均十五英尺寬的道路，將肥沃地帶與定居地區連接起來，這條道路就是著名的印加太陽大道的前身。

在建設區域的邊緣，也就是翠綠山谷的盡頭及貧瘠的不毛之地開始的地方，巨大的金字塔在荒蕪的土地上拔地而起，面對著縱橫交錯的莫切河。它們是用太陽曬乾的泥磚搭建而成的，這使人聯想起馮・哈根（V. W. von Hagen）等探險家在《太陽大道》（*Highway of the Sun*）和其他著作中所對照過的：美索不達米亞的金字神塔也是由泥磚修建而成的，並且跟莫切河兩岸的那些高塔一樣，有著稍稍外凸的形狀。

奇穆人的繁榮時期，大約是從西元一〇〇〇年到一四〇〇年這四個世紀，此時也是他們的黃金製造業在一定程度上精熟的時期，其技藝是隨後的印加人也無法企及的。西班牙征服者描述了奇穆帝國的中心（在印加人的統治下）的黃金富足程度，一個叫做通貝斯（Tumbes）的小鎮被黃金所包圍，那裡的植物和動物都是用黃金鑄造，這似乎是以印加人在庫斯科為主要神殿打造黃金外層當作參考範本。在另一座城市土庫美（Tucume）的郊外，有大量的黃金物品出土，它們是在祕魯被征服之後的那個世紀中被發掘出來的（隨著亡者一起被埋藏在墓穴中的陪葬品）。的確，當印加人占領了沿海地區時，對於奇穆人所擁有的黃金數量感到震驚。那些傳奇的數量以及之後的實際發現，仍然困擾著學者們。因為祕魯的金礦產地不在貧瘠的沿海地區，而是在高地。

古代信仰文化

奇穆人的文化形式是先前的文化或是組織化社會的繼承者。但就跟奇穆人的情況一樣，沒有人知道這些民族的自稱是什麼。如今我們用來稱呼他們的這些名字，實際上是取自其社會以及被確認的文化所在的考古學遺址和河流的名稱。在北部中心海岸，一個被稱作「莫奇卡」（Mochica）的地區，將歷史迷霧拉回到大約西元前四百年。他們以精緻的陶器和優美的紡織品聞名於世；但是這些技藝是如何以及在什麼時候獲得的，至今還是一個謎。他們陶器上的裝飾充滿了有翅膀的神和險惡巨人的圖畫；而以月亮神為首的眾神則透露了他們的宗教信仰；月亮神的象徵符號是新月形，被稱作「席」（Si）或「席安」（Si-An）。

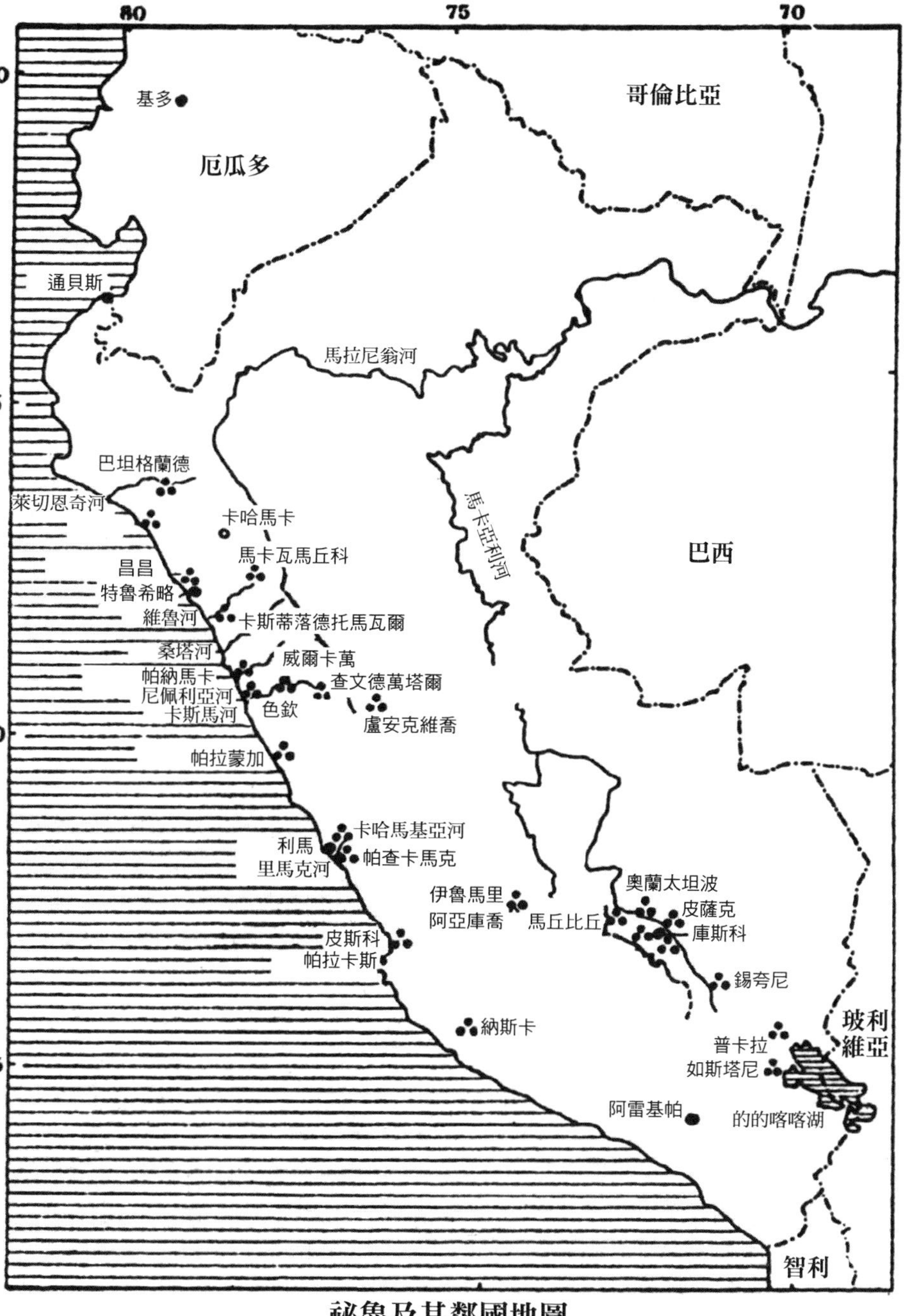
80
75
70
0
5
10
15
基多
哥倫比亞
厄瓜多
通貝斯
馬拉尼翁河
巴坦格蘭德
萊切恩奇河
卡哈馬卡
馬卡亞利河
巴西
馬卡瓦馬丘科
昌昌
特魯希略
維魯河
卡斯蒂落德托馬瓦爾
桑塔河
威爾卡萬
帕納馬卡
查文德萬塔爾
尼佩利亞河
卡斯馬河
色欽
盧安克維喬
帕拉蒙加
卡哈馬基亞河
利馬
帕查卡馬克
里馬克河
奧蘭太坦波
伊魯馬里
皮薩克
阿亞庫喬
馬丘比丘
庫斯科
皮斯科
帕拉卡斯
錫夸尼
納斯卡
玻利
維亞
普卡拉
如斯塔尼
阿雷基帕
的的喀喀湖
智利

祕魯及其鄰國地圖

莫奇卡的這些工藝品，清楚展示了它們早於奇穆文化幾個世紀。他們專精於鑄造黃金、用泥磚建造建築物、設計了充滿金字神塔的神廟建築群等技藝。在一個被埋藏的聖城遺址——帕卡特納姆（Pacatnamu）中，至少有三十一座金字塔，在一九三〇年代被一個由烏貝洛德·多林（H. Ubbelohde-Doering）領導的德國考古隊挖掘出來。他在《印加的科尼希大街上》（*Auf den Koenigsstrassen der Inka*）中表示，他們確定，那些比較小的金字塔，比那些兩百英尺寬、四十英尺高的大金字塔，年代早了一千多年。

奇穆王國的南部邊界是里馬克河（Rimac），西班牙入侵者將其首都命名為「利馬」（Lima）正是源於這條河的名稱。在印加王朝之前的時代，這個邊界以外的海岸是由欽查（Chincha）部落居住的；而高原地區則是由說艾馬拉（Aymara）語的人們所占據。現在已經知道，印加人從前者那裡獲得了眾神的概念，從後者那裡獲得了創造和起源的傳說。

就跟現今一樣，里馬克地區在古代也是人們聚集的中心。它恰好在利馬的南部，並且有祕魯最大的神廟，它被印加人重修和擴建過的遺蹟直到現在還可以看見。眾神以帕查卡馬克（Pacha-Camac，意思是世界的創造者）為首，他旁邊還有夫妻神：威斯（Vis，意思是大地之主）和瑪瑪帕查（Mama-Pacha，意思是大地女士），尼（Ni，意思是水之主）和瑪瑪科查（Mama-Cocha，意思是水之女士），以及月神席，太陽神伊拉拉（Illa-Ra）；還有英勇之神孔（Kon），他也被稱作伊拉亞（Ira-Ya）——這些名字讓人想起那些近東眾神的稱謂。

對於南部海岸的古代人來說，帕查卡馬克的神廟地位，如同「麥加」聖地。朝聖者從遠近各處來到這裡。他們朝聖的行為是如此恭敬，以至於就算部落之間處於戰爭狀態，敵方的朝聖者也會被允許安全地通過。朝聖者都會帶著黃金來到這裡，因為他們認為所有金屬都是屬於神的。只有被挑選出來的祭司才被允許進入至聖所中，在某些特定的節日，神像會向祭司預示一些事，然後由祭司將這些事傳達給人民。整個神廟地區是如此神聖，以至於朝聖者必須脫鞋才能進去——就像摩西在西奈山被要求的那樣，以及穆斯林現在進清真寺之前仍然要做的那樣。

堆積在神廟裡的黃金是如此之多，引起了西班牙征服者的注意。法蘭西斯克・皮薩羅派他的兄弟埃爾南德斯（Hernandez）去搶奪它們。他找到一些黃金、白銀和寶石，卻沒有找到最主要的財寶，因為祭司們將寶物藏起來了。沒有任何威脅和酷刑可以使祭司們透露出藏寶地點（傳說中是在利馬與盧倫〔Lurin〕之間的某個地方）。然後，埃爾南德斯為了要取得神像上的鍍金，打碎了神的金像，同時還拔出牆上的銀釘，以及掛在牆上當作裝飾的金銀板。光一個銀釘就重達三萬兩千盎司。

當地的傳說認為，這座神廟是由「巨人」建造的。可以肯定的是，印加人在占領那些部落後，接受了對於帕查卡馬克的信仰，擴大並裝飾了神廟。神廟被建在山腰上，洶湧澎湃的太平洋幾乎就在它的腳下。由地面而起的五百英尺高階地支撐起神廟的四個平臺，這四個平臺是由巨石塊所砌的擋土牆建造而成的。最頂層的露臺延伸了好幾英畝。由於神廟建築群的前方是下沉式廣場，因此可以從主要聖殿看到一覽無遺的海洋景觀。

不只有活著的人會來這裡祈禱和膜拜。死去的人也會被帶到里馬克流域和沿海平原的南部，希望他們的來生能夠在神的庇佑下度過，甚至能夠復活，因為這裡的人們相信里馬克能夠使死去的人復活。在我們現在已知的這些遺址，如盧倫、皮斯科（Pisco）、納斯卡（Nazca）、帕拉卡斯（Paracas）、安孔（Ancon）、伊卡（Ica），考古學家在「亡者之城」中發現了許多埋有貴族和祭司木乃伊的墳墓及地下金庫。這些木乃伊的手和腿被彎曲成特定形狀後，被衣物包裹起來並裝在麻袋中。乾燥的氣候及外層的麻袋，保護了精美的機織服裝、披肩、頭巾、斗篷，及其令人難以置信的鮮豔色彩。這些縫製精美的紡織品，使考古學家聯想到歐洲最好的戈布蘭（Gobelin）掛毯，上面繡著宗教和宇宙學符號。

這些陶器或紡織品上的中心圖像，都是一隻手握著棒子，另一隻手握著雷電，戴著有角或光芒的頭冠的神（見圖65）；印地安人稱他為「里馬克」，就跟那條河的名字一樣。

里馬克和帕查卡馬克到底是同一位神，還是不同的兩位神？由於沒有決定性的證據，學者們的看法並不一致。但他們都認為，山脈附近的居民都信奉里馬克神。他名字的意思是「雷霆」，因此在字義和語音上像閃族人所熟知的阿達德（Adad）神的暱稱：拉曼（Raman）；它是從動詞「打雷」（to thunder）而來的。

根據編年史學家加爾西拉索（Garcilaso）的描述，在這些山脈中，「一個人形的神像」矗立在聖殿上，獻給里馬克神。他所指的可能是里馬克流域山谷的任何一個遺址。考古學家們認為，階梯金字塔（藝術家構想圖，見圖66）直到今日仍是風景中的主角，讓來訪者誤以為他看到古代美索不達米亞的七級金字神塔。

里馬克神有時也會被稱作「孔」或「伊拉亞」，他會是名叫「維拉科查」的印加神嗎？儘管沒有人能夠確定，但可以肯定的是，有關維拉科查的描繪，完全符合沿海地區出土陶器

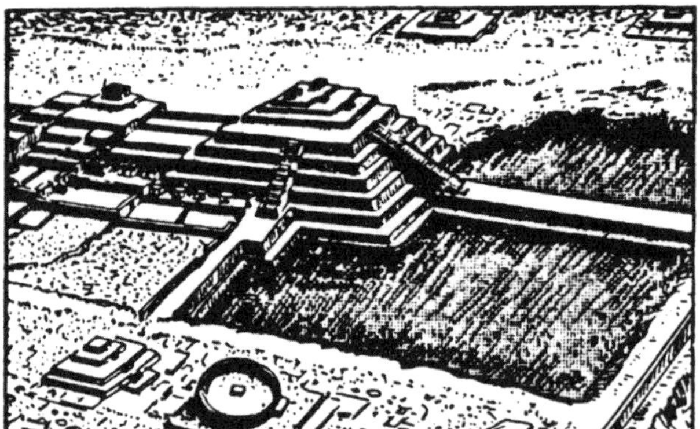

圖66：階梯金字塔

圖65：名為里馬克的神

上的神：他一手拿著叉形武器，一手拿著魔棒。

所有安地斯山區的傳奇都開始於那把金棒；例如在的的喀喀湖（Lake Titicaca）沿岸一個名叫「蒂亞瓦納科」（Tiahuanacu）的地方。

的的喀喀湖與創造神的傳說

當西班牙人到來時，安地斯山區是印加帝國的領地，由高原上的首都庫斯科來統治。而在相關的印加傳說中，庫斯科是由太陽之子所建造的；太陽之子則是創造神——維拉科查在的的喀喀湖創造並教導的。

根據安地斯山區的傳奇，維拉科查是天國裡一位偉大的神，他在久遠以前來到地球，選擇安地斯山做為他的創造基地。就像西班牙編年史學家克里斯多瓦·莫利納（Cristoval de Molina）神父所說的：「他們說創造者在蒂亞瓦納科，那裡是他最主要的住所。因此，那裡才會有具欣賞價值的傑出巨大建築。」

第一個記錄下關於當地史前及歷史傳說的傳教士是布拉斯·瓦勒拉（Blas Valera），遺憾的是，我們只能從別人提及的內容得知他作品的片段，因為他的原稿在一五八七年被英國人焚燒了。瓦勒拉記錄了印加的第一位君主曼科·卡帕克（Manco Capac），他建造了一條離開的的喀喀湖的地下通道。他是太陽之子，並帶著太陽神授予的金棒去尋找庫斯科。他母親在生他時，世界一下子就變得黑暗。他出生之後，世界有了光亮和雷聲，然後帕查卡馬克神宣布：「曼科·卡帕克的美好時代開始了。」

但是布拉斯·瓦勒拉也收錄了其他的版本，其中提到印加王朝繼承了曼科·卡帕克的傳說和這個人物，但他們真正的祖先是從其他地方經由海上來到祕魯的。因此，被印加人稱為「曼科·

卡帕克」的君主，是國王阿圖（Atau）的兒子；阿圖帶著兩百名男女一起抵達祕魯海岸，並在里馬克登陸。他們從那裡走到印加，又從印加前進到的喀喀湖，那是太陽之子統治地球的地方。曼科·卡帕克派他的隨從前往兩個方向，去尋找那些傳說中的太陽之子。他自己則漫步了許多天，最後來到一個神聖洞穴。那個洞穴是由人工開鑿的，並掛滿了黃金和白銀。曼科·卡帕克離開那個洞穴後，走進一個叫「卡帕克托科」（Capac Toco，意思是皇家之窗）的窗口。當他從那裡走出來時，便穿著在洞穴中拿到的金衣。他也因為穿著這些皇家服裝，被尊為祕魯的君主。

從相關編年史中，可以明顯看出這些不同的傳說版本都被安地斯山人民所熟知。他們記得在的的喀喀湖的最初創造，以及由一個神聖洞穴和皇家之窗而展開的君主統治。印加人接受了這些事件同時發生的版本，並做為其王朝的基礎。然而，在其他傳說版本中，這些事件發生在不同的時期。

其中一個版本提到，最初是由偉大的維拉科查神創造了一切，他帶著四個兄弟和四個姊妹一起巡視疆土，並將文明帶給早期的人類；而其中的一對兄妹夫妻在庫斯科展開統治。另一個版本則說，偉大的神在的的喀喀湖基地，創造了第一對王室夫妻來當作自己的孩子，並給他們一個黃金做成的器物。他告訴他們，要去北方建造一座城市，這個黃金器物將會在那裡被吸入地底；而這個奇蹟就發生在庫斯科。這就是為什麼印加的國王們（由這一對兄妹夫妻所繁衍的後代們），聲稱自己來自於太陽神的原因。

南美洲文明的創造傳說

對於大洪水的回憶，幾乎都出現在所有版本的開頭。克里斯多瓦·莫利納在《永加斯路的神話與禮儀記述》（*Relation de las fabulas y ritos de los Yngas*）中說，「在那個時代，曼科·卡帕克是第一個印卡（Ynca），而從他開始，他們被稱作太陽之子……他們有對於大洪水的完整記載。他們說，所有人以及所有被創造的東西，都被大洪水毀滅，水的高度超過了世界上最高的山峰。除了待在大箱子裡的一個男人和一個女人之外，沒有其他生命體倖存下來；等到洪水退去後，風將他們帶到瓦努科（Huanaco），一個距離庫斯科七十雷格（league，**編按：古代的長度單位，一雷格大約是三英里、四・八公里**）的地方。萬物的創造神命令他們留在那裡，同時創造神在蒂亞瓦納科開始讓當地的人民和國家復活。」地球上的人種都是由創造神用泥巴塑造各個國家的人民形象而開始的，「然後他將生命和靈魂賜給每一個人。男人和女人都被派往他所指定的地方。」那些不遵守敬拜和行為誡命的人，都被變成石頭了。

在的喀喀島上，有月亮神和太陽神跟創造者在一起。他們在那裡履行職責，直到地球上所有的一切都準備就緒，才回到天國。

在目前所有的傳說版本中，創造神的兩個得力助手就是他的兩個兒子。「創造部族和國家，並分配衣物和語言給他們。」莫利納寫道：「創造神命令他的兩個兒子朝不同的方向傳播文明。」大兒子耶梅馬納・維拉科查（Ymaymana Viracocha，**意思是所有東西在他的力量下各歸其位**）去向山區人民傳播文明；小兒子圖帕克・維拉科查（Topaco Viracocha，**意思是事物的製造者**）被派去向沿海平原的人民傳播文明。當這兩個兄弟完成使命並在海岸相遇時，「他們從那裡升上了天國」。

加爾西拉索・德・拉・維加（Garcilaso de la Vega）出生在被西班牙占領後的庫斯科，他的父親是西班牙人，母親是印加人，他記錄了兩個傳奇故事。根據其中一個，偉大的神從天國來到大地指導人類，將法律和戒條帶給人類。他「把他的兩個孩子放在的的喀喀湖」，給他們一個「黃金楔子」，並告訴他們，在這個楔子能插進土裡的地方安居，而那個地方就是庫斯科。另一個傳說提到，「在洪水退去後，有一個人出現在庫斯科南部的蒂亞瓦納科地區。這個人是如此強大，以至於他將世界分成四個部分，並派四個國王去分別管理它們。」其中一個國王就是曼科．卡帕克（在印加的蓋丘亞〔Quechua〕語中，這個名字意指「國王和君主」），他在庫斯科展開統治。

有不同版本提到了維拉科查神的兩個創造階段。在胡安．德．貝坦索斯（Juan de Betanzos）的《印加的總結與敘事》（*Suma y Narration de los Incas*）所記錄的印加傳說中，有一個是關於蓋丘亞族的創造神：「在第一個階段，創造了天空和大地」；同時他也創造了人類。但是，「這些人對維拉科查神犯了某種錯誤，使他感到憤怒……於是第一批人及其首領受到懲罰，變成石頭。」接著，在一段黑暗的時期之後，他在蒂亞瓦納科用石頭創造了新的男人和女人。他將任務和能力給予他們，並且告訴他們該去哪裡。他只留下兩名助手，將一名派去南方，一名派去北方，而他自己朝庫斯科的方向走去。他讓一位首領早一步去庫斯科，並在那裡建立君主統治政權；維拉科查神則繼續他的旅途，「一直走到厄瓜多的海岸，他的兩名同伴在那裡加入他。他們一起走到海邊，然後就消失不見了。」

一些高原居民的故事聚焦於庫斯科如何變成定居地，以及後來如何神聖地被選定為首都。根據一個版本，為了尋找城市的地點，曼科．卡帕克得到一根純金的棒子或棍子，名為「圖巴克尤里」（Tupac-yauri，意思是輝煌的權杖）他和兄弟姊妹們一起用它去搜尋指定的地點。當他們抵達一塊不知名的石頭時，他的同伴感到虛弱無力。當他用魔棒敲擊這塊石頭時，石頭突然發出聲音，並大聲地告訴他，他被選為一個王國的統治者。有一個印地安酋長的後裔，在西班牙人登上這片土地後皈依了基督教，他在回憶錄中聲稱，印地安人至今仍在展示那塊神聖的岩石。「曼科．卡帕克娶了他自己的妹妹，名叫瑪瑪．奧克洛（Mama Ocllo）……他們開始為人民的政府制定完善的法律。」

這個故事有時被稱為艾亞（Ayar）四兄弟的傳奇，與其他有關庫斯科創立的版本所提到的一樣，用來指定國王和首都的魔棒是純金製成的。我們認為這是用來解開所有美洲文明之謎的一條重要核心線索。

追溯庫斯科古城風華

當西班牙人進入印加首都庫斯科後，他們發現一座大都市，裡面大概有十萬個住宅，圍繞著一個由宏偉壯麗的神廟、宮殿、花園、廣場和市場所組成的皇家宗教中心。庫斯科位於海拔約一萬一千五百英尺的圖魯馬約（Tullumayo）和羅達德羅（Rodadero）兩河之間，始於沙克沙華孟（Sacsahuaman）海角的腳下。這座城市被分成十二區（這是使西班牙人困惑的數字）排成一個橢圓形。第一個也是最古老的區域叫做下跪平臺（Kneeling Terrace），坐落在西北方的海角斜坡上。第一批印加人（大概就是傳說中的曼科．卡帕克）在那裡建造了他們自己的宮殿。所有區域的名字——發言廣場、花兒平臺、神聖大門等——事實上都描述了它們的主要特點。

斯坦斯伯里．哈格爾（Stansbury Hagar）是這個世紀關於庫斯科專題研究的領頭先鋒學者。他在《庫斯科：天空之城》（*Cuzco, the Celestial City*）中認為，庫斯科是依照創建者所來自之處——史前聖地的的喀喀湖的蒂亞瓦納科，而為曼科．卡帕克所設計和建造的。透過的的喀喀湖的稱號：「大地之臍」（Navel of the Earth），以及它劃分為四個部分模擬大地的四個角，他和其他人都看到了一種關於陸地概念的表達。然而，在庫斯科城的建造上，他也看到了許多天文方面的知識（因此成為他的書名）。他指出，流經城市中心的那些河流，被引向人造通道，是在模仿蜿蜒的銀河：十二個區域則是模仿天空的黃道十二宮。對於我們對地球事件及其時間的研究具有重大意義的是，哈格爾說最初的那個區域就是白羊宮。

伊夫瑞．喬治．斯奎爾和其他十九世紀的探險家們，描述了這樣的庫斯科：它是由一部分純西班牙裔和一部分古印加城人民組成的。因此，關於西班牙征服者所找到的庫斯科的描述，以及對它在更早時期的印象，必須閱讀早期編年史學家的作品。

謝薩·德·萊昂的《祕魯編年史》中記載了印加首都，上面用熱情洋溢的語調描述它的高大建築物、廣場和橋樑，更稱其為「金碧輝煌的城市」。有四條皇家之路從城市向外延伸到帝國最遙遠的角落；要求人民遵守法律，其內容是：將黃金和白銀以崇敬及奉獻的方式帶入該城市，但禁止以死亡的痛苦帶走任何東西。他在讚詞中寫道：「庫斯科是壯麗而莊嚴的，它一定是由擁有偉大智慧的人們建造的。它的街道很漂亮，只是比較狹窄；房屋由精美嵌合在一起的堅固石塊建造而成。這些石塊都很大，而且切割完好。房屋其他的構成部分是木頭和稻草；在這裡，你找不到任何瓦礫、磚塊或石灰的蹤跡。」

加爾西拉索·德·拉·維加（他擁有父親的西班牙血統，也有他母親印加皇朝的「印加」頭銜），在描述十二區之後，提到除了第一區的第一個印加宮殿外，其他印加宮殿都在沙克沙華孟山坡上，靠近大神廟的城市中心周圍。在他那個時代還存有第二、第六、第九、第十、第十一及第十二任印加君主的宮殿。其中一些位於首都主要廣場的一側，被稱為「瓦卡亞帕塔」（Huacay-Pata）。印加的統治者坐在大高臺上，和他的家人、官員、祭司一起見證並主持節日和宗教儀式，其中有四個是關於春分、夏至、秋分和冬至。

正如早期編年史學家所證明的那樣，在西班牙人到來之前的古庫斯科城中，最偉大的建築結構是科里坎查（Cori-Cancha，意思是黃金圍場），它是這座城市乃至這個帝國最重要的神廟。西班牙人稱之為「太陽神廟」，認為太陽是印加人至高無上的神。據那些曾經見過這座神廟被西班牙人破壞拆除之前的模樣的人說，這座神廟被分為好幾個部分。主神廟是獻給維拉科查神，與之毗鄰或輔助的小教堂，是獻給月亮奎拉（Quilla）和金星查斯卡（Chasca），一個名為考勒爾（Coylor）的神祕星球，以及雷電之神伊拉帕（Illa-pa）。這裡還有一座獻給彩虹的聖地。科里坎查就是西班牙人掠奪黃金財寶之處。

毗鄰科里坎查的，是一個叫做「阿可雅華斯」（Aclla-Huasi，意思是被選中的女人之家）的圍場，裡面是被花園和果園所環繞的住宅群，還有一間為皇室和祭司紡紗、織造和縫紉衣物的工廠。這是提供給獻身於大神的處女居住的僻靜之地；她們的任務之一是保存來自於神的永恆之火。

西班牙征服者不僅掠奪了這個城市的財寶，把當地居民趕出他們的家園，而且在對那些宏偉的建築進行縮繪之後，就將之全部拆除了。大部分建材都用來蓋他們的石屋。其中的一些通道和牆被改建成西班牙式風格的建築。大多數的聖地被用作教堂或是修道院。一眼望去，天主教道明會取代了太陽神廟，它拆除了太陽神廟的外部結構，但結合其內部的古老格局，一些牆被運到他們的教會修道院。最有趣的部分之一是，有一個半圓形外壁曾經是印加神廟高祭壇的圍牆（見圖67）。西班牙人發現了一塊他們認為是代表太陽的黃金圓盤。這塊圓盤落入征服者雷吉扎莫（Leguizamo）的手中，但他卻在第二天晚上賭輸而將之送給獲勝者，而這位獲勝者將這個受尊敬的物品融化並鑄成金塊。

自從道明會來到這裡後，緊接而來的是方濟會、耶穌會、奧古斯丁修會和憐憫修會，他們都建造了自己的聖地，其中包括庫斯科宏偉的大教堂。很顯然，這些地方都是昔日印加聖地所在處。等到修女們也到來後，不令人驚訝的是，她們的修道院就坐

圖67：印加神廟高祭壇的圍牆

落在「被選中的女人之家」。最終，政府和西班牙高官緊隨其後，用印加的石屋建造了自己的教堂和房子。

庫斯科的高工藝切刻巨石

有人認為「庫斯科」的字意也是「臍」，因為它是首都——為了指揮所選擇的地方。被許多人認可的另一種理論，則認為它的名字意思是「高石之地」，若是如此，那麼這樣的命名與庫斯科在旅遊上最主要的吸引力相符：它擁有令人驚歎的巨石。

雖然大多數庫斯科的印加當地民居，都是使用未經加工的粗石，或是被粗略切割成類似磚塊或方石的石塊，再以砂漿組合在一起。而一些老建築物則是用經過完美切割、修飾和造形的石頭（方石）建成的，就像在太陽神廟遺蹟的半圓形牆上發現的一樣。這面牆的美麗和技藝，以及其他同時代的牆壁，使無數旅行者感到驚訝和困惑。克萊門斯．馬克漢（Clemens Markham）爵士曾寫道：「當人們凝視著這不可思議的砌石建築時，都迷失在對其形式上那種極端美麗的讚歎中……最重要的是，這需要堅持不懈的毅力和技巧，才能如此精確地打造出這些石塊。」

就連專精於古代文物而非建築的伊夫瑞．喬治．斯奎爾，也對庫斯科的其他石塊留下深刻的印象。他驚訝於它們巨大的體積和奇特的形狀，並且石塊之間相互吻合的精確度非常高，卻沒有使用砂漿。他推測，這些棕色粗面岩一定是被特別挑選出來的，因為它們的紋理「是粗糙的，在石頭之間能比其他種類的石頭產生更好的黏附力」。他確定這種多面石，正如西班牙編年史學家所陳述的那樣，它們能夠精準地嵌合在一起，「以至於就算用非常薄的刀片或非常細的針，也無法插入它們之間」（見圖68 a）。其中一塊最受遊客喜愛的石頭有十二個切面和角度（見圖68 b）。

所有這些巨石都被運送到庫斯科，並由不知名的工匠毫不費力地切割開來，彷彿這些石頭是油灰（編按，一種用桐油加石灰或石膏製成的膏狀塗料）塑造的。每個石塊被加工成光滑且微凹的表面：沒有人知道這是怎麼做到的，因為上面看不到任何凹槽、脊線或錘痕。他們如何抬起這些沉重的石塊，把一塊放在另一塊上面，而且完全貼合下方及旁邊的多個角度，這也是一個謎。與這個謎相呼應的是，所有這些石塊不必使用砂漿就能緊密地嵌合在一起，不但挺過了人類的破壞，連該地區頻繁的地震也未能撼動它們。

現在眾所周知的是，這些美麗的方石構造代表了「古典的」印加階段，這些巨大的牆來自於

圖68a：精準嵌合的石塊

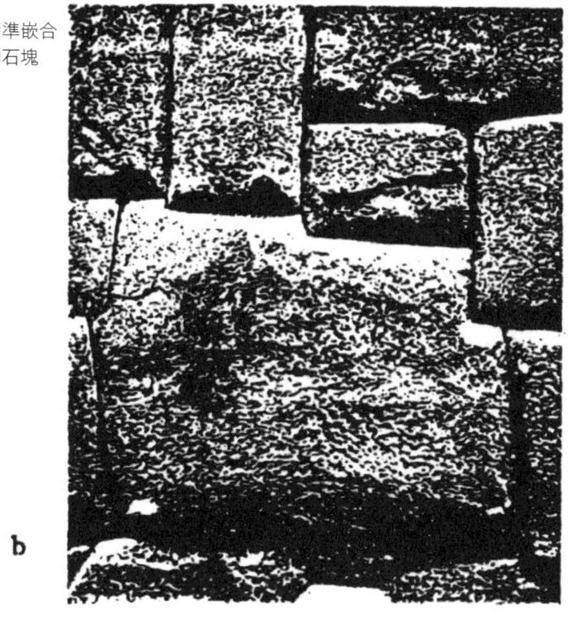

圖68b：有十二個切面和角度的石頭

較早的時代。由於缺乏明確的答案，學者們只有暫時簡單地稱之為「巨石時代」。

沙克沙華孟海角的建築布局

直到今天，這仍然是一個需要解決的難題。同時，這也是一個隨著沙克沙華孟海角的高度而增加的謎題。在那裡，人們有另一種假設，認為巨石與當地的印加堡壘要塞有關，而這只會讓訪客感到更加迷惑。

海角的名字「沙克沙華孟」，意思是「獵鷹之地」。它的形狀像是一個底部在西北面的三角形，其峰頂比山腳下的城市高八百英尺。它的兩側由峽谷組成，將它與所屬山脈分隔開來，僅在山腳下連接。

整個海角可分為三個部分。其中最重要的基礎主要由巨大的岩石構成，並露出了人為切刻和造形而成的巨大臺階或平臺，以及多孔的隧道、凹壁和溝槽。在海角的中部，是長寬皆上百英尺的平坦區域。最後是高於前兩個部分的狹窄邊緣，具有圓形和矩形結構，其下方有令人迷惑的迷宮般通道、隧道和其他開口。

將這個「發達」的地區與海角其餘部分分開或保護開來的，是呈鋸齒形平行延伸的三道大牆（見圖69）。

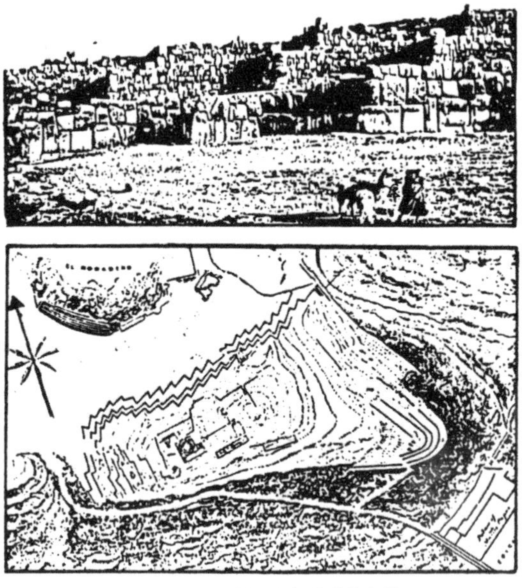

圖69：沙克沙華孟海角的建築布局

這三道曲折的牆是由巨石塊建造而成，一面比一面高，往後方逐漸上升，合併起來的高度大約六十英尺。每面牆後方的土堆都形成一個看臺，據猜測這些牆是提供給守衛的士兵當作護牆。這三面牆，尤其是最低的第一道牆，是由更巨大的石塊建成，每塊的重量在十噸到二十噸之間。其中一塊二十五英尺高的巨石重量超過三百噸（見圖70）。許多石塊都有十五英尺高，寬度和厚度也有十至十四英尺。就跟下方的城市一樣，這些巨石的表面都已被人為地打磨光滑，邊緣也打磨成斜角，代表這些石塊並非原本就在附近且由大自然塑形而成，而是能工巧匠們的傑作。

這些巨石一塊疊著一塊，有時會被一塊不知是什麼結構的薄石塊所分開。每個石塊都是多面形，其奇數的邊和角在沒有使用砂漿的情況下，就能吻合相鄰石塊的角度和形狀。很明顯的，此處的風格和時代，都與保留在庫斯科的巨石時代建築相同，而且此處的規模更大。

圖70：高二十五英尺、重量超過三百噸的巨石

牆體之間的平坦區域中，還保留著由傳統「印加風格」的石頭所建造的建築。根據地面的清理工作和空拍照片顯示，在海角之上有許多種不同的結構。它們在後來的印加人與西班牙人之間的戰爭中被破壞或銷毀。只有巨大的牆壁仍然倖免，靜靜地印證著一個不可思議的年代和一群神祕莫測的建築者。所有的研究都顯示，這些巨大石塊開採於數英里之外，而且必須經過山脈、溪谷、峽谷和湧流，才能夠被運到此地。

這是由誰辦到的？又是為了什麼而要這麼做呢？

精妙切刻的巨石塊與高大石牆

西班牙占領時代的編年史學家，近幾個世紀來到這裡的旅行者，以及所有來過這裡的研究者，都得到了同樣的結論：這不是印加人的作品，而且與具超自然力量的前輩有關……但是沒有人有理論能明確說明其原因。

加爾西拉索．德．拉．維加曾寫道，我們別無選擇，只能相信它們是「由魔法、惡魔所創造的，而不是人類。因為組成這三道牆壁的石塊大小和數量是如此驚人……人們不可能相信它們來自採石場，因為印地安人沒有鐵和鋼，可以採石並雕刻這些石塊。而且，如何將它們組合在一起，也是一件奇妙的事情，因為印第安人沒有推車或牛，也沒有繩索能用人力來拖拉它們。而且，這裡也沒有平坦的道路可以運輸這些石塊，反而必須要克服陡峭的高山和斜坡。」

加爾西拉索繼續寫道：「這些石塊是從十到十五雷格遠的地方帶過來的，尤其是名為Saycusa或「疲累石」的岩石，因為它從未到達過建築體所在地。眾所周知，它被帶到了遠於尤卡伊河（Yucay）十五雷格的距離……最接近的石塊來自繆那（Muyna），距離庫斯科五雷格……人們很難想像這麼多的巨石可以如此準確地疊砌在一起，甚至連刀尖都插不進去。許多地方貼合到讓人難以發現接口處。更奇特的是，他們也沒有使用直角或水平線來放置石塊以確定它們適合放在一起……他們也沒有起重機或滑輪或其他機械。」接著，他引用了一些天主教神父的推測：「一個人是無法切斷這些石塊並確定它們放置的地方的……除非是惡魔的藝術。」

伊夫瑞．喬治．斯奎爾說，由這些石塊組成的三道牆，「無疑是現存於美洲的壯麗巨石陣樣本」，而令人著迷且感到困惑的是這些巨石塊和該地區其他岩壁的特點。其中一個特點是穿過一排排牆的三個門道，其中之一稱為「維拉科查之門」。這個門道是複雜工程的奇蹟：大約在前牆的中央位置放置石塊，以形成牆中一個大約四英尺的矩形開口。有臺階通向第一道牆和第二道牆之間的平臺，接著一個複雜的通道垂直地從平臺對著橫向牆壁打開，通向第二平臺。在那裡，以某個角度相對的兩個入口互通，並穿過第三道牆。

所有編年史學家都提過這個中央門道，它像其他兩道牆的末端一樣，可以透過將特殊安裝的大型石塊放到開口中，來封住它。這些大石塊以及它的升降（能夠打開和封住大門）裝置，在古代是能夠活動的，而它的通道和溝槽直到現在依舊隱約可見。在附近的高原，有石塊被切刻了精確的幾何圖形（見圖71a）。其中一個實例（見圖71b）是，那切刻後的石塊似乎呈現某種機械的外形。烏貝洛德．多林在《印加藝術領域》（*Kunst im Reiche der Inca*）中，說這些令人費解的

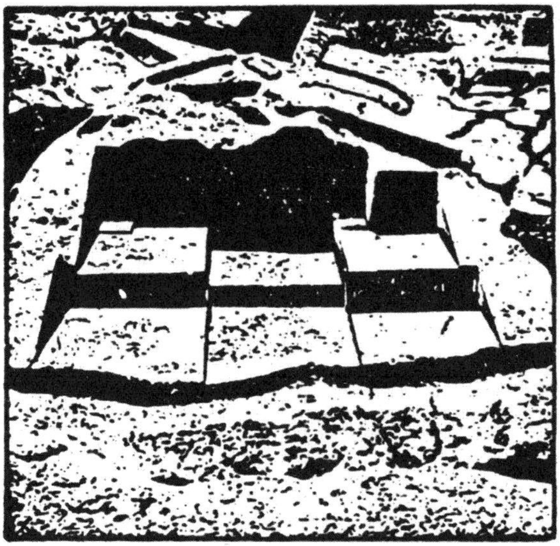
a

b

圖71a：刻有精確幾何圖形的石塊
圖71b：似乎呈現某種機械外形的石塊

切刻石塊「像是每個角都有一個蘊藏某種含義的模具」。

海角的牆線後方是建築物聚集之處，其中有一些無疑是建造於印加時代。它們可能是建造在更早的建築物遺址上的，但可以肯定是，它們與地下錯綜複雜的隧道無關。地下通道是迷宮似的通道模式，有著令人意外的起點與終點。一邊引向一個深達四十英尺的大洞穴，另一邊是岩石切面，看起來像是臺階，卻似乎沒有通向任何地方。

面向寬闊平坦區域的巨石牆，有著具描述性名稱的岩石露頭：羅達德羅（Rodadero，意思是滑坡、滑道），它的後面像是一個給小孩子們使用的滑道：皮卓利沙（Piedra Lisa，意思是平滑石）。伊夫瑞・喬治・斯奎爾把它形容為「看起來就像岩石被擠壓成可塑狀態而開出溝槽的」——就像玩黏土——「然後硬化成形，表面光滑且有光澤」。最後，是附近的琴加那（Chingana）迷宮，那是一個懸崖，它的天然裂縫被人為地擴大為通道、低矮的走道、小室、凹壁和其他被挖出來的空間。事實上，岩石都被修飾和造形成與地面平行、垂直，而且包括正面、開口、溝槽、凹壁等，所有切面的角度都十分精確，並具有幾何形狀。這些構造在懸崖背後隨處可見。

現代遊客對這個場景的描述，都不會優於上個世紀的斯奎爾：「遍布於堡壘後方高原的岩石，主要是石灰石，它們被切割和雕刻成上千種形狀。這裡有一個凹壁，或是一系列凹壁。還可以看到一個像沙發的寬大座位，或一系列的小座位；接著，可以看到一段階梯；然後是一連串正方形或圓形或八角形的盆地；長長的溝槽；偶爾有一些鑽孔……岩石中的裂縫被人為地擴大，變成一個廳室；而所有東西都被精確地切割，並且由最熟練的工人完成。」

印加人利用這個海角做為對抗西班牙人的最後立足之地，是一個歷史記錄的事實。從遺址上的磚石，也可以明顯看出他們曾在上面搭造建築物。但他們並非原初的建造者，這件事透過相關紀錄：「他們無法運走任何一塊巨石」，得到進一步的證明。

加爾西拉索・德・拉・維加曾報導有關「疲累石」的一次失敗嘗試。某個技藝高超的印加石匠希望增強他的聲望，決定將這個石塊從原來的建築地拖出來，並將它用於防衛建築物上。「超過兩萬名印加人一起把這個石塊拖上來，嘗試用巨大的纜繩拉動它。他們的進度非常緩慢，因為他們經過的道路非常崎嶇，還有許多上上下下的陡峭坡地……在其中一個斜坡上，由於拖行人員沒有小心地保持平衡，而石塊的重量對操控的人來說實在太重，結果石塊翻滾下山，並砸死了三千至四千個印地安人。」

根據這個故事，這是印加人唯一一次嘗試把巨石塊拖到某個定點，而最後失敗了。很顯然，他們並不是把其他數百個巨石塊帶上山，在切割、雕刻後舉起就定位，而且沒有使用砂漿就讓石塊嵌合的那群人。

難怪致力於推廣古代太空人理論的艾利希・馮・丹尼肯，在一九八〇年造訪該遺址後，於《基里巴斯旅行》（*Reise Nach Kiribati*）中提到，這個地方既不是「大自然」的，也不是印加人的，而是古代太空人的，所以才會有這些巨大的紀念性建築和奇形怪狀的懸崖。有一個更早的旅行者——布瑞福德・鐘斯（W. Bryford Jones），他於一九七六年出版過《四面祕魯》（*Four Faces of Peru*）中，對於令人吃驚的巨石塊，也提到：「我覺得，它們可能是被巨人種族從另一個世界轉移過來的」。漢斯・赫爾弗里茲（Hans Helfritz）在《新大陸的外來文化》（*Die alien Kulturen der Neuen Welt*）中，同樣談論了沙克沙華孟令人難以置信的不規則巨石牆：「它們給人的印象是，從這個世界非常早期的時代就站在那裡了。」

在他們之前，希蘭姆・賓漢（Hiram Bingham）在《穿越南美洲》（*Across South America*）中，記錄了當地對於這些令人難以置信的岩石雕刻和牆壁的創建方式的猜測。他寫道：「令人喜愛的故事之一是，印加人知道一種植物，它的汁液會使石塊的表面變得柔軟；只要用這種神奇的植物汁液，讓石塊相互磨擦幾分鐘，就能完成奇妙的砌牆作業。」但是誰能舉起這些巨石塊，並讓它們互相磨擦呢？

顯然，希蘭姆・賓漢並不接受這個當地的解釋，這個謎題持續困擾著他。他在《印加土地》（*Inca Land*）中寫道：「我一再地拜訪沙克沙華孟海角，每一次它都讓人感到不知所措及震撼。對於首次看見這些牆的迷信印地安人來說，他們肯定會認為那是由眾神所建造。」賓漢會寫出這段話，是否在表達自己內心深處的「迷信」？

所以我們兜了一圈又回到安地斯山區的傳說。它們透過聲稱在這些土地上曾經有過眾神和巨人，以及一個古帝國，一個始於神聖金棒的王權，來解釋這些巨石建築的建設者。

7．太陽持續照耀的那一天

最初，西班牙人在祕魯對黃金和其他財富的貪婪，掩蓋了他們對這片新土地上種種令人驚奇之事物的好奇心。這片位於世界盡頭的未知土地有著先進的文明，包括城市、道路、宮殿、神廟、國王、祭司和宗教的發展。但遺憾的是，跟隨征服者到來的第一批神父全都致力於摧毀與印地安人「偶像崇拜」有關的一切事物。後來的神父（當時是國家的學者）則透過已改信基督教的印地安貴族的說明，來了解當地人的儀式和信仰。

後來，西班牙神父認識到安地斯山區印地安人相信最高的創造神，在其傳說中也有關於大洪水的記憶，因而加深了好奇心。然後，他們發現這些當地故事的許多細節，與《創世記》中的故事非常相似。因此，無可避免的，在有關「印地安人」的起源及其信仰的早期理論中，它與《聖經》所提的地區和人民的關聯，成為主要理論。

印地安人的以色列聖經起源理論

在墨西哥，考慮過很多古代民族的情況以後，人們傾向認為，這些神奇的文明擁有者就是以色列十個失落支派的解釋最為可信，因為本土傳說與《聖經》故事有許多相似處；祕魯印第安人也有奉獻初收果實的習俗；九月底的贖罪盛宴與猶太人贖罪日的時間和性質一樣；還有其他的聖經戒律，比如淨化儀式、遠離動物鮮血和禁食無鱗魚等。此外，一些西班牙學者認為，在慶祝初收果實的宴會中，印地安人所吟唱的神祕詞彙：悠美西卡（Yo Meshica）、黑美西卡加（He Meshica）和法美西卡（Va Meshica）中，美西卡（Meshica）這個詞，來自於希伯來語的Mashi'ach，也就是救世主彌賽亞（Messiah）。

現代學者相信，印地安神艾拉（Ira），相似於美索不達米亞語中的艾拉／伊拉（Ira/Illa），這是《聖經》中伊爾（El）的來源；印加人崇拜的偶像之名「馬奎斯」（Malquis），等同於迦南的神摩洛（Molekh，意思是「主」）；印加王族的頭銜「曼科」（Manco）則來自同一個閃族詞根，意思是「國王」。

有鑑於這樣的以色列聖經起源理論，祕魯的天主教成員在最初的消滅浪潮過後，開始記錄和保存印地安遺產，鼓勵地方神父，例如布拉斯．瓦勒拉神父（西班牙人和印地安婦女的兒子）寫下他們所知道和聽到的事情。在十六世紀結束之前，基多（Quito）主教發起一項活動，以彙編當地歷史，評估所有已知的古代遺址，並將所有相關手稿集中在圖書館裡。從那之後，很多相關知識都是基於當時學到的東西。

一個名叫弗蘭度．蒙特西諾斯（Fernando Montesinos）的西班牙人，由於對這些理論感到好奇，又可以從彙編的手稿中受益，於一六二八年來到祕魯，並用餘生編撰了一部關於祕魯人的完整編年史。大約二十年後，他完成了一部名為《祕魯的歷史記憶》（*Memories Antiguas Historiales del Peru*）的著作，並且將其放置在塞維亞大教堂（San Jose de Sevilla）的圖書館裡。這本書被遺忘了兩個世紀之後，才被摘錄進了法國人在美洲的歷史紀錄裡。完整的西班牙文版本於一八八二年問世。密斯（P. A. Means）翻譯的英文版本，於一九二〇年在英國倫敦由哈克魯特學會（Hakluyt Society）發表。

蒙特西諾斯在《聖經》和印地安往事中找到一個共同點，即大洪水的故事，並以此為出發點。他根據《創世記》第十章的國家列表，緊隨《聖經》中關於大洪水後人類在亞美尼亞的亞拉臘山（Ararat，即亞拉拉特山）復興的故事。他發現祕魯（Peru，或印地安語中的Pirul和Pirua）是聖經名字「俄斐」（Ophir）的語音另譯，俄斐是希伯（Eber，希伯來人的祖先）的曾孫，而希伯是閃．俄斐（Shem Ophir）的曾孫；俄斐也是著名黃金之地的名稱，當時腓尼基人從那裡為所羅門王正在建造的耶路撒冷聖殿帶來黃金。在《聖經》諸國列表中，俄斐的名字緊靠他的兄弟哈腓拉（Havilah）；在關於天堂四條河的聖經故事中，黃金之地就以哈腓拉命名。

第一道名叫比遜，就是環繞哈腓拉全地的，在那裡有金子。（《創世記》2：11）

蒙特西諾斯的理論認為，在猶大和以色列王國的時代之前，早於十個支派被亞述人流亡之前，聖經提及之地的人們就來到安地斯山區，那個人就是俄斐。蒙特西諾斯認為，當人類在大洪水之後開始在地球上散播時，俄斐曾帶領最早的移居者進入祕魯。

印加王朝之前的庫斯科帝國

蒙特西諾斯收集的印加故事，證實了在最近的印加王朝之前有一個古帝國。在一段時期的發展與繁榮之後，巨大的災難降臨了這片土地：天空中出現彗星，大地因為地震劇烈搖晃，戰爭爆發。當時在位的國王離開庫斯科，並帶領追隨者到坦普托科山（Tampu-Tocco）偏僻的避難處；只有一部分祭司留在庫斯科保護聖殿。也就是在這個多災多難的時期，書寫文化遺失了。

幾個世紀過去了。國王們定期從坦普托科山到庫斯科請求神諭。有一天，一名貴族出生的婦女聲稱她的兒子羅卡（Rocca）被太陽神帶走了。幾天後，這個孩子身著金衣再度出現。他宣布寬恕的時代已經到來，但是人們必須遵守某些戒律：王位繼承應從國王的兒子，轉到其同父異母或同母異父的姊妹手中，即使她們不是長女；並且書寫文化也不會再恢復。人民對此表示同意並回到庫斯科，羅卡當上新的國王，頭銜是「印加」（意思是君主）。

印加歷史學家為第一個印加王命名為「曼科．卡帕克」，並視他為傳說中的庫斯科創始者（艾亞四兄弟中的曼科．卡帕克）。而蒙特西諾斯正確地將西班牙當代的印加王朝（其統治時期開始於西元十一世紀）與其祖先劃開界線。他的結論是，印加王朝一共有十四位國王，其中包括西班牙人到達當地時已經去世的瓦依納．卡帕克和他兩個正在交戰的兒子；此結論已得到所有學者的認同。

他總結出在印加王朝與首都恢復關係以前，庫斯科已經被遺棄了。他寫道，在庫斯科被遺棄的期間，有二十八位國王統治過坦普托科山的山區避難所。在那之前，曾經有一個以庫斯科為首都的古帝國；當時有六十二位國王曾在位統治，其中包括四十六個祭司君主，和十六位太陽神之子出身的半神統治者。而在所有王國之前，眾神曾親自統治這片土地。

人們認為蒙特西諾斯在拉巴斯（La Paz，玻利維亞西部城市）找到了傳教士布拉斯．瓦勒拉手稿的複本，並且得到耶穌會神父的允許而複製了一份。他也大量取材自米格爾．卡韋略．德．巴爾博亞（Miguel Cabello de Balboa）神父的記述，其中講述第一位君主曼科．卡帕克不是直接從的的喀喀湖，而是從隱密的坦普托科山（意思是天窗休息處）來到庫斯科。就在坦普托科山，曼科．卡帕克「侵犯了她的妹妹瑪瑪．奧克洛」並使她生下一子。

蒙特西諾斯從其他可得的資料得到確證後，接受了這份資料的正確性。之後他開始記錄祕魯王權的編年史，以及四個艾亞兄弟和四個姊妹奉命在黃金物品的協助下去尋找庫斯科的旅程。但是他記錄了一種說法，也就是第一個被選為領導者的兄弟，與帶領人們到安地斯山的祖先有相同的名字：祕魯．曼科（Pirua Manco，「祕魯」的名字由此而來）。祕魯．曼科在到達選定地點後，宣布要在那裡建造一座城市。

隨行的還有他的妻子和姊妹（或是嫁給他為妻的姊妹），其中一位妻子生了一個兒子，名叫曼科．卡帕克。這個兒子在庫斯科為偉大的神維拉科查建造神殿，古帝國的建立和朝代編年史也從此展開。曼科．卡帕克被稱讚為太陽之子，也是十六位統治者中的第一位。在他統治時期，很多神明受到敬拜，其中有大地之母和名字的意思為火的神；這個火神也以說話石為象徵。

蒙特西諾斯寫道，當時最主要的科學就是占星術；石頭和處理過的芭蕉葉上的書寫文字也為人熟知。後來，第五任卡帕克「更新了時間的計算方法」，並開始記錄時間推移及其祖先的統治時期。他引入了一千年為一個大時代，五十年為一個世紀的計年方法，相當於《聖經》的禧年（Jubilee）。印提．卡帕克．尤潘基（Inti Capac Yupanqui）完成了神廟的建造，引進對於偉大的神——伊拉．提西．維拉．科查（Illa Tici Vira Cocha，意思是「光明創始者，水之創造者」）的信仰。

在第十二任卡帕克統治時期，有消息傳到庫斯科，表示「一些身材高大的人」已經登陸……「巨人定居在整個海岸區域」，並使用金屬工具掠奪土地。一段時間以後，他們開始進入山區。幸運的是，他們的暴行激怒了偉大的神，最終被一場天降的大火消滅了。

在危機解除後，人們忽略戒律和禮拜儀式。創造神注意到「良好的律法和習俗」都被人們遺棄了，因此他將太陽隱藏起來以示懲罰，「整片土地將會持續二十個小時沒有黎明」。人們感到極度恐慌並在神廟裡祭祀和祈禱，直到（二十個小時後）太陽重新出現。隨後國王立即恢復行為律法和禮拜儀式。

庫斯科的國王、第四十任卡帕克設立了專門研究天文學和占星術的學會，並確立了春、秋平分日點。蒙特西諾斯推算出，他統治的第五年是在起始年（蒙特西諾斯推測是大洪水那一年）之後的兩千五百年，同時也是在庫斯科展開的王權統治第兩千年。為了表示慶祝，國王被授予一個新的稱號：帕查庫提（Pachacuti，意思是改革者）。他的繼承者繼續推進天文學的研究，其中一位國王推行每四年增加一天，每四百年增加一年。

在第五十八任國王統治時期，「當第四個太陽紀元結束時」，其總數剛好是「大洪水」後的兩千九百年。蒙特西諾斯推算出，那一年正好是耶穌基督出生的年份。

由太陽之子開創、祭司君主持續統治的第一個庫斯科帝國，在第六十二任國王統治時期走到盡頭。當時出現很多「怪異的事和預兆」。大地因為持續不斷的地震而劇烈搖晃，天空布滿彗星，還有許多即將毀滅的預兆。各部落和民族開始四處逃竄，與鄰近居民發生衝突。侵略者穿過海岸，翻過安地斯山來到這片土地。隨後大戰接連不斷，在其中一場戰役中，國王被弓箭射中倒地，整個軍隊陷入恐慌，最終只有五百名戰士得以生還。

「就這樣，祕魯君主制政府被摧毀了。」蒙特西諾斯寫道：「當時的文學知識也遺失了。」

躲在坦普托科山的王朝

除了留下一些祭司看護神廟外，少數倖存者離開了庫斯科，他們帶著已逝國王的小兒子，來到一個叫坦普托科山的山區隱蔽處。在那裡，有一對半神夫妻從山洞中現身，建立了安地斯王國。在國王遺孤到了合適的年齡後，他被奉為坦普托科山王朝的第一位國王。這個王朝擁有從西元二世紀到十一世紀，將近一千年的歷史。

在流亡的幾百年裡，知識漸漸沒落，文字也被遺忘。在第七十八任國王統治時期，當時是從起始年起算的三千五百年轉捩點，有人開始想要恢復書寫文化。就在那時，國王收到了祭司關於發明文字的警告。他們聲稱，書寫的知識正是造成瘟疫與犯罪的罪魁禍首，導致庫斯科的王權走向終點。神的旨意是「任何人都不應該使用或復興文字，因為那會帶來又一次的巨大災難」。因此，國王頒布法令：「任何人都不得買賣用於書寫的羊皮紙和樹葉，也不得使用任何一種文字，否則處死。」取而代之的是，國王引入了「奇普」（quipos）的使用，也就是從那時起按時間順序使用彩色線束。

第九十任國王的統治時期，已經是從起始年起算的第四個千年了。但當時，坦普托科王朝的統治已經衰弱無力。忠於它的部落受到鄰國的襲擊和侵略。部落的首領不再對中央政府畢恭畢敬。風俗腐敗，民恨激增。在這種情況下，承襲太陽之子血脈的公主瑪瑪．西波卡（Mama Ciboca）出現了。她宣布，她那帥氣十足而被崇拜者稱為「印加」的兒子，注定要在古老的首都庫斯科接管王位。他曾奇蹟般地消失，後來身著金袍回來，宣稱太陽神將他帶到天上，向他傳授祕密的知識，並要他帶領人們回到庫斯科。他的名字是羅卡，是印加王朝的第一位君主，但王朝最後終結在西班牙人的手裡。

祕魯古文明的年代

為了整理出這些事件的時間順序，蒙特西諾斯每隔一定的間隔就說一個「太陽」紀元已經過去或開始。關於這個紀元有多長（以年來計算），他說並不一定。但很明顯的是，他想起了過去安地斯山區有關幾個「太陽」的傳說。

儘管學者們認為（如今已較少）美索不達米亞與南美洲文明之間並無任何關聯，但是後者與阿茲特克和馬雅的五個太陽時代的說法並無太大的差別。確實，所有舊大陸文明都有過去的回憶，那些時代在一開始都是由神獨自統治，隨後由半神和英雄統治，最後才到凡人。蘇美文獻《列王紀》中，記錄了大洪水前四十三萬兩千年裡統治者的名字，先是神，隨後是半神；接著列舉後來統治的國王，這段悠久歷史的資料已被證實是準確的。由祭司兼歷史學家曼涅托

（Manetho）編輯的「埃及列王紀」，列出了始於大洪水之前一萬年、由十二位神統治的時代，接著是神和半神，直到西元前三千一百年，法老才登上埃及的王位。同樣的，這些法老的資料在經過歷史考證後，也被確認是準確的。

蒙特西諾斯在祕魯的集體傳說中發現了這一點，證實了其他編年史學家的記述。記述中提到，印加人相信他們的時代是第五個太陽紀元。第一個紀元是維拉科查斯（Viracochas）的時代，他們是蓄鬍的白種神。第二個紀元是那些巨人的時代，但那些巨人並不慈善，曾與眾神發生衝突。接下來是由尚無文化的最原始人類統治的紀元。第四個紀元是半神英雄統治的時代。然後第五個紀元就是人類國王統治的時代，其中包括印加。

蒙特西諾斯將安地斯年表與某個起始年（他認為一定是大洪水）和基督的誕生連結起來，然後劃入歐洲的框架中。他寫道，這兩個時代與五十八任國王統治時期吻合。從起始年之後兩千九百年是「耶穌基督誕生的第一年」。他還寫道，祕魯的國王統治時期始於起始年後的五百年，也就是西元前兩千四百年。

學者們對蒙特西諾斯提出的歷史和時代持有疑問，但結論就是庫斯科的王權及城市文明始於印加王朝之前將近三千五百年。根據蒙特西諾斯收集的資訊及其參照的書籍，這個文明擁有文字，也將天文學納入其科學領域，還有跨越的時間長到需要對其進行修正的年曆。而所有這些（甚至更多），都曾出現在西元前三千八百年的繁榮蘇美文明、大約西元前三千一百年的埃及文明，以及西元前兩千九百年左右在印度西北流域的蘇美文明分支中。

在安地斯山區有沒有可能出現第四個文明呢？假如新舊大陸間沒有關聯的話，答案會是不可能。但如果所有知識的傳授者——眾神——都相同，而且存在於整個地球，答案就是有可能。

令人難以置信的是，我們可以證明這一點。

馬丘比丘就是坦普托科山

我們已經對蒙特西諾斯所編輯的大事記及年表的真實性，進行過一次檢驗。蒙特西諾斯的陳述中最關鍵的部分，就是一個古帝國的存在。這個帝國在庫斯科有過幾十任國王，後來他們被迫離開首都，逃到坦普托科山的深山避難。這段時期持續了一千年。後來，一個貴族出身的年輕人被推選出來，帶領人們回到庫斯科，並建立了印加王朝。

是否真的有一個坦普托科山？透過蒙特西諾斯提供的地標，真的能找到這個地方嗎？諸如此類的問題還有很多。一九一一年，耶魯大學的希蘭．賓漢在尋找失落的印加古城時，發現真有此地，現在名為馬丘比丘（Machu Picchu）。

希蘭．賓漢的第一次探險旅程並不是為了尋找坦普托科山，但是經過二十多年無數次的往返以及全面的挖掘後，他得出結論，馬丘比丘的確是這個古帝國的臨時首都。他的著作《馬丘比丘，印加的城堡》（*Machu Picchu, a Citadel of the Incas*）和《印加的失落城市》（*The Lost City of the Incas*）是對此地最全面的描述。

將馬丘比丘認定為傳說中坦普托科山的主要原因是「三個窗口」這條線索。蒙特西諾斯曾記載道：「印加．羅卡要求在他的出生之地建造一面有三個窗口的牆，因為這是他王室之宅的象徵。」王室從受災的首都庫斯科所前去的地方，其名字的意思是「三窗天堂」。

一個地方以窗戶聞名並不稀奇，因為庫斯科的房子，不管是最豪華的宅邸，還是最簡陋的房屋，都沒有窗戶。一個地方會以特定數量（三個）的窗戶而聞名，只可能因為這種實際存在的結構所具有的唯一性、歷史性或神聖性。對坦普托科山來說就是如此，根據傳說，在祕魯的起源中，帶有三個窗口的結構在部落和古帝國的興起中扮演了重要角色，因此該結構已成為「印加．

羅卡王室之宅的象徵」。

這個傳說和傳說提及之地，也出現在艾亞兄弟的故事中。根據佩德羅・薩米恩托・德・甘博亞（Pedro Sarmiento de Gamboa，以下簡稱佩德羅・薩米恩托）的《恩迪卡通史》（*Historia General Llamada Yndica*），以及其他編年史學家所述，艾亞四兄弟和四姊妹，由維拉科查神在的的喀喀湖所創造。之後，他們來到或是被神放在坦普托科山，接著「他們按照提西・維拉科查（Tici-Viracocha）的命令從窗口中出來，並宣布維拉科查創造他們來當這裡的統治者」。

兄弟姊妹中最大的曼科・卡帕克，隨身帶著獵鷹圖案的神聖標誌。神還給了他一根金棒，用來指出未來首都的位置——庫斯科。剛開始這四對兄弟姊妹還能和平相處，但很快便開始互相嫉妒。因為有寶物被留在坦普托科山的洞穴裡，二哥艾亞・查奇（Ayar Cachi）被派回去找尋它們。但這只是其他三個兄弟的詭計，目的是要將他囚禁在洞穴裡，最後查奇在洞穴裡變成了石像。

根據這個故事，坦普托科山的歷史就能追溯到非常遠古的時代。赫特利・伯爾・亞歷山大（Hartley Burr Alexander）在《拉丁美洲神話》（*Latin American Mythology*）中寫道：「艾亞的神話回應了巨石時代，也回應了與的的喀喀湖有關的宇宙進化論。」當流亡部落離開庫斯科，他們來到一個早已存在的地方。這個地方的房子有三個窗口，它們在更早的大事件中扮演重要角色。有了這樣的理解，我們現在可以繼續參觀馬丘比丘了，因為那裡確實發現了一個有三個窗口的牆壁結構，這在其他地方都沒有。

希蘭・賓漢寫道：「馬丘比丘，或是大比丘，是一個蓋丘亞語的名字，指的是在海平面以上一萬英尺或是烏魯班巴河（Urubamba）咆哮急流上方四千英尺的陡峭山峰；烏魯班巴河在聖米格爾（San Miguel）橋附近，從庫斯科往北得要行走艱難的路途，花兩天時間才會抵達。馬丘比丘的西北方有另一座被壯觀的懸崖絕壁包圍的奇麗山峰，叫做瓦伊納比丘（Huayna Picchu），或是小比丘。兩座山峰之間的狹窄山脊上，是印加古城的遺址，它的名字已經消逝在過去的陰影中了……它們很可能代表兩座古城——第一位印加的誕生地『坦普托科山』，以及比爾卡班巴．別霍（Vilcabamba Viejo）。」

如今從庫斯科到馬丘比丘的直線距離是七十五英里，要到達馬丘比丘也不像賓漢所說的那樣需要兩天的艱難行程。火車奔馳在群山上，穿過隧道和橋樑，駛過烏魯班巴河畔的山邊，四個小時就到了。從火車站出來，再乘坐半個小時沿著懸崖邊開的巴士，即到達馬丘比丘城。那兒的景色如同賓漢描述的一樣壯觀。在兩座山峰之間的地帶，佇立著房屋、宮殿，以及現在已少了屋頂的神廟，周圍環繞著亟待開墾的階地。瓦伊納比丘在西北邊，像一個哨崗（見圖72），周圍群峰相連至天際。沿著烏魯班巴河順流而下，有一個馬蹄狀的峽谷，一半環繞著城市的高處。在碧綠的森林間，烏魯班巴河洶湧的流水切刻出一條銀白道路。

圖72：西北邊的瓦伊納比丘

馬丘比丘遺址的巨石建築

我們相信，馬丘比丘是以庫斯科城為範本而建造的，這裡也分成十二個區域或一系列建築群。皇家宗教建築群在西邊，而居住區域（主要由一些處女及宗族階級居住）在東邊，由一連串寬階地分隔開來。而耕種山坡梯田的普通百姓，則住在城外和周圍的農村（賓漢最初就發現了許多這樣的小村莊）。

就像在庫斯科和其他考古遺址中，幾種建築風格暗示著當地被占領的不同階段。居民的住房多是用大卵石建造，由砂漿黏合而成。而皇室住所則是用方石井然有序地堆建而成，就跟庫斯科的一樣做工精緻，裝飾精美。那裡還有一個建築結構的做工非常完美，無與倫比，以及一些多面形的巨石塊。從巨石時代早期到古帝國時代的許多遺址都還保留著，而其他很多建築則能明顯看出它是建造在原來的舊建築之上。

東邊的區域占盡了山頂每一平方公尺的可用之地，從南邊的城牆延伸到北邊地形允許的範圍內，向東到達農田和墓地。西邊的區域同樣始於南邊城牆，北邊則延伸至神聖廣場的邊緣，彷彿有一條看不見的線標記著神聖廣場，使其無法被侵犯。

在那條看不見的分界線之外，面對東方的大平臺廣場，被賓漢認為是神聖廣場的遺蹟，主要是「因為廣場兩側有兩座最大的神廟」。其中一座神廟有三個窗口，被賓漢取名為「三窗神廟」。緊鄰神聖廣場的主神廟，使用了大量多面形巨石塊。其切刻、造形、設計，以及不用砂漿就將石塊堆砌在一起的方式，明顯與沙克沙華孟當地的巨石塊和結構屬於同一類，而且，除了像在庫斯科看到的多面形巨石塊之外，其中有一塊巨石的角度是三十二度。

三窗之廟屹立在神聖廣場的東邊，由巨石塊堆疊的東牆將三窗之廟抬升到高於西邊階地的位置（見圖73），因此透過三個窗口能夠向東極目遠眺（見圖74）。窗口形狀為梯形，是從巨石塊的牆上鑿刻而出。正如在沙克沙華孟和庫斯科一樣，這種建築的切刻、造形，以及堅硬花崗岩石的角度，看起來就好像是在鬆軟的油灰上完成的。在這裡，白色巨石塊同樣需要從遙遠的地方，穿越崎嶇的地形和河流、低谷和高山，才能運抵。

圖73：巨石塊堆疊的東牆

圖74：透過三個窗口能夠向東極目遠眺

三窗之廟只有三面牆，西邊是完全開放的，面對著一根大概七英尺高的石柱（見圖74）。賓漢推測這根石柱可能曾經用來支撐屋頂，並且（他承認）「從未用於其他任何建築」。而我們認為，這些巨石柱和那三個窗口，都是用於觀測天象的。

神聖廣場北邊有一座建築，賓漢稱它為「主神廟」。它同樣也有三面牆，大約高二十英尺。三面牆是建在於巨石塊上，或是由巨石塊建成。例如，西牆就是由以T形石頭固定在一起的兩塊大石塊所組成。一塊長十四英尺、寬五英尺、高三英尺的巨石塊，靠在北牆的中央。北牆上有七個仿照窗口（實際上不是）建成的凹壁（見圖75）。

圖75：北牆上有七個仿照窗口建成的凹壁

曲折的階梯從神聖廣場北邊向上蜿蜒至小山丘，它的山頂被夷平用來放置一個名為「英帝華達納」（Intihuatana，又稱拴日石）的巨石的基座。這個基座也是一塊精心鑿刻成形的巨石，用來觀察太陽的運動（見圖76）。「英帝華達納」這個名字的意思是「拴住太陽」。學者推測它有助於確定至日點的時間。當太陽離南半球或北半球最遠的時候，就要舉行儀式來「拴住太陽」，使其回歸，不讓太陽越走越遠而至消失，以免重現傳說中天地黑暗的時刻。

在馬丘比丘神聖皇家區域西邊的另一端，也就是皇家區域的南邊，還有其他壯麗且非同尋常的巨大建築。這些建築叫做石塔（Torreon），呈半圓形。它們都用方石建成的，無論是切刻、造

圖76：英帝華達納巨石與基座

形或設計，都堪稱罕見的完美，只有庫斯科那面環繞至聖所（Holy of Holies）的半圓形圍牆才能與之媲美。這座半圓形圍牆要經由七級階梯才能抵達（見圖77），它莊嚴地環繞著中間一塊經切刻及造形，並刻有溝槽的岩石。賓漢發現這塊岩石以及附近的磚牆曾經被火定期燃燒，認為這塊岩石和圍牆是用來祭祀，或是舉辦其他與岩石崇拜有關的儀式。（這塊附帶特殊建築的神聖岩石，讓人聯想到耶路撒冷的聖殿山之石，以及曲阿巴〔Qua'abah〕——一塊藏在穆斯林聖地麥加的黑石。）

圖77：石塔

馬丘比丘這塊岩石的神聖性，並不是源於它突出的頂部，而是底部。在這塊天然岩石裡，有一個被人工擴大及造形的洞穴，裡面的幾何形狀精確得好像階梯、座位、牆壁和柱子（見圖78）。另外，內部空間還用色澤紋理最純的白色花崗岩方石砌成。凹壁和石軸也增加了這個空間的複雜度。賓漢猜測，這塊天然岩石被擴大和強化的目的，是要放置國王的木乃伊，因為此處是神聖的。但首先要問的是，為什麼這裡是神聖之地？而且對於放置國王遺體來說很重要？

這個問題將我們帶回艾亞兄弟的傳說。兄弟之中，有一個人曾被囚禁在「三窗天堂」的洞穴裡。假若三窗神廟就是傳說中的那座神廟，那麼這個洞穴應該也是。那麼，傳說證明了這個地方

圖78：被人工擴大及造形的洞穴

的存在，而這個地方也向我們證實了坦普托科山的傳說。

西班牙編年史學家之一，自稱為西班牙征服者的佩德羅．薩米恩托，在他的《印加歷史》（*History of the Incas*）中，記錄了當地第九任印加（約西元一三四〇年）所創立的一項傳統：「因為對古代事物充滿好奇，並且希望保留自己的名號，他隻身來到坦普托科山……然後走進一個洞穴。可以確定的是，曼科．卡帕克及其兄弟在初次前往庫斯科時，就曾來過這個洞穴……在印加對這個洞穴進行全面的檢查之後，他舉行了儀式和祭典來膜拜這個地方。他在卡帕克托科（Capac Tocco）之窗上安裝了一扇金門，並下令從此以後所有人都要禮拜這個地方，使之成為獻祭和聖言的神聖祈禱場所。在做完這些後，他便回到庫斯科。」

這篇報告的主角——第九任印加君主提圖．曼科．卡帕克（Titu Manco Capac）被冠以「帕查庫特克」（Pachacutec，意思是改革者）的稱號，因為他從坦普托科山回來後，便改革了曆法。就跟三窗神廟和英帝華達納石一樣，這塊神聖岩石和石塔都證明了坦普托科山的存在。關於艾亞兄弟的傳說，關於古帝國統治的印加王朝之前的時代，以及有關歷史和年表的重要元素——天文學和曆法的知識，被蒙特西諾斯搜集整合在一起。

古帝國的書寫文化

如果蒙特西諾斯對古帝國存在書寫文化的看法正確的話，那麼其資料的準確性就更高了。我們發現謝薩．德．萊昂持有相同觀點，他認為「在印加王朝之前，書寫文化就在祕魯出現了……它們被寫在樹葉、獸皮、布料和石頭上」。

現在，許多南美學者同意早期編年史學家的看法，相信這些地方的原住民在古代有一種或多種形式的文字。

有許多研究報告了在這些地區發現的岩畫（石刻作品），展現了不同程度的象形文字。例如，拉斐爾．拉爾科．霍伊爾（Rafael Larco Hoyle）在《印加王朝之前的祕魯文字》（*La Escritura Peruana Pre-Incana*）中，他透過這些描繪的幫助，認為遠至帕拉卡斯的沿海居民，都有著類似馬雅文字的象形文字。

蒂亞瓦納科遺址的主要探險家亞瑟．波斯南斯基（Arthur Posnansky）進行了大量研究，結果顯示，紀念碑上的雕刻是象形文字的書寫，比語音文字要早了一步。而另一個著名發現——正在利馬博物館（Lima Museum）展出的卡蘭哥石（Stone of Calango，見圖79）似乎顯示當時已將象形文字和語音文字，甚至是字母文字結合起來書寫。

最偉大的南美洲早期探險家之一——亞歷山大．馮．洪堡德（Alexander de Humboldt）在一八二四年發表的主要著作中，就提到了這個問題。他寫道，「這個問題直到最近才被開始質疑，祕魯人除了結繩記事（奇普）之外，也有看得見的手寫痕跡，在一六一〇年的《新大陸印地安人的起源》（*L'Origin de los Indios del Nuevo Mundo*）第九十一頁中，這方面得到了證實。」繼墨西哥象形字的說法之後，葛列格里奧．加西亞神父補充說：「在征服初期，祕魯的印地安人透過畫出十誡的人物，以及違背十誡的過錯，來進行告解。」因此，我們可以得到結論：祕魯人擁有圖像字母，但是他們的符號比墨西哥象形文字粗糙。而且，一般人大多使用結繩記事的方法。

當亞歷山大．馮．洪堡德在利馬的時候，也聽說一個名叫納西斯．吉爾巴（Narcisse Gilbar）的傳教士，在利馬北部的一條河中，發現了一本折疊的書

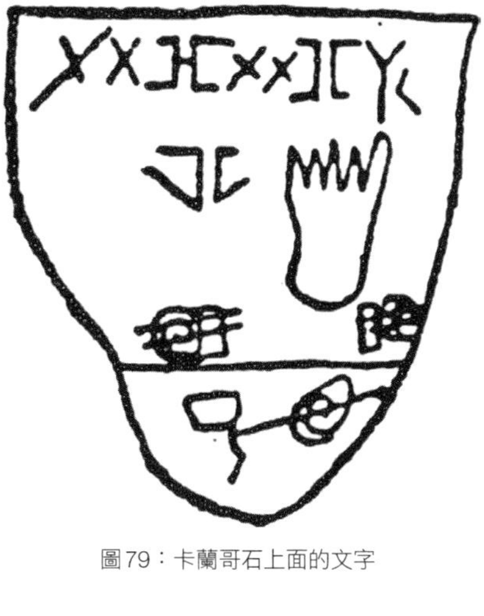

圖79：卡蘭哥石上面的文字

頁，它與墨西哥的阿茲特克人所用的書頁類似。但是卻沒有一個利馬人能夠讀懂它。「據說，印地安人告訴傳教士，這本書記錄了古代的戰爭和航行。」

里貝諾和馮．楚迪在一八五五年的報告中指出，還有其他各種發現能夠證明祕魯人除了會結繩記事外，還有其他的書寫方法。馮．楚迪在描寫他獨自旅行的著作中，提及當他看到寫有象形文字的羊皮紙的照片時，心情非常興奮。而他在玻利維亞的拉巴斯博物館看到這張羊皮紙的實品，並複製了上面的文字（見圖80a）。他寫道：「這些象形字使我感到非常驚奇。我在這張羊皮紙前站了幾個小時」，努力想解譯這些文字「迷宮」。他決定從左邊開始，然後從右邊繼續讀第二行，接著再從左邊讀第三行，如此反覆進行。他還得出結論說，這是在太陽被崇拜的時代所寫的。但這只是他的猜測。

馮．楚迪為了追溯這些文字的起源地，來到的的喀喀湖邊一個叫科帕卡巴納（Copacabana）的村莊，那裡的宣教教堂神父證實，在該地區存在這種文字，但被鑑定為屬於西班牙征服後的時期。這個解釋顯然不能令人滿意，因為如果印地安人沒有自己的字母，他們會直接使用西班牙人的拉丁文字來表達。即使這種象形文字的寫作在西班牙征服後產生了變化，豪爾赫．科爾內霍．布龍克雷（Jorge Cornejo Bouroncle）在《古代祕魯的偶像崇拜》（*La Idolatria en el antiguo Peru*）中仍寫道：「這些文字的起源一定更久遠。」

亞瑟．波斯南斯基在《蒂亞瓦納科的重要發現》（*Guia general Illustrada de Tiahuanacu*）中說，在的的喀喀湖的兩個神聖島嶼的岩石上，發現了刻畫該字母的其他銘文。他指出，它們類似於在復活節島上發現的神祕銘文（見圖80b）。這個結論普遍受到現今學者的認同。但是，眾所周知，復活節島的銘文屬於印歐語系，即印度河流域與西臺之地。它們（包括的的喀喀湖的銘文）的一個共同點是，都以「牛犁式」為書寫順序：寫作的第一行從左邊往右寫；第二行則從右邊往左寫；第三行再從左邊開始，以此類推。

現在，我們不必再討論那些模仿自西臺的字母（見圖80 c）是如何到達的的喀喀湖的問題，因為透過前述的資料，似乎已經證實古代祕魯存在一種或多種書寫形式。從這個角度來看，蒙特西諾斯所提供的訊息是正確的。

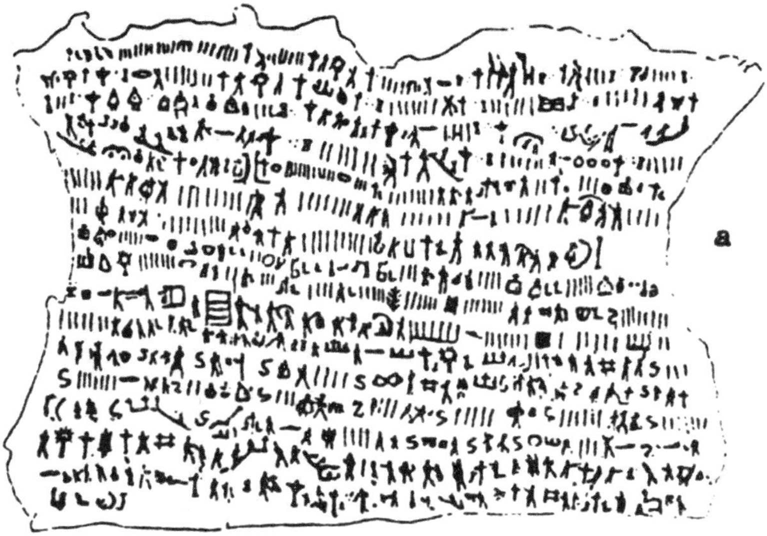

圖80a：羊皮紙上的文字

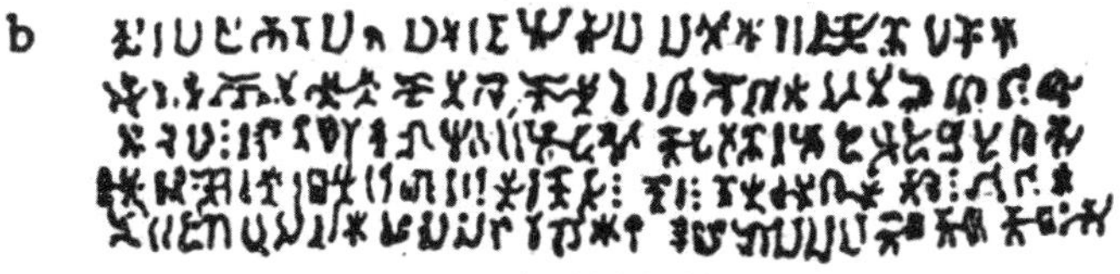

圖80b：復活節島上的銘文

圖80c：西臺人的文字

太陽沒升起的那一天

如果這些證據還是讓讀者很難接受「大約在西元前二四〇〇年，安地斯山區確實存在一個舊大陸文明」的結論的話，這裡還有其他證據。

在安地斯傳說中，有一個很有價值的線索完全被忽略了，那就是很久以前的一個可怕的黑夜。墨西哥神話故事「特奧蒂瓦坎的金字塔」（Teotihuacan and its pyramids）中提到，沒有人知道這是不是一如往常的黑夜（太陽固定不現身的時間）。如果確實曾發生「太陽沒升起來，天地之間只有無盡的黑夜」，那麼整個美洲大陸的人應該都會觀察到這個事件。

墨西哥和安地斯山區的集體回憶，似乎在這一點上相互佐證，他們身為同一事件的兩方見證者，確認了此事件的真實性。

如果這樣還不夠有說服力的話，我們將引用《聖經》為證據，這一次，約書亞是目擊者。

根據蒙特西諾斯和其他記錄者的記載，最不尋常的現象發生在古帝國第十五任國王提圖·尤潘基·帕查庫提二世（Titu Yupanqui Pachacuti II）的統治時期。他在位的第三年，「良好的習俗被遺忘，人們有了各種惡習」時，「有二十個小時沒有黎明」。換句話說，黑夜沒有像往常一樣結束，日出晚了二十個小時。在強烈的哭喊、懺悔、獻祭和祈禱之後，太陽終於升了起來。

這不可能是日食：太陽不是被陰影遮蓋了。此外，日食不會持續這麼長的時間，而且祕魯人也認識日食這種週期的活動。這個傳說並沒有說太陽消失了，只是說太陽沒有升起——「沒有黎明」——長達二十個小時。

不管太陽躲藏在何處，它突然停步了，才會這樣。

如果安地斯山區的紀錄是真實的，那麼在世界另一端的某個地方，「那一天」不得不在本應結束時仍然持續著，而且要持續二十個小時左右。

難以置信的是，這樣的事件被記錄下來，而且沒有比《聖經》本身更好的地方了。當時，在約書亞的領導下，以色列人穿過約旦河，進入他們的應許之地，成功占領了防備森嚴的耶利哥（Jericho）和艾城（Ai）兩個城市。所有的亞摩利人國王形成一個聯盟，以聯合部隊對抗以色列人。一場無比激烈的戰爭在基遍市（Gibeon）附近的亞雅崙（Ajalon）山谷爆發。戰爭從以色列人使迦南人四處逃難的一次夜襲開始。到了日出時分，當迦南軍隊在伯和崙（Beth-Horon）附近重整，偉大的上帝「耶和華從天上降大冰雹在他們身上，〔冰雹原文作石頭〕直降到亞西加，打死他們。被冰雹打死的，比以色列人用刀殺死的還多。」（《約書亞記》10：11）

當耶和華將亞摩利人交付以色列人的日子，約書亞就禱告耶和華，在以色列人眼前說：日頭啊，你要停在基遍，月亮啊，你要止在亞雅崙谷。

於是日頭停留、月亮止住，直等國民向敵人報仇。這事豈不是寫在雅煞珥書上麼？日頭在天當中停住，不急速下落，約有一日之久。（《約書亞記》10：12—13）

學者們已經為《約書亞記》第十章的這個傳說爭論了很多年。一些學者貶低它為純虛構的，有的學者則在其中看到了神話的迴響；也有學者試圖以日蝕不尋常的延長來解釋它。但問題是，不僅人類從未見過如此長的日食，這個傳說也沒講到太陽的消失。相反的，它是在太陽持續被看見，高掛在天空時發生。而書中所說的「約有一日之久」——意思是二十個小時嗎？

這個獨特的事件在《聖經》中被認為「在這日以前，這日以後……沒有像這日的」（《約書亞記》10：12—14），發生在相對於安地斯山區的地球另一面，描述了與安地斯山區相反的現象。在迦南，太陽持續在空中二十個小時；而在安地斯山區，太陽則有這麼長的時間沒有升起。

難道這兩個故事不是在描述相同的事件，並透過發生在地球不同面的情況，來證明它的真實性嗎？

到底發生了什麼事，這仍然令人困惑。唯一的線索是《聖經》裡提到的從天空上墜落的巨石。我們知道，故事描述的不是太陽（還有月亮）的停止，而是地球的自轉被破壞，可能的解釋就是一顆彗星曾經靠近地球，影響了這個過程。因為有些彗星是以順時針方向圍繞太陽旋轉，這跟地球和其他行星的軌道方向是相反的，這樣的動力可能暫時抵消了地球的自轉，並使其減速。

不管是什麼原因造成這種現象，我們所關心的是它發生的時間。普遍接受的古以色列出埃及的時間是西元前十三世紀（大約西元前一二三〇年）。主張還要早兩個世紀的學者們只在少數。儘管如此，我們在本系列的《眾神與人類的戰爭》中已經提到，西元前一四三三年以及《聖經》故事裡的希伯來始祖，完美地符合美索不達米亞和埃及知名的當代事件與編年史的記載。在我們的結論發表（一九八五年）後，兩位傑出的《聖經》學者和考古學家，約翰．賓森（John J. Bimson）和大衛．利文斯頓（David Livingston），經過詳盡的研究後得出結論，認為古以色列出埃及發生的日期大約是西元前一四六〇年。除了他們自己的考古發現和對古代近東青銅時代的分析外，他們採用的聖經時間和計算過程，與我們兩年前使用的過程完全相同（我們還解釋了為什麼我們選擇以西元前一四三三年，來對照為出埃及記的兩條時間線，而不是以西元前一四六〇年。）

以色列人在西奈沙漠流浪了四十年，進入迦南時是在西元前一三九三年，之後不久就發生了約書亞所觀察到的事。

現在的問題是：在同一時間，安地斯山區出現了相對應的現象，夜晚延長了嗎？

不幸的是，現代學者所依據的蒙特西諾斯之著作，在每個國王的統治時間上留下一些空白，我們不得不透過迂迴的方式來獲得答案。據蒙特西諾斯所稱，事件發生在第十五任國王提圖．尤潘基．帕查庫提二世執政的第三年，為了精確地找到他的統治時期，我們將從兩種最終的時間來考慮。我們知道，第四任國王的統治期終結於起始年之後的第一個一千年，也就是西元前一九○○年；而第三十二任國王的統治是在起始年之後的第兩千零七十年，也就是西元前八三○年。

那第十五任國王是什麼時候執政的呢？根據可得的資料顯示，這九個國王，除了第四任和第十五任，一共統治了五百年左右。如果將提圖．尤潘基．帕查庫提二世置於大約西元前一四○○年左右，從第三十二任國王（西元前八三○年）往前推算，我們得出了五六四為中間年份的數子，因此，提圖．尤潘基．帕查庫提二世是於西元前一三九四年執政。

無論用哪種方式，我們都會得出安地斯山區事件的時間，與《聖經》中所提到的，以及發生在特奧蒂瓦坎的事件，時間是一致的。

因此，這個結論十分清楚：

太陽持續照耀迦南的那一日，正是美洲沒有日出的那一夜。

這一事件得到證實，也等於證明了安地斯人關於從眾神在的的喀喀湖授予人類金棒而展開的古帝國集體記憶，是真實的。

8．天國之路

諸天述說神的榮耀，穹蒼傳揚他的手段。
這日到那日發出言語，這夜到那夜傳出知識。
無言無語，也無聲音可聽。
它的量帶通遍天下，它的言語傳到地極。
神在其間為太陽安設帳幕。（《詩篇》19：1—4）

那位《聖經．詩篇》的作者如此描繪天國的奇景和日夜交替。地球繞著地軸（即《聖經》中的「地極」）自轉，然後又圍繞著太陽系中心的太陽（如同在帳中）公轉。「白晝屬你，黑夜也屬你。亮光和日頭，是你所預備的。」（《詩篇》74：16）

自從人類獲得文明後，數千年來，無論是在蘇美或巴比倫的金字塔裡，埃及的神廟中，巨石陣的石圈內，還是奇琴伊察的橢圓形天文臺上，天文祭司都在仰望天空，為地球上的人類求取指引。他們觀察、計算、記錄著恆星和行星的複雜天體運動。為了做到這些，那些金字塔、神廟和天文臺，都精確地對準天空的某些方向，還特別設置了孔洞和其他結構，以使陽光或其他恆星在春秋平分日和夏冬至日的時候射入一束光線。

人們為什麼要探索那麼遙遠的地方？他們想要看什麼？決定什麼？

制定曆法的目的

學者們的慣例是把古人在天文學上的探究，歸因於農業社會需要一個曆法來指導何時播種、何時收割。這種解釋已經存在太久。但是，一個年年耕地的農夫，比一位天文學家更會判斷季節變化和雨水的降臨，一隻土撥鼠都可以告訴他一些資訊。事實上，我們發現，無論在這世界上多麼原始、多麼偏僻的地方，就算沒有天文學家和精確的曆法，人們還是世世代代在那裡居住並養活自己。同樣的，事實證明，曆法在古代是由城市社會而非農業社會，設計出來的。

如果不知道每日之間或季節上的資訊，人類就不能生存的話，那麼只需要一個簡單的太陽鐘和日晷就可以提供足夠的資訊了。然而，古人研究天象，把神廟對準恆星與行星，把曆法和節日，與天空而非他們所處的地方連結在一起。這是為什麼呢？因為制定曆法的目的，不是為了農業生產，而是要服務宗教；不是在利益人類，而是要崇敬眾神。至於那些神，根據原始宗教和制定曆法的人的說法，他們來自天空。

我們有必要反覆閱讀《聖經・詩篇》，就知道對天文異象的觀測，與耕地畜牧之類的事，完全沒有關係：那是要去崇拜萬物之主。要瞭解這一點，沒有比探索古蘇美文化更好的方法了。大約六千年前，天文學、曆法，以及一個將地球和天國連結在一起的宗教，在那裡展開了。蘇美人宣稱，從尼比魯星（Nibiru）來到地球的阿努納奇（Anunnaki，意思是從天國來到地球的眾神）賜予他們知識。他們說，尼比魯星是太陽系的第十二個成員，這也是黃道帶被劃分為十二宮，一年分為十二個月的原因。地球是第七個行星（從太陽系外往內數）；因此，「十二」是一個神聖的天體數字，「七」則是一個神聖的陸地數字。

蘇美人在大量泥版上寫道：阿努納奇在發生大洪水之前很久就來到地球。在《第十二個天體》中，我們推算那件事大概發生在大洪水之前的四十三萬兩千年，相當於尼比魯星繞行軌道一百二十次的時間。尼比魯星繞行軌道一圈，對於阿努納奇來說只代表一年，卻相當於地球上的三千六百年。每當尼比魯星在木星和火星之間通過時，阿努納奇就會在尼比魯星和地球之間往返；因此可以確信，蘇美人開始觀測天象，不是為了知道何時該播種，而是想目睹和慶祝天神三千六百年一次的回歸。

我們認為，這才是人類研究天象的原因。所以當時間流逝，人們觀測不到尼比魯星時，就在可見的現象中尋找跡象和預兆，並從天文學衍生出占星術。如果在安地斯山區也能發現從蘇美起源的天文定位、校準和天體劃分的話，我們就可以證明兩者之間的關聯是無可爭辯的。

蘇美的豐富天文知識

根據蘇美文獻，早在西元前第四個千年，尼比魯星的統治者天神阿努（Anu）和他的配偶安圖（Antu）曾經到訪地球。蘇美人為了紀念他們的榮耀，在一個後來叫烏魯克（Uruk，即《聖經》裡的以力〔Erech〕）的地方，建了一個有神廟塔的全新神聖區域。

一份泥版保存了有關他們當晚經歷的描述。那天夜裡，在天體信號——即木星、金星、水星、土星、火星和月亮出現——發出後，正式的宴會隨著淨手儀式開始。接著，在上餐後有個停歇時間。一群祭司開始吟頌讚歌〈阿努的星球在天空中升起〉。一個天文祭司站在「神廟的最頂層」，留意著阿努之星——尼比魯的出現。當它一出現，那位祭司就開口唱：「那漸亮的星，阿努神的天國星球。」還有讚美詩：「創造神的形象升起了。」一堆篝火被點燃，以標記這一時刻，並將消息傳遞到附近的城鎮。在夜晚結束之前，整個大地各處都有篝火焚燒著。到了早晨，人們誦讀著感恩的祈禱。

從蘇美王古蒂亞（Gudea，約西元前二二〇〇年）的銘文，可以明顯看出在蘇美建造神廟所需要的精確而繁浩的天文知識。首先，在他面前出現了「像天堂一般閃耀的人」，有一隻「神鳥」站在他旁邊。古蒂亞寫道：「他頭上的王冠，讓他看來明顯是一位神。」結果，他就是神寧吉爾蘇（Ningirsu），由一位「一手拿著她喜愛的天國之星的牌匾」的女神伴隨，女神的另一隻手握著「神聖的筆」，向國王指出「那顆吉星」。第三個像人一樣的神，手裡拿著一塊寶石做的牌匾，上面畫有神廟的設計圖。有一尊古蒂亞的雕像展現了他坐在寶座上，膝蓋放著那塊牌匾的模樣。上面的聖圖清晰可見；它提供了神廟的基本設計，和一個用來建造七個階梯的尺規，階梯會隨著層級的上升而逐漸變短。而且，文獻指出，這並不是一座太陽神廟，而是一個恆星加行星神廟。

蘇美人不只在神廟建築上展現複雜的天文知識，正如我們在本系列前幾部書籍指出的，以及人們普遍認為的：蘇美人早就提出了現代球形天文學的所有概念和原理。如果列個清單的話，他們的取得成就包括把圓形等分為三六〇度，天頂、地平線和其他天文學概念與術語的規定，對星群的劃分、命名和圖案描繪，還有歲差的發現——每七十二年，地球繞太陽的轉動會慢一度。

眾神之星尼比魯在它的三千六百個地球年的軌道上出現又消失。地球上的人類只能根據地球圍繞太陽公轉的軌道，來計算時間的流逝。除了晝夜現象外，季節是最容易辨別的。正如大量最簡單的石圈所證明的，要建立標記來描述地球和太陽關係的四個點，是很容易的。隨著冬去春來，太陽在天空中顯然升得更高，並持續更長的時間；晝夜等長的那一天；隨著白天變短和溫度開始下降，太陽逐漸偏離。隨著寒冷和黑暗的不斷侵襲，太陽似乎會一去不返，但是它徘徊、駐足，又開始回來。整個過程周而復始，新的一年就開始了。因此，地球／太陽循環週期中的四個點就確定了：冬夏兩個至日點（**太陽直射點到達南北方向最遠的位置，「太陽能停留」**），和春秋兩個平分日點（**晝夜等長時**）。

太陽的這些明顯變動，實際上是由地球繞太陽公轉而產生的。蘇美人知道並記下這個事實。為了把這些變動與地球連結起來，地球上的觀測者有必要在空中找到一個參照點。這是透過劃分由地球圍繞太陽所形成的大圓而實現的，這個大圓被分為十二個部分，也就是黃道十二宮，而每個宮都有一組可辨認的恆星（星座）。在選定以「春分點」為開始後，也在新年第一個月第一天宣布當時太陽所在的宮位。關於最早期記錄的研究顯示，那是在金牛宮時代。

但是這種安排被歲差打破了。因為地軸相對於地球的繞日軌道平面是傾斜的（現在是二十三．五度），地球就像一顆陀螺在轉動，地軸所指向的天體不斷轉移，費時兩萬五千九百二十年就會在天上畫出一個巨大的假想圓。這就代表著原來選定的那個不動的參照點，每七十二年就會偏移一度，每過兩千一百六十年就會從一個宮完全移到另一個宮。因此，蘇美曆法在啟用大約兩千年後，就需要修改，並改以「牡羊宮」為新的參照點。我們的天文學家仍然以牡羊宮為第一宮來畫天宮圖，儘管他們知道我們在雙魚宮時代已經兩千年，馬上就要進入水瓶宮時代了。

將大黃道帶分為十二等分，不但是對太陽系十二個成員以及十二位「奧林帕斯」（Olympian）神的崇敬，也將陽曆年與月亮的週期緊密連結。但是，配合月亮週期的陰曆，其十二個月的長度無法完全對應一個陽曆年，因此蘇美人設計出不時增加幾天的複雜閏月制，以使十二個陰曆月能與陽曆年保持一致。

到了西元前第二個千年的巴比倫時代，這些神廟做了三方面的校準：新的宮（牡羊宮），四個對應太陽

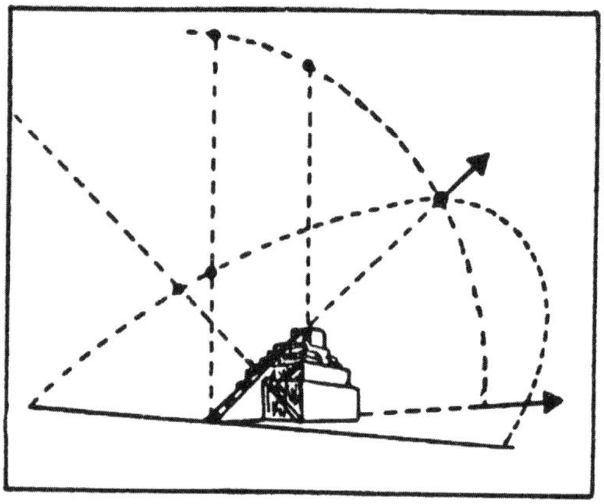

圖81：複雜的觀測站設計

的點（在巴比倫，春分點是其中最重要的），還有月球公轉週期。巴比倫的主神廟是祭拜國神馬杜克，它的遺址保存得比較好，能夠就說明這些天文學原理。學者們還發現了以建築學術語描述其十二個門和七層臺階的相關文獻，而能夠將其重建為一個複雜的太陽、月球、行星和恆星觀測站（見圖81）。

天文學與考古學的關聯

直到最近幾年，人們才承認將天文學結合考古學，可以幫助確定古蹟的年代，解釋歷史事件，並確定宗教信仰的天體起源。這項研究花了將近一個世紀的時間，才達到可稱為「考古天文學」的學科水準。一八九四年，諾曼．洛克耶（Norman Lockyer）爵士在其名著《天文學的黎明》（*The Dawn of Astronomy*）中令人信服地指出：一直以來，幾乎在任何地方，從最遠古的聖壇到最宏偉的教堂，這些廟宇的定位都符合天文學。值得注意的是，他的這個想法產生於一個「非凡的東西：在巴比倫，從最一開始，神的標誌就是一顆星星」；同樣的，「埃及的象形文字中，三顆星表示複數的神」。他還提到，在印度教裡，最受尊敬的是與太陽升起有關的神：因陀羅（Indra，意思是太陽帶來的白晝）和烏莎斯（Ushas，意思是黎明）。

我們將焦點放在埃及。在這裡，古神廟依然聳立，可以對它們的建築和朝向做詳細的研究。洛克耶注意到，古老的神廟不是太陽神廟，就是恆星神廟。前者的軸線及宗教儀式或曆法上的功能，都是與夏冬至日點或春秋分日點有關；後者與這四個太陽觀測點都沒關係，它們是設計來觀測和供奉即將在某天某個點出現的某個特定恆星。讓洛克耶感到神奇的是，神廟越老，其涉及的天文學就越複雜繁瑣。因此，在古埃及文明之初，埃及人可以把一顆恆星（當時最亮的星星，天狼星）的方位，與一個太陽事件（夏至日）以及尼羅河每年的漲潮連結起來。他計算出這三個事件大約一千四百六十年僅重合一次，也算出埃及曆法開始的元年大約是西元前三千兩百年。

但是，洛克耶對於將近一個世紀後才成形的考古天文學，所做出的主要貢獻是，他意識到古神廟的朝向可能為準確測定其年代提供線索。他舉出的主要例子，是上埃及卡納克（Karnak）的底比斯（Thebes）神廟群。早期聖城中，那些更古老、朝向更複雜（對準平分日點）的神廟，已經被朝向較簡單（對準至日點）的神廟所取代。卡納克的阿蒙－拉（Amon-Ra）神廟，由兩個背對背的矩形結構組成，並且位在一個向南傾斜的東西軸線上（見圖82）。有了這樣的朝向後，在至日點時，一束陽光可以從神廟的一端穿過整個通道（約五百英尺長），到達另一端的兩個方尖塔之間。幾分鐘後，陽光將在走廊的盡頭射向至聖所，代表著新一年第一個月的第一天開始了。

可是那個精確的時刻不是恆久不變的，它一直在轉移，導致後來的神廟在建造時對朝向做修改。當朝向是依據平分日點時，所看到的轉變是太陽後方的恆星背景變化，也就是由「歲差」引起的黃道星宮位置變化。

不過，似乎還有個更深奧的轉移影響著至日點的位置：太陽在兩個端點之間徘徊的角度，好像在不斷變小！隨著時間過去，太陽的運動似乎在地球／太陽關係之中，又受到另一種現象的影響。天文學家發現，地球的傾斜角度，即地軸與地球繞行太陽之軌道的夾角，並非一直是目前的大小（大約小於二十三．五度）。地球的擺動使這個傾斜角度大約每七千年改變一度，大概減少到二十一度時，又開始回復到二十四度多。洛夫．穆勒（Rolf Muller）在《石器時代的天空》（*Der Himmel uber dem Menschen der Steinzeit*）和其他研究中，把它運用到安地斯建築中，計算出如果建築遺蹟是朝著二十四度傾斜，就表示它們至少是四千年前建造的。

對於這種複雜而獨立的年代測定法的採用，和放射性碳定年法一樣重要，甚至更重要。因為放射性碳定年法只能用於古建築本身或臨近建築上發現的有機物質，如木質或焦炭。但是這些有機物質不能說明該建築是在它們存在多久以前建造的。考古天文學卻能測定建築本身的年代，甚至不同部分的建造年代。

我們還將更深入研究穆勒教授的著作。他斷定馬丘比丘和庫斯科的完美方石結構（**與那些多面形巨石一樣久遠**）有著超過四千年的歷史，由此證實了蒙特西諾斯所推測的年表。正如我們將要看到的，考古天文學在安地斯山區遺址的運用，推翻了許多關於美洲古代文明的說法。

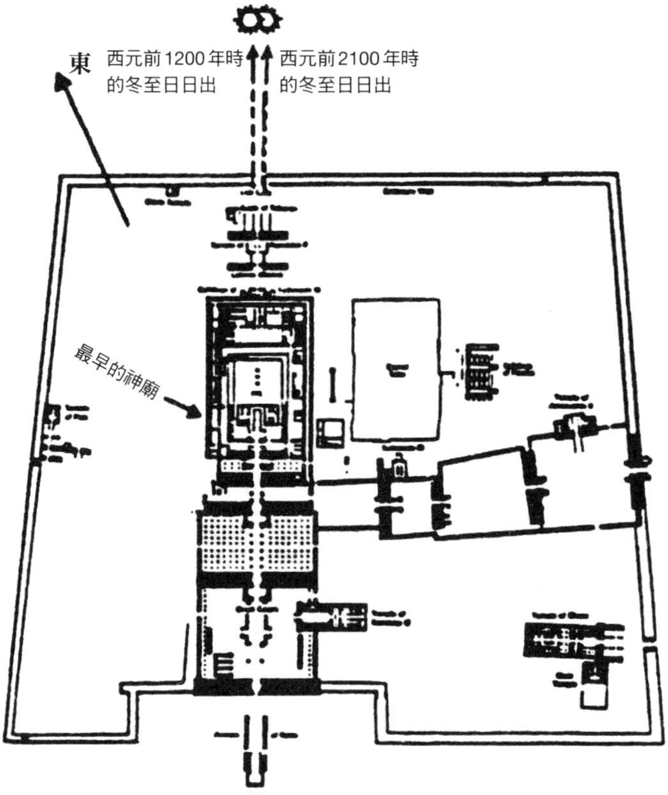

圖82：阿蒙－拉神廟

以考古天文學研究建築年代

現代天文學家遲遲未發現馬丘比丘，但是他們最終還是來了。一九三〇年代，德國波茲坦（Potsdam）大學的天文學教授洛夫．穆勒，發表了他對庫斯科的蒂亞瓦納科及馬丘比丘遺蹟的天文學特徵初步研究。他認定這些遺蹟非常古老，尤其是蒂亞瓦納科，雖然這些結論差點毀了他的事業。

在馬丘比丘，洛夫．穆勒著重關注城市西北方山頂上「拴住太陽」的巨石英帝華達納，和神聖岩石上面的建築。在其《古代祕魯的英帝華達納》（*Die Intiwatana (Sonnenwarten) im Allen Peru*）和其他著作中，他表示，可以從這兩處所見的明顯特徵，判斷出它們的目的和作用。他意識到，英帝華達納位於城市的最高處，所有方向的景物盡收眼底，但是建造者使用巨石牆把視野限制在特定的方向。英帝華達納和它的基石都是從一塊天然岩石鑿出來的，並將這個人工製品的支柱或根部提高到所需的高度。根部和基石都被精細地鑿刻和定向（見一六七頁，圖76）。穆勒認為，上面各種斜面和稜角，是設計來確定夏至日的日落、冬至日的日出，還有春分和秋分的。

穆勒在對馬丘比丘進行調查之前，已經對蒂亞瓦納科和庫斯科的天文考古學做了詳盡的研究。一塊舊西班牙木雕（見圖83a）提醒了他，庫斯科的太陽神廟之所以那樣建造，是為了讓陽光在冬至日日出時能直接照進至聖所。穆勒把諾曼．洛克耶的理論運用在太陽神殿上，計算並展示出這些建造於哥倫布發現美洲大陸之前的牆面和環形至聖所，都具有跟埃及神廟相同的作用（見圖83b）。

馬丘比丘神聖岩石上方建築物的第一個顯著特點，是它的半圓形構造，以及所使用的完美方石建材。它與庫斯科的至聖所有顯著的相似處（我們的觀點是馬丘比丘遺址比庫斯科遺址更古老）。對穆勒來說，這代表著相似的功能，也就是確定冬至日。由建築師根據該地點的地理位置和海拔高度，決定該結構的直牆後，再確定圓形部分兩個梯形窗口的位置（見圖84），使觀測者可以透過它們看到夏至和冬至的日出——這是發生在四千年前的事！

一九八〇年代，來自亞利桑那（Arizona）大學史都華天文臺的兩位天文學家，《馬丘比丘考

a

圖83a：舊西班牙木雕圖案

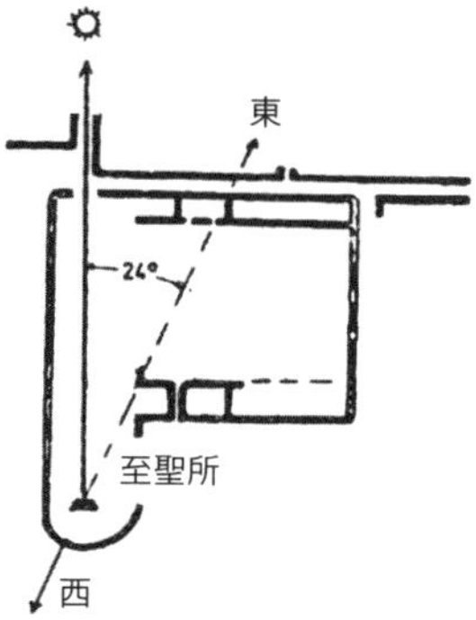

b

圖83b：埃及神廟設計圖

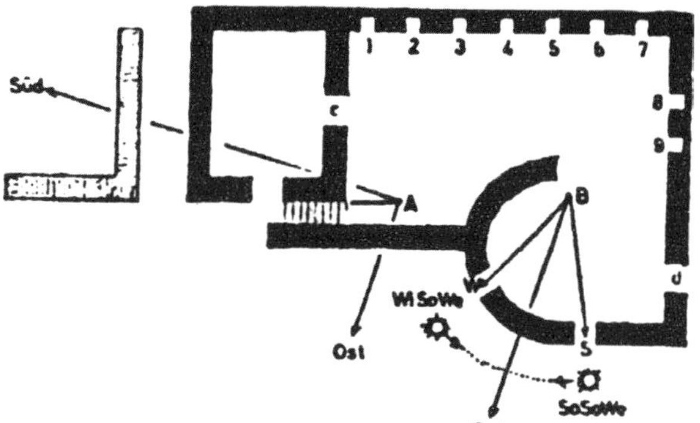

圖84：圓形部分的兩個梯形窗口位置

古天文學》（*Archaeoastronomy at Machu Picchu*）的作者迪爾伯恩（D. S. Dearborn）和懷特（R. E. White），帶著更多精密儀器走遍這個地方。他們確認了英帝華達納和石塔（其視角是從突出的神聖岩石，沿著其凹槽和邊緣觀看）兩個窗口的天文朝向。但是他們沒有參與穆勒對於該建築年代的討論。他們和穆勒都沒有嘗試回溯到幾千年前，去找出透過那個最古老且巨大的建築——三窗神廟——所觀察的方向。我們認為，在那裡所找出的答案會更令人震驚。

黃道十二宮與曆法

不過，穆勒的確研究了庫斯科巨牆的朝向。他在《印加帝國的太陽、月亮和星星》（*Sonne, Mond und Sterne uber dem Reich der Inka*）中的結論是：「它們建於西元前四千年至西元前兩千年間。」也就是巨石建築（至少有庫斯科、沙克沙華孟和馬丘比丘）的年代，比馬丘比丘建於西元前兩千年的石塔和英帝華達納，又早了兩千年。換句話說，穆勒斷定，那些在印加時期之前的建築，跨越了兩個黃道星宮時代。巨石建築屬於金牛宮時代，而古帝國時期以及坦普托科山避難時期的一些建築，屬於牡羊宮時代。

在古代近東，歲差所導致的轉變，使得原始蘇美曆法要進行週期性的調整。大約西元前兩千年，隨著從金牛宮轉到牡羊宮，以及重大的宗教動盪，曆法發生了重大改變。而令其他人（除了我們）驚奇的是，這些轉變和改革在安地斯山區也很明顯。

蒙特西諾斯和其他編年史學家的著作中，都提到了各個統治者對曆法進行反覆改革，因此可以確認古安地斯人擁有曆法。但是，從一九三〇年代開始，許多研究致力證明古安地斯人不但有曆法，還把它記錄下來（儘管他們應該沒有文字）。弗里茲・巴克（Fritz Buck）是此領域的開拓者。他在《印加王朝之前的祕魯碑銘曆法》（*Inscripciones Calendarias del Peru Preincaico*）和其他著作中，為這些結論提供了建築學證據，比如一個計時用的錘子和在帕查卡馬克神廟遺址發現的一個花瓶，它們上面都有類似於馬雅人和奧爾梅克人的線和點標記，表示出一年十二個月的四季。

按照克里斯多瓦．莫利納神父的說法，印加人「從五月中旬左右的第一個滿月開始記年」。他們在早上、中午、晚上，帶著獻祭的羊來到科里坎查神廟。獻祭中，祭司吟唱頌歌：「哦，創造神，哦，太陽神，哦，雷神，願你們永遠青春且不朽；願萬物和平；願人們生養眾多，食物和所有用具保持充裕。」

格里曆（Gregorian calendar，即現代使用的西曆）在莫利納神父之後的時代才被引進庫斯科地區，莫利納提到的新年這天，相當於格里曆的五月二十五日左右。來自德州和伊利諾州的一些大學天文學家，在幾年前發現了加爾西拉索．德．拉．維加曾經描述的觀察塔。他們發現其瞄準線適用於五月二十五日。編年史學家認為，印加人將一年的開始設在冬至日（相當於北半球的夏至日），但是這個太陽事件發生在六月二十一日，而不是在五月……兩者整整差了一個月！

唯一合理的解釋是，這個太陽事件所用的曆法和觀察系統，可能是印加人從更早的時期繼承下來的，由於黃道星宮每兩千一百六十年會轉移到下一宮，導致相差一個月。

正如我們提過的，馬丘比丘的英帝華達納不僅用來確定至日點，還有平分日點（三月和九月時，太陽在赤道上方，晝夜平分）。編年史學家和現代研究員，例如瓦卡瑞爾（L. E. Valcarel）在《安地斯曆法》（*The Andean Calendar*）中所提到的，印加人竭盡全力確定平分日點的確切日子，並崇敬它們。這個習俗肯定起源於更早的時代，因為我們在更早期的報導中讀到，古帝國的統治者全神貫注於確定平分日點。

蒙特西諾斯告訴我們，古帝國的第四十任國王為天文學和占星術的研究建立了一個學院，確定了平分日點。他被封為「帕查庫提」的事實（見一五七頁），表示當時的曆法與實際的天象有很大的出入，曆法改革在所難免。在被完全忽略的資訊中，最有趣的一點是，根據蒙特西諾斯的說法，這個國王統治的第五年，距離曆法起始年兩千五百年，也是古帝國成立後的第兩千年。

西元前四百年左右發生了什麼事，才會需要進行曆法改革呢？兩千年的時間跨度，與歲差引起的黃道星宮移動的時間跨度相近。在古代近東，當尼比魯曆法於西元前四千多年展開時，春分點在金牛宮。而在西元前兩千多年，它轉到牡羊宮，到了基督教時代則在雙魚宮。

安地斯山區在西元前約四百年的改革，證實了古帝國及其曆法確實是在西元前兩千五百年開始的。這也暗示那些君主熟悉黃道十二宮。但是，黃道十二宮完全是主觀地把黃道帶分為十二等份。蘇美人的一項發明，在舊世界中被所有繼承它的人民採用（至今）。這有可能嗎？答案是肯定的。

這個領域的先驅者之一——斯坦斯伯里·哈格爾，於一九〇四年在第十四屆國際美洲文化學者會議上，進行題為「祕魯星空及它與儀式的關係」的演講。他表示，印加人不但熟悉黃道十二宮（和它們對應的月份），還為它們取了不同的名字。這些名字與我們所熟悉的，起源於蘇美的星宮名稱驚人地相似。學者們為此感到驚訝，對我們來說卻不會。這些名字有：一月是水瓶宮，獻給男女水神卡帕克·科查和瑪瑪·科查。三月是白羊宮，這個月裡的滿月在古代象徵著新年前夕，叫做卡圖·奎拉（Katu Quilla）。四月為財帛宮、金牛宮，叫做圖帕·塔瑞卡（Tupa Taruca），意思是吃草的雄鹿（南美洲以前沒有牛）。處女座叫莎拉·瑪瑪（Sara Mama，意思是玉米媽媽），其形象是一位女性等。

的確，庫斯科本身就是印加人熟悉黃道十二宮和相關知識古老性的一個強力證明。我們已經提過，庫斯科分為十二區，以及它們與黃道十二宮的關係。值得一提的是，在沙克沙華孟斜坡上的第一區，與白羊宮有關。正如我們已經呈現的那樣，要使白羊宮與春分相關聯，必須將時鐘倒轉四千多年。

有人肯定會很疑惑，這些天文學資訊和曆法改革所涉及的知識，在沒有某種記錄形式，也沒有用某種方式寫下來的情況，是怎麼保存和傳遞這麼多千年呢？就如我們見到的，馬雅人的手抄本中包含了從較早的來源複製並獲得的天文資料。考古學家已經確定，馬雅石柱上刻畫的統治者手中拿的長方形棒，實際上是「天空長棒」，上面拼寫出某些星座的字形（正如在帕倫克，在帕卡爾國王的棺材上，用一系列字形組成帕卡爾的圖像）。這些古典時期的藝術性描繪，會是從較早期的，但也許藝術性較差的曆法紀錄中所複製的嗎？這種說法源於在提卡爾發現的一塊圓石（見圖85a），上面畫有太陽神（留著鬍鬚和吐出舌頭）的圖像，四周圍繞著天體字形。

這種「原始的」曆法黃道帶圓形寶石，一定早於完美的阿茲特克「曆法石」。在被發現的曆法石中，最珍貴的是那一顆黃金做的。它由蒙特蘇馬贈送給埃爾南·科爾特斯，蒙特蘇馬以為他只是把屬於羽蛇神的東西還給羽蛇神而已。

這些用黃金做成的記錄，在古代祕魯存在嗎？儘管西班牙人對任何與「偶像」有關的東西都做了處置，尤其是以黃金製成的偶像（它們很快就被熔掉了，就連科里坎查神廟的太陽像也是），但至少有一塊遺物存留了下來。

a

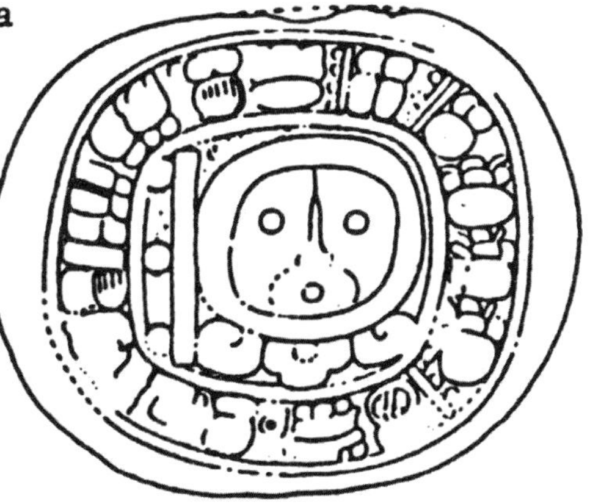

圖85a：在提卡爾發現的圓石

b

圖85b：黃金圓盤

一個多世紀前，克萊門斯．馬克漢爵士在《庫斯科和利馬；祕魯的印加人》（*Cuzco and Lima; The Incas of Peru*）中提到，在庫斯科發現的這個黃金圓盤，直徑大約五又二分之一英寸（見圖85 b），現今存放在紐約美洲印地安人博物館。他認為，在黃金圓盤中所描繪是太陽，周圍是代表月份的二十四個明顯的符號，類似於馬雅曆法中的二十四個月。波拉特（W. Bollaert）於一八六〇年在皇家古文物學會（Royal Society of Antiquarians）的演講和後來的著作中，把這個圓盤視為「一份陰曆或黃道十二宮圖」。一九二一年，薩維爾（M. H. Saville）在博物館的出版品《來自庫斯科的黃金胸甲》（*A Golden Breastplate from Cuzco*）中指出，在環繞的符號中，有六個出現兩次，有兩個重複四次（他將它們標記為從A到H），因此質疑馬克漢爵士提出的二十四個月理論。

「六乘二等於十二」的簡單事實，讓我們相信波拉特，並推斷這是一塊黃道十二宮圖版，而不是月份圖版。所有學者都認為這是一件印加王朝之前的作品。但是，還沒有人說明它與在提卡爾發現的曆法石有多密切的關聯。也許是因為這會為必須安息的「中美洲與南美之間沒有聯繫，沒有『擴散』的觀念」的棺材，再釘上另一根釘子。

科里坎查神廟的聖牆圖案

早在一五三三年，法蘭西斯克．皮薩羅的登陸部隊中，有一小隊士兵率先進入印加首都庫斯科，而皮薩羅的主力部隊還在卡哈馬卡（Cajamarca）。他們在那裡囚禁著印加君主繼承人阿塔瓦爾帕。那隊被派到庫斯科的士兵，任務是到首都拿到西班牙人要求的黃金贖金，以換取阿塔瓦爾帕的自由。

在庫斯科，阿塔瓦爾帕的將軍讓西班牙人進去檢查了幾座重要建築，包括太陽神廟。我們曾提過，印加人稱之「科里坎查」（意思是黃金圍場），因為它的牆上覆蓋著金板，牆裡面有精美的金銀和寶石製品。那幾個進入庫斯科的西班牙人拿走七百個金板，自己還拿了其他寶物，才回到卡哈馬卡。

西班牙主力部隊在那年年底進入庫斯科。我們在前文曾提到，這座城市的建築和聖壇所遭受的命運，包括了人們對至聖所的褻瀆和掠奪，還融化了懸掛在大祭壇上方的太陽金徽。

但是，這些物質上的破壞無法磨滅印加人記憶中所保留的東西。根據他們的回憶，科里坎查由第一任君主建造，一開始只是一棟茅屋。後來的君主將之擴大並加高，直到它成為西班牙人看到的大小和形狀。他們說，在至聖所裡，從地板到天花板的牆面都貼著金板。加爾西拉索寫道：「在高祭壇的上方是太陽的圖像，其金板厚度是其他牆上的兩倍。那個圖像呈現出一張圓臉，四周是光束和火焰，全部合為一體。」

那確實是西班牙人看到並拿走的黃金製品。不過，它並不是在那面牆壁上占據主導地位，在特定日期的日出時間面對太陽光束的原始圖像。

唐．胡安．德．聖克魯斯．帕查庫蒂．由奎．薩克馬華（**Don Juan de Santa Cruz Pachacuti-Yumqui Salcamayhua**）是印加王族公爵夫人和西班牙貴族的兒子（這就是為什麼有時他被稱為聖克魯斯，有時又被稱為薩克馬華）。他的書《聯繫》（*Relation*）由克萊門斯．馬克漢譯為英文出版。在書中，他對這個中心形象及四周圖案做了最具體的描述；並且，他當著西班牙人的面讚頌印加王朝。薩克馬華說，是印加王朝的第一位君主，「下令要金匠打造一個象徵天地創造者的金板」。他還用一幅畫來說明這篇文章：那是一個罕見的橢圓形狀。

後來某任君主宣稱「太陽至高無上」時，第一個形象就被一個圓盤所代替了。但隨後的一任印加君主又把它恢復成橢圓形。「偶像的大敵；他命令人民不要向太陽和月亮致敬」；而是改以橢圓形所代表的天體；是他「促使這些形象被放到在平板的周圍」。薩克馬華將這個橢圓形稱為

「創造神」，明確表示它不是太陽，因為太陽和月亮的圖像位於橢圓形的兩側。他為了說明自己的意思，畫了一個大橢圓形，兩側是兩個較小的圓圈。

直到印加的華斯卡時代為止，這個中心點一直保持原狀，「橢圓」為其至上的形象。華斯卡是在西班牙人來到印加時參與皇位之爭的兄弟之一。華斯卡移去了橢圓的形象，並以「一個圓盤，就像一個豔光四射的太陽」取而代之。「華斯卡把太陽的圖像放在原來的創造神位置上」。由此，國教改為信仰至高無上的太陽，而不是維拉科查。華斯卡為了表示自己才是正確的繼承者，在名字中增加了「印提」（Inti，意思是太陽）的稱呼，代表他才是太陽之子的真正後代，而不是他同父異母的兄弟。

薩克馬華解釋了那個以橢圓形為主要圖像的山牆，代表了「異教徒」（即印加人）對天堂和地球的「看法」。他畫了一個大草圖，顯示在華斯卡用太陽圖像取代橢圓形之前的牆壁外觀。該草圖得以保存下來，是因為法蘭西斯科．德．阿維拉曾向薩克馬華和其他人詢問過這些繪畫作品的含義，並將其放在論文中。薩克馬華還使用當地的蓋丘亞語和艾馬拉語術語，以及他自己的卡斯提亞西班牙文（Castilian Spanish）在草圖符號上和周圍塗畫，以解釋圖像。刪掉這些符號後（見圖86），我們就可以清楚地看到祭壇（底部有交叉格線的長方形物體）上方的圖案：下半部是地球的象徵（人、動物、河流、山脈、湖等），上半部是天體的圖像

圖86：薩克馬華所畫的草圖

（太陽、月亮、星星、神祕的橢圓等）。

學者們在個別象徵的詮釋上既有共識又有分歧，但神聖之牆的整體意義卻成了一個問題。克萊門斯・馬克漢在上半部分看到了「一個恆星圖，這是古代祕魯象徵宇宙和天文學的真正關鍵」，並且確信山牆的三角形頂端是「天空」的象形文字。洛斯羅普在《印加探祕》（*Inca Treasure*）中，說大祭壇上的圖畫「組成了一個包括天與地、太陽與月亮、第一對男女之創造的宇宙傳說」。正如薩克馬華所說的那樣，人們完全同意它代表了「異教徒的想法」——他們的宗教信仰和神話傳說的總和，天堂和大地的傳奇，以及兩者之間的紐帶。

有關天體的圖像中，清楚地描繪了金色橢圓形兩側的太陽和月亮，以及橢圓形上方和下方的天體。透過上面繪製的傳統面孔，加上當地母語中代表英蒂（太陽）和奎拉（月神）的符號，可以確認兩側的星星符號代表太陽和月亮。

既然太陽是這樣被描繪的，那麼中心的大橢圓圖像代表什麼呢？傳說解釋了這個象徵符號在印加時代是怎樣和太陽交替被崇拜。它的身分被這個標記解釋清楚了：“Ilia Ticci Uuiracocha, Pachac Acachi. Quiere decir imagen del Hacedor del cielo y de la tierra.”意思是「伊拉・提西・維拉・科查是萬物的創造神，也就是天地創造神的形象。」

但是，為什麼維拉科查被描繪成一個橢圓形呢？

萊曼・尼賽爾（R. Lehmann-Nitsche）是此問題的主要研究者之一，他在論文〈科里坎查：庫斯科的太陽神廟及其高壇的圖像〉（Coricancha — El Templo del Sol en el Cuzco y las Imageries de su Altar Mayor）中，說明這個橢圓形代表「宇宙蛋」。這種神學思想在希臘神話、印度宗教，「甚至在《創世記》」裡都有提到。它是「白人作家尚未掌握其詳細內容的最古老之神學理論」。在印歐神密特拉（Mithra）的聖所中，它以一顆被黃道帶星群包圍的蛋的形式呈現。「也許有一天，印度學者會在維拉科查、七隻眼的梵天，以及以色列的耶和華的細節與信仰上，看到相似之處……在遠古時代和奧菲（Orphic）教派中都有神祕蛋的圖像。為什麼在庫斯科的大聖所裡不會發生同樣的事情？」

萊曼．尼賽爾會把「宇宙蛋」當作這個特殊橢圓形狀的唯一解釋，是因為除了它的外形與蛋相似之外，這個很難繪製或精確繪製的橢圓形狀在地球表面上一直沒有發現過。但是，他和其他人似乎忽略了這個事實：這個橢圓形在底部附加了一個星形符號。對我們來說，如果這個橢圓形狀適用於另一個天體（而非上面的五個和下面的四個），這代表它是在自然界中發現的「橢圓」，但不是在地球上，而是在天上。它是一個行星繞太陽公轉的自然曲線。我們認為，它是太陽系中一顆行星的運行軌道。

我們的結論是：神聖之牆所描繪的不是遙遠的神祕星群，而是包括了太陽、月亮，以及十顆行星在內總共十二顆星球的太陽系。我們看到太陽系的行星被分成兩組。在我們看來，這些是在遠方的五顆外側行星——冥王星、海王星、天王星、土星和木星（從外往內算起）；低一點的或說更近一點的那組代表了四顆內側的行星——火星、地球、金星、水星。這兩組行星被太陽系第十二個成員的巨大橢圓形軌道分隔開來。對於印加人來說，它代表了天上的維拉科查。

發現這正是蘇美人對太陽系的看法，我們應該感到驚訝嗎？

在從天上到地球的描繪中，牆壁的右側是星空，左側則是雲。學者們同意這是原始的標記方式，即「夏天」（明亮的星空）和「冬季雲」。在考量季節部分的創造性時，印加的畫作再次依循了近東模式。地球的傾斜（導致季節變化）在蘇美被歸因於尼比魯，在巴比倫則被歸因於馬杜克。《詩篇》的內容也呼應了這個概念：「夏天和冬天，是你所定的。」（74：17）。

在「夏季」的下面出現了一個星星的符號，而在「冬季」的下面則是一隻兇猛的動物。人們普遍同意這些形象代表了（南半球的）和這些季節相關的星群，而和冬季相關的則是獅子座。這在很多方面都是驚人的。首先，南美洲沒有獅子；其次，在西元前第四個千年蘇美人開始使用曆法時，當太陽出現在黃道帶的獅子宮（蘇美人的UR.GULA）時正是夏至。但是在南半球，每年的這個時候是冬季。因此，印加的描繪不僅借用了十二個黃道星宮的構想，還借用了它們在美索不達米亞的季節秩序！

就像《埃努瑪·埃利什》（*Enuma Elish*，編注：巴比倫創世史詩）和《聖經·創世記》所描述的那樣，我們從這幅畫看到的是將創世故事從天堂轉移到地球的符號：第一個男人和女人、伊甸園、一條大河、一條蛇、山和一座神聖的湖。用萊曼·尼塞爾的話說，這是印加的「世界全景」。若說它是「安地斯山區的圖畫聖經」會更準確。

這種類比是實際的，而不只是象徵性的。這個圖解性著作的元素，可以解釋美索不達米亞的聖經故事：伊甸園裡的亞當和夏娃，包括蛇（牆的右邊）和生命之樹（牆的左邊）。蘇美的伊丁（E.DIN，伊甸園即源於此）位在發源於北部高山的幼發拉底河流域。這個地理位置在牆的右邊清晰地描繪出來。一個代表地球的球體上有一個帕夏瑪瑪（Pacha Mama，地球母親）的符號。甚至在近東大洪水的傳說中出現的彩虹，也在這裡呈現出來。

（所有人都認可那個標記為「帕夏瑪瑪」的球體或圓形代表著地球，卻沒有人停下來想一想，印加人怎麼知道地球是圓的？不過，蘇美人是意識到了這個事實，並相應地描繪了地球和其他行星。）

地球下面的那七個點群標記，讓學者們困惑不解。有人接受了古代人把昴宿（Pleiades）星團視為七顆星的錯誤觀點，提出這個標記代表的是金牛宮。但如果是這樣的話，這個標記應該在行星上面的天體部分，而不是在下面。萊曼·尼塞爾和其他人把這七個記號解釋為「至高無上之神的七隻眼睛」。但是我們已經提過，那七個點，數字七，是蘇美人計算行星時的地球標號。「七」這個標記在它所屬的位置，當作地球的標題。

神聖之牆上面的最後一個圖像，是一座經由水道與另一個小水域相連的大湖。其上的符號是的聖湖——「瑪瑪・科查」（Mama Cocha，意思是母水）。大家一致認為，這代表安地斯山的喀喀湖。透過這樣的描繪，印加人已經把《創世記》的故事從天堂移到了地球，從伊甸園帶到了安地斯山。

萊曼・尼塞爾對於大祭壇上方綜合描繪的含義和寓意，做了這樣的總結：「它把人類從地面帶向星星。」而將印加人帶到地球的另一面，更是令人感到加倍驚訝。

9．重見天日的失落城市

當人們在印加神廟的至聖所中，發現了關於原始美索不達米亞版本創世故事的描繪，引發了一大堆疑問。首先，最顯而易見的是，印加人怎麼會知道這些故事或傳說的？不只是它們普遍被了解的內容（比如世界上第一對夫妻的創造、大洪水），還有包括完整太陽系和尼比魯星軌道知識在內的創造史詩內容？

有一種可能是，他們自古以來就掌握這些知識並將之帶到安地斯山區；另一種可能是，他們是從在安地斯山區遇到的外來者那裡聽說的。

由於缺少了像在古代近東地區發現的那些文字紀錄，從某種程度上講，答案的選擇取決於我們如何回答另一個問題：誰才是真正的印加人？

印加人與近東的關聯

薩克馬華的《聯繫》中所反映的內容，就是印加人試圖深化國家宣傳的絕佳例子。他們把受人崇敬的曼科．卡帕克說成是第一位印加君主：印加．羅卡，以使被征服的人相信這位君主就是剛剛從神聖的的喀喀湖出來的「太陽之子」。實際上，印加王朝是在那神聖時刻的三千五百年之後才開始的。另外，印加人說的是中北安地斯人的語言，即蓋丘亞族語，而的的喀喀湖高地上的人是說艾馬拉語。學者們以這一點結合其他因素，猜測印加人是來自東方的後來者，定居在與亞馬遜大平原接壤的庫斯科山谷。

但是這並不排除印加人可能起源於近東或與近東有聯繫。當大家的注意力集中在大祭壇牆上的圖畫時，沒有人想過，為什麼這些人有自己的眾神形象，也把偶像供奉在聖壇和神廟裡，但在偉大的印加神廟和其他印加聖壇裡都沒有偶像。

編年史學家說，在某些儀式中會有一個「偶像」，但那是曼科・卡帕克的形象，而不是一位神的。他們還提到，在一個特定的聖月，一名祭司會到遠處一座豎立著神的大偶像的山上，以一隻駱駝來獻祭。但是那座山和它的偶像都屬於印加王朝之前的時代，可能指的就是海邊的帕查卡馬克神廟（前文已提過，見一三四頁）。

有趣的是，這兩個習俗都與出埃及後的《聖經》戒律一致。「十誡」中包含了禁止製造和崇拜偶像的禁令。在贖罪日前夕，祭司必須在沙漠中獻祭一隻「替罪羊」。印加人採用結繩記事（奇普），用彩色羊毛線在不同的地方打結來記錄大事件。沒有人想過，這在目的和功能上與猶太人的繸子（Izitzit，藍線邊緣的流蘇）很相似——以色列人被命令要把繸子掛在衣服上，以記住主的誡命。在繼承規則方面，希伯來人依循蘇美人的習俗，繼承人必須是同父異母姊妹的兒子；而印加王室的傳統也是這樣的。

祕魯考古學家曾宣布他們在祕魯的亞馬遜諸省有許多有趣的發現，特別是在烏魯班巴河谷和馬拉尼翁（Maranon）河谷的石頭城遺址。毫無疑問，在赤道地區確實有「失落的城市」，但是學者所宣布的一些發現，實際上是對已知地點的探索。例如，一九八五年有關大帕塔傑（Gran Patajen）的頭條新聞就是這種情況，祕魯考古學家考夫曼・道格（Kaufmann-Doig）和美國人吉恩・薩伏伊（Gene Savoy）早在二十年前就去過那裡了。報導中說，在邊界的巴西一側，在空中目擊了「金字塔」、很多像亞喀克（Akakor，編按：傳說中的地下城市，在巴西、祕魯、玻利維亞之間）之類的失落城市，以及印第安傳說中藏有未知寶藏的廢墟。據稱，里約熱內盧國家檔案館中有一份十八世紀的檔案，裡面記錄了一五九一年歐洲人在亞馬遜叢林看到的失落城市，還把在那裡發現的一份手稿抄了下來。這是波西．福西特（Percy Fawcett）上校進行探險的主要原因，但他在叢林裡神祕失蹤的事件，仍然是科普文章中的常見主題。

這並不是說，從蓋亞那（Guianal）、委內瑞拉到厄瓜多、祕魯，這條橫跨南美洲大陸的亞馬遜流域沒有古代遺蹟留存下來的。亞歷山大．馮．洪堡德在橫越美洲大陸的旅行報告中，提到了這樣的傳統：從海上來的人在委內瑞拉登陸後進入內陸，或是到庫斯科山谷的主要河流——烏魯班巴河（亞馬遜河支流之一）。巴西的官方團隊曾經到過很多遺址（但沒有進行持久的挖掘）。他們在亞馬遜河口附近的遺址，發現了一種有雕花圖樣裝飾的陶甕，而這種圖案是烏爾（Ur，即聖經人物亞伯拉罕在蘇美的出生地）地區已發現的陶罐設計圖案之一。一個叫帕科瓦爾（Pacoval）的小島似乎是人造的，是許多土丘（還沒被挖掘過）的基地。尼托（L. Netto）在他的《巴西考古發現》（*Investigaciaes sabre a Archaealagio Braziliero*）中說，在亞馬遜河上游也發現了類似裝飾的「更高品質」的陶甕和花瓶，我們也相信，再往南走，確實存在一條同樣重要的道路，連接著安地斯山脈和大西洋。

然而，我們不能確定印加人是不是從這條路徑過來的。關於其祖先的一種說法是，印加人最初是在祕魯海岸登陸。他們的蓋丘亞語在詞義和來源上有很多遠東的特點，而且他們顯然屬於人種的四個分支之一：美洲印地安人。我們大膽猜測，他們起源於該隱一族。（庫斯科的一個嚮導在聽了我們的《聖經》知識後，詢問in-ca〔印加〕有沒有可能就是ca-in〔該隱〕倒過來寫的。真是神奇！）

我們認為，現有證據顯示，近東的故事和信仰，包括從尼比魯星來到地球的阿努納奇及十二位神的故事知識，是從海外被帶來給印加人的祖先。這件事發生在古帝國時代。這些故事和信仰的承接者，也是跨海而來的陌生人，但不一定是那些將類似的故事、信仰和文明帶給中美洲的同一批人。

伊薩帕石碑五號所刻劃的場景

根據這些事實和我們已經提供的證據，我們再回到伊薩帕去看看。這是太平洋海岸上墨西哥和瓜地馬拉交界處附近的一處遺址。奧爾梅克人和馬雅人在這裡混雜居住，很晚才被認定為中南美洲太平洋海岸線上最大的一處遺址。

從西元前一千五百年（由放射性碳定年法測得）到西元一千年，長達兩千五百年的時間內，這裡一直有人居住。它有著宏偉的祭儀金字塔和橡膠球球場，但最讓考古學家驚訝的是它的石刻紀念碑。該石刻的風格、想像力、神話內容和藝術的完美性，後來被稱為「伊薩帕式」。現在公認，這種風格傳播到了從墨西哥到瓜地馬拉的太平洋沿岸所有遺址。它屬於前古典奧爾梅克文化的前期和中期。馬雅人在接收這些遺址後，接受了這種藝術。

楊百翰大學新大陸考古學基金會的考古學家們，花了幾十年挖掘及研究這個遺址。他們確信，這座遺址在建造時是朝著至日點的。諾曼（V. G. Norman）在《伊薩帕雕像》（*Izapa Sculpture*）中指出，甚至各種紀念碑都是「故意與行星運動對齊」而放置的。宗教、宇宙哲學、神話主題和歷史主題交織在一起，在石雕品中展現出來。我們已經看到（見一一七頁，圖51 b）關於有翼神的眾多不同描繪之一。而這裡特別令人感興趣的是一塊大雕刻石，它的表面面積約為三十平方英尺，被考古學家命名為「伊薩帕石碑五號」（Izapa Stela 5），並與最主要的石壇結合在一起。許多學者認為，上面的複雜場景（見圖87）是關於在河邊生長的生命之樹上「人類起源」的「奇幻視覺神話」。神話歷史故事是由一個坐在左邊（以石碑觀者的角度）的蓄鬍老男人所述說，並由右邊一個馬雅人模樣的人重述這個故事。

整個場景滿是各種植物、鳥類、魚和人類。有趣的是，圖像中間呈現的兩個人，長著大象的臉和腳，而美洲根本沒有大象。左邊的那位是戴頭盔的奧爾梅克人，而它印證了我們的主張，即他們製作的巨石頭像和所描繪的奧爾梅克人是非洲人。

把石碑的左半邊放大後（見圖88a）後，清楚顯示了重要線索的細節。那位蓄鬍人在一個有臍帶象徵的聖壇上講故事；這也是寧蒂（Ninti，曾幫助恩基創造人類的蘇美女神）的標誌（見圖88b），它被刻在圓筒印章和紀念碑上。當地球被分給眾神時，她獲得的領地是西奈半島，那裡是埃及人珍視的綠松石來源地。埃及人稱她為哈索爾（Hathor），並用牛角代表她的形象，就像在這幅「創造人類」圖像中（見圖88c）一樣。這些「巧合」，再次證明伊薩帕石碑上刻的，就是舊大陸關於人類的創造和伊甸園的故事。

最後是對金字塔的描繪，它們像尼羅河畔的吉薩金字塔一樣光滑，而且就被描繪在石碑底部流動的河流旁邊。確實，當人們檢查並重新檢視這一塊有數千年歷史的石碑後，不得不承認一幅圖畫勝過千言萬語。

圖87：伊薩帕石碑五號上刻劃的場景

a

圖88a：伊薩帕石碑五號，
左半邊放大圖

b

圖88b：圓筒印章中的寧蒂標誌

c

圖88c：埃及的「創造人類」圖像

巨人族傳說

傳說和考古證據顯示，奧爾梅克人和蓄鬍人沒有在海邊停留，他們往南方前進到中美洲和南美洲的北部島嶼上。他們或許是經陸地前往的，因為他們在內陸遺址上確實留下了存在的痕跡。但他們更可能採採取更容易的方法——坐船向南旅行。

赤道附近和安地斯山區北部地方的傳說，不僅提到了他們的祖先（例如納拉姆普）經由大海抵達此處，還有兩個關於「巨人族」的不同傳說。一個發生在古帝國時代，另一個發生在莫奇卡文明時期。謝薩．德．萊昂把後者描述為：「一群巨人，他們的膝蓋高度就相當於一個普通人的身高；他們坐著蘆葦編製的大船上，到達海岸。」他們用金屬工具在石頭上挖井，掠奪了當地人的糧食。因為登陸的巨人裡沒有女性，他們還侵犯了當地的婦女。莫奇卡人把這些奴役他們的巨人畫在陶器上，還將巨人的臉塗成黑色（見圖89），而莫奇卡人的臉則塗成白色。在莫奇卡遺址中還發現了留著白鬍子的老人黏土雕刻。

我們猜測，這些不受歡迎的來訪者就是奧爾梅克人和他們蓄鬍的近東同伴，當時他們正逃離西元前四百多年的中美洲動亂。隨著他們穿越中美洲到達赤道地區，最後進入南美，一路上留下了令人敬畏的宗教崇拜。一連串對太平洋海岸赤道地區的考古活動，已經發現了來自那個可怕時期的神祕

圖89：陶器上的黑臉巨人

巨石。其中，喬治・海耶（George C. Heye）在厄瓜多發現了巨石頭像，他們有著人類的特徵，但也有尖尖的牙齒，好像兇猛的美洲豹。另一次探險在靠近哥倫比亞邊境的聖奧古斯汀（San Agustin）遺址進行，也發現了巨人石像，其手上有時會拿著工具或武器，而臉部特徵像是非洲奧爾梅克人（見圖90a、b）。

圖90a、90b：聖奧古斯汀的巨人石像

中南美洲的多神信仰

這些入侵者可能是這塊土地上當前流傳的傳說之源頭，這些傳說是關於人類如何被創造、大洪水，以及要求每年以黃金供奉的蛇神。西班牙人記錄下來的儀式之一，是由穿著紅色服裝的十二個人所進行的儀式舞蹈；它是在與埃爾多拉多傳說有關的湖泊岸邊進行的。

赤道地區的當地人信仰十二位神，「十二」這個數字具有重大意義，也是一個重要的線索。領頭的三位神是創造神、邪惡神和母神，另外還有月神、日神、雷雨神。月神的地位在日神之上，這點也很重要。從一地到另一地，神的名字改變了，但是都與天體有關。在那些發音奇怪的名字中，有兩個名字特別引人注意。在奇布查人（Chibcha）的方言裡，眾神之首叫「阿比拉」（Abira，意思是強壯、強大），與中美洲的神名「阿比爾」（Abir）非常相似。我們注意到，月神叫「斯」（Si）或「閃」（Sian），與中美洲名為「辛」（Sin）的神類似。

這些南美原住民的眾神不可避免地使人聯想到古代近東和地中海東部的眾神，包括希臘神、埃及神、西臺神、迦南神、腓尼基神，亞述神和巴比倫神，以及祂們的源頭：美索不達米亞南部的蘇美人，其他人都從那裡獲得了眾神體系和神話傳說。

蘇美眾神由「奧林帕斯圈」（Olympian Circle）的十二位神領頭，因為每個至高之神都要對應太陽系十二天體的其中一個成員。這些神的名字和他們的行星的確是一致的（除了用不同的詞語來描述行星和神的特徵）。

眾神之首是尼比魯星的統治者阿努（ANU），他的名字與「天堂、天國」同義，因為他住在尼比魯星上。他的妻子安圖（ANTU）也是十二位神的一員。在十二位神之外，還有阿努的兩個兒子：艾（EA，他的家是水），他是長子，但不是安圖所生的；恩利爾（EN.LIL，指揮之神），他是繼承人，因為他的母親安圖是阿努的同父異母妹妹。艾在蘇美文獻中也被稱為恩基（EN.KI，大地之主），因為他領導了阿努納奇從尼比魯星來到地球的第一個任務，在伊丁（E.DIN，正直者之家）建立起地球上的第一個殖民地，也就是《聖經》中的伊甸。

他的任務是收集黃金，而地球是一個絕佳的產地。他們把金粉撒在尼比魯星的平流層，並不是為了裝飾或虛榮，而是要保存該星球的大氣層。蘇美文獻（參見本系列的《第十二個天體》等書）中提到，由於恩基採行的最初提煉法成效不佳，恩利爾被派到地球接管指揮。這為兩個同父異母的兄弟及其後裔之間的長期不和埋下種子，最後導致眾神之間的戰爭。他們的妹妹寧蒂擬出一份和平協議，結束了戰爭，而她也從此被改稱為「寧呼爾薩格」（Ninharsag）。

人們居住的地球被分給參與戰爭的各宗族。恩利爾的三個兒子，尼努爾塔（Ninurta，恩利爾的戰士；火星）、辛（Sin，月球）和阿達德（Adad，雷霆；水星），以及辛的龍鳳胎孩子：沙馬氏（Shamash；太陽）、伊師塔（Ishtar；金星），一起得到了閃與雅弗的土地，即閃族（Semites，又稱閃米特人）和印歐人的土地。其中，辛得到了美索不達米亞低地；尼努爾塔得到了埃蘭（Elam，又稱以攔）高地和亞述；阿達德得到了小亞細亞（西臺人的土地）和黎巴嫩；伊師塔得到印度河流域，成為那裡的女神；沙馬氏則被授權負責指揮西奈半島的太空站。

這次的領地劃分並非毫無紛爭。恩基和他的兒子們得到了非洲的含族（Ham，黑褐色人種）土地：這裡有尼羅河谷的文明，以及非洲南部和西部的金礦，是至關重要的珍貴獎賞。恩基身為偉大的科學家和冶金家，其埃及名字叫普塔（Ptah，發展者；在希臘神話中被稱為赫菲斯托斯〔Hephaestus〕，羅馬神話中稱他為伏爾甘〔Vulcan〕）。他與兒子們共同享有這片土地。長子馬杜克（MAR.DUK，光明山丘之子）的埃及名字是「拉」（Ra）；另一個兒子寧吉什西達（NIN.GISH.ZI.DA，生命樹之主）的埃及名字是「圖特」（Thoth；在希臘神話中是赫耳墨斯〔Hermes〕），他是包括天文學、數學在內的神聖知識之神，以及金字塔的建造之神。

由於來到地球的眾神所需，在圖特的領導下，將非洲的奧爾梅克人和有鬍子的近東人帶到世界的另一端，並傳授了眾神的知識。

正如幾千年後的西班牙人一樣，他們在海流的幫助下抵達墨西哥灣沿岸；也跟西班牙人一樣，穿越當地最窄的地段，然後沿著墨西哥的太平洋海岸向南航行到其他地方。因為那裡有黃金，在西班牙時代及其之前的時代皆是如此。

查文德萬塔爾遺址

在印加、奇穆和莫奇卡文明之前，在祕魯北部海岸與亞馬遜平原之間的山區，有一個學者稱為「查文」（Chavin）的文化非常繁榮。它的第一位探索者——胡里奧・特洛（Julio C. Tello）在《查文》（*Chavin*）及其他作品中，稱它為「安地斯文明的母體」，它把我們帶回到至少西元前一千五百年。它就跟同時期的墨西哥奧爾梅克文明一樣，突然就出現了，在其之前並沒有明顯的逐步發展過程。

隨著不斷的新發現，查文文化的巨大覆蓋範圍還在增加。但它明顯是以查文村莊（這個文明由此得名）附近的查文德萬塔爾（Chavin de Huantar）遺址為中心。它位於安地斯山區西北部，布蘭卡（Blanca）山脈海拔一萬英尺的地方。馬拉尼翁河的支流在那裡的山谷中，形成一個面積約三十萬平方英尺的三角形平斜地，適合建造複雜建築物；它們依照一份將當地輪廓和特徵仔細考慮在內的規畫，精確地分布著（見圖91 a）。這些建築物和廣場恰好形成多個矩形和正方形，還以東西為主要軸線。三座主要建築都矗立在高處的階地上，並且背對長約五百英尺的外側西牆。這座牆大約四十英尺高，包圍了建築群的三個面向，並向河流敞開。

最大的建築位在西南角，大約有二四〇英尺乘二六〇英尺，至少有三層（見藝術家的鳥瞰重現圖，圖91b）。它由形狀整齊而無裝飾的石塊，規則地水平排列砌成。正如一些遺址的石板，牆壁的表面十分光滑，就像大理石石板；有些還保留了一些雕刻裝飾。東面的階地上有一個巨大階梯，它穿過莊嚴的大門來到主建築。那道大門的旁邊有兩根圓柱，這個特徵在南美很罕見。這兩根柱子和其他垂直堆放的石塊，一起支撐著一根長約三十一英尺的水平門楣。再往前走，兩條巨大的階梯通向建築的頂端。這些階梯是使用切割整齊的石塊所建成，使人想起埃及宏偉的金字塔。在兩條階梯所通往的建築物平臺上，考古學家發現了兩座塔的遺蹟，但平臺最上面的部分沒有繼續建造。

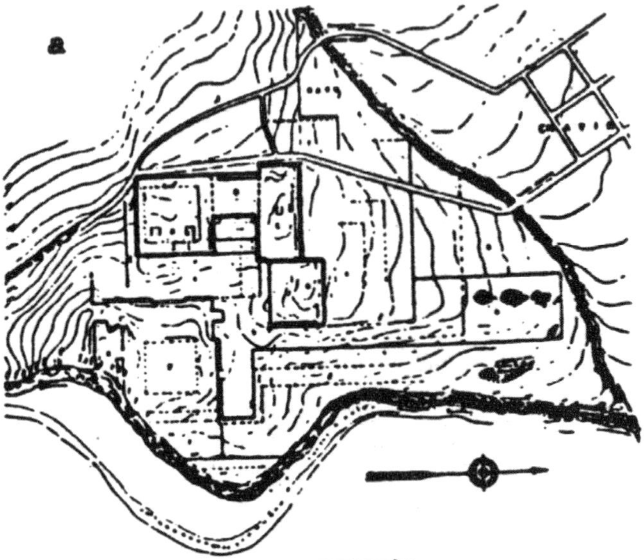

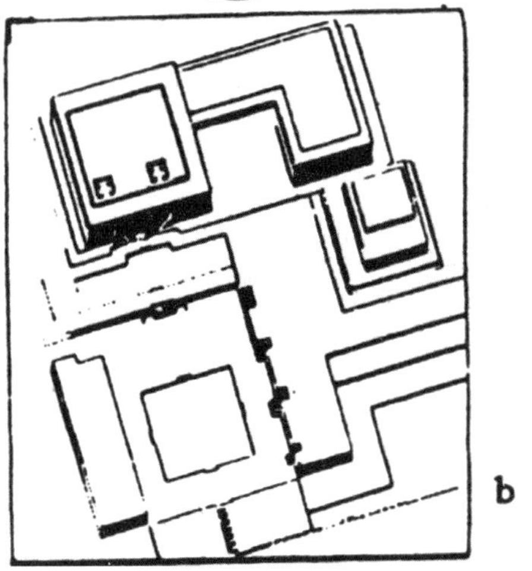

圖91a：查文德萬塔爾遺址建築分布
圖91b：主建築重現圖

東邊的階地是這個建築物所在平臺的一部分，連接（或形成了）一個下沉的廣場。廣場可以從儀式用的臺階抵達，另外三面則被矩形的廣場或平臺所圍繞。就在那下沉廣場的西南角外，與主樓及其平臺的階梯完美對齊的地方，立著一顆大扁石，上面有七個磨孔和一個方形凹洞。

建築內部的精細程度更甚於外部。三棟建築物裡有走廊和迷宮似的通道，交錯連結了大走廊、房間、樓梯，還有死胡同，因此被人們稱為迷宮。一些走廊的兩側是光滑的石板，處處裝飾精美。所有通道的上方都覆蓋著精心挑選的石板，其創造性的擺放方式確保了它們可維持千年不垮。有一些用途不明的凹洞和突出物，還有一些垂直或傾斜的通道，考古學家認為它們應該是用來通風的。

建造查文德萬塔爾的目的是什麼呢？唯一可能正確的解釋是，它是像古代「麥加」一樣的宗教中心。在現場發現的三個引人入勝且神祕的遺物強化了這個說法。胡里奧·特洛在該遺址裡發現了圖樣複雜的雕像——特洛方尖碑（Tello Obelisk，見圖92a、b），其人面、人身，與貓

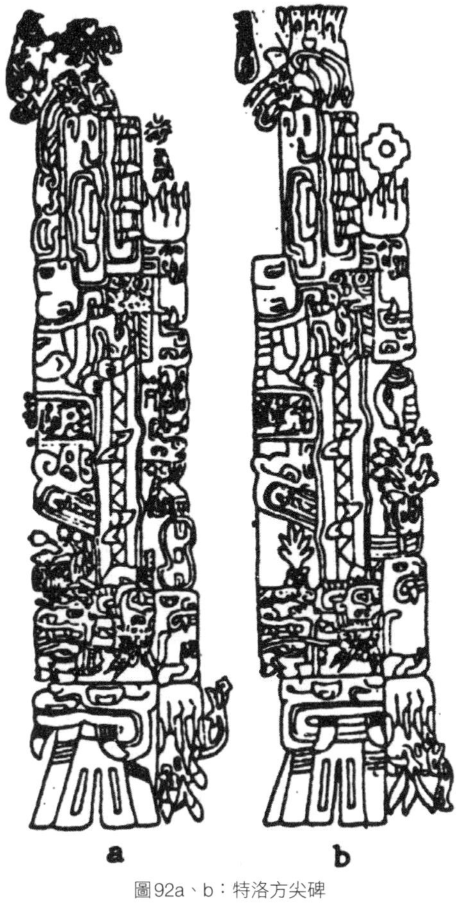

圖92a、b：特洛方尖碑

爪、尖牙或翅膀的結合，令人不解。上面有動物、鳥類、樹木，光芒四射的神，和各種幾何圖形。這是用來崇拜的圖騰柱，還是一位古代的「畢卡索」（Picasso）試著在一根柱子上表現所有的神話和傳說？目前還沒有人能給出一個合理的答案。

第二個是在附近發現的石雕，並以它的發現者來命名：「雷蒙迪．莫納利斯」（Raimondi Monolith，見圖93）。人們認為它原本是被放在下沉廣場的西南邊，帶有溝槽的石頭上面，與那巨大的階梯對齊。現在，它被放在祕魯的首都利馬展出。

古代藝術家在這個七英尺高的大柱子上，刻了一個兩手拿著武器（有人認為是閃電）的神。神的身體和四肢雖然不完全跟人類相同，卻很類似，但臉部則完全不一樣。這讓學者們感到疑惑，因為這張臉沒有當地生物（像美洲豹）的表現或風格。相反的，它應該是古代藝術家對於學者所稱的「神話動物」的認知；藝術家曾聽說過這種神話動物，但沒有親眼見過。

在我們看來，這應該是牛的臉。牛在古代南美洲根本就不存在，但是牠對古代近東的全部傳說和神像有極大的影響。我們認為它就是阿達德的「膜拜動物」，而直到今天，在阿達德的小亞細亞領地中的那座山，仍被稱為金牛座山（Taurus Mountains，編按：通常音譯為托魯斯山脈）。

查文德萬塔爾第三個不尋常的神祕石雕，叫做蘭松（El Lanzon），形狀像長矛（見圖94）。它在中間的建築裡被發現，並一直留在那裡。由於它的高度（十二英尺）超過所處的十英尺高長廊，因此這塊巨石透過一個仔細挖鑿的方形開口，穿到屋頂外面。巨石上的圖案引起許多猜測，在我們看來，它似乎再次描繪了人形化的公牛臉孔。這座石雕的歷史顯然早於該建築物，因為那棟建築物是為了容納石雕而建造的；而這是不是代表建造石雕的人崇拜的是公牛神？

大體說來，使學者們印象深刻的，是這些製品高度的藝術性，而不是它們複雜罕見的結構。因此他們認為查文文化是中南祕魯的「母體文化」，並相信這個遺址是個宗教中心。不過，最近在查文德萬塔爾的發現顯示，它好像也具有非宗教性的實用目的。最近，人們挖掘出一條在天然

圖94：名為蘭松的石雕

圖93：雷蒙迪．莫納利斯石碑

岩石中鑿出的地下隧道。它們在整個遺址的下方呈蜂窩狀分布，包括有建築的地方和沒有建築的空地，它們像鏈子一般把許多地下隔間連結起來（見圖95）。

這些地道的出口很令人費解，因為它們似乎連接著遺址旁的兩條支流。由於地勢的關係，一條河在遺址上方，另一條河在遺址下方的山谷。有些學者提出，這些地道是用來防洪的。當冰雪融化，水從山上奔湧而來，地道能將水從建築下方引開，避免沖到上面的建築物。但如果真有洪水的威脅（在大雨之後，而不是雪融之後），這些天才建築家為什麼要在這麼脆弱的地方建造這些設施呢？

我們認為，他們是刻意這麼做的。他們巧妙利用了兩條河的落差來創造一股受控制的強大水流，這是在查文德萬塔爾進行的處理程序所需要的。就跟其他遺址一樣，這種流水設施是用來淘金的。

我們在安地斯山區會看到更多這些巧妙的流水設施；例如，在奧爾梅克遺址的是它的原始形式。它是墨西哥複雜建築工程的一部分，也是查文德萬塔爾等大型遺址裡的傑作，有時它會留下令人難以置信的切割造形石塊，就像伊夫瑞．喬治．斯奎爾在查文地區看到的那樣（見圖96），似乎曾經用於一些不復存在的超現代機械。

這些石製品（不是建築物，而是那些藝術品），似乎為當時是誰待在查文德萬塔爾這個問題，提供了答案。其藝術技巧和石雕風格，與墨西哥的奧爾梅克藝術驚人地相似。這些迷人的物品，包括美洲虎容器、長貓爪的牛、鷹、烏龜盆，還有大量花瓶，以及其他裝飾著毒牙纏繞圖案的物品——這個圖案也被用來裝飾牆板和文物（見圖97a）。但是，有些石板裝飾的是埃及式圖案：蛇、金字塔和拉神之眼（見圖97b）。儘管這些不同之處無關緊要，但是還有一些石塊殘片上刻的是美索不達米亞的裝飾圖案，像是翼碟（見圖97c），或是刻在骨頭上的，戴著圓錐形頭飾的神像；人們通常用這種頭飾來識別美索不達米亞神（見圖97d）。

圖96：奇特的切割造形石塊

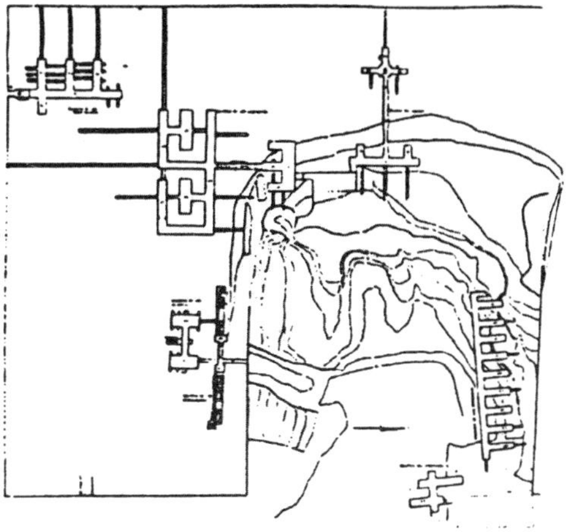

圖95：查文德萬塔爾的地道分布圖

圖97a：裝飾毒牙纏繞
圖案的文物

a

b

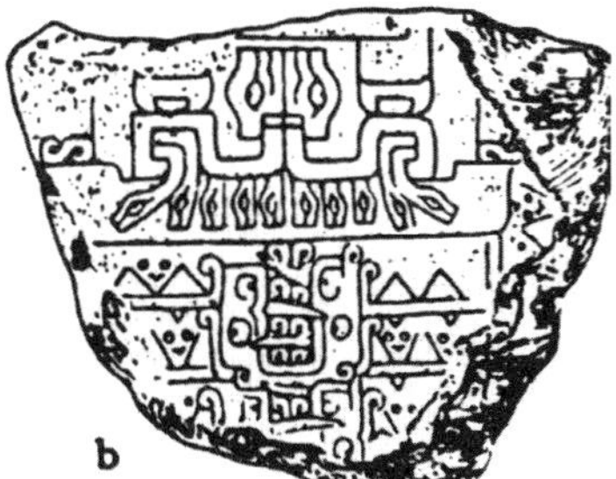

圖97b：埃及式圖案

c

d

圖97c：常見於美索不達米亞的翼碟圖案

圖97d：戴著圓錐形頭飾的神像

這些戴著圓錐形頭飾的神，有著「非洲人」的臉部特徵，而且被刻在骨頭上，可能代表著該遺址最早的雕刻藝術。難道非洲人（黑人、埃及努比亞人〔Nubian〕）在最一開始曾出現在南美地區嗎？不可思議，答案居然是「是的」。在此處和附近的遺蹟（尤其是在塞欽〔Sechin〕）確實有過非洲黑人，而且他們留下了自己的肖像。所有遺蹟裡都有許多描繪這些人的石雕。大多數情況下，他們手裡都拿著某種工具，而「工程師」會與水利工程的象徵連結在一起（見圖98）。

在通往山區查文遺址的那些海岸遺址中，考古學家發現了泥雕頭像，而不是石雕頭像。它們肯定代表的是蘇美來訪者（見圖99）。其中一個和亞述的雕像極為相似，它的發現者烏貝洛德．多林在其著作《印加皇家大道》（*On the Royal Highway of the Incas*）中，為它取了「亞述王」的綽號。但是這些來訪者不一定有到達高地的遺址，至少沒有活著到那裡。在查文德萬塔爾所發現的具有閃族特徵的石雕頭像，大多面目猙獰或有殘缺，被當成戰利品塞在遺址的圍牆裡。

圖98：非洲黑人留下的肖像

查文文化的時代顯示了，來自舊大陸的第一批奧爾梅克和閃族移民，大約在西元前一千五百年來到這裡，當時是古帝國第十二任國王的統治時期，就像蒙特西諾斯記載的，「消息傳到庫斯科，一些身材高大的人登陸了……在整個海岸定居下來。」這些人擁有金屬工具。一段時間後，他們進入內陸到達山區。國王派跑者去打探消息，瞭解巨人前進的情況，以防他們靠首都太近。結果，這些巨人激怒了天神，被消滅了。這些事件發生在西元前一千四百年太陽靜止之前，也就是西元前一千五百年，正好是查文德萬塔爾的水利工程的建造時間。

需要指出的是，這和編年史學家加爾西拉索·德·拉·維加提到的，那些巨人掠奪當地並侵犯婦女的事件，並非同一件事。後者發生在西元前四百年左右的莫切（Moche）時代。正如我們提過的，在那段時間確實有奧爾梅克和閃族人一起逃離中美洲。但是他們在安地斯山區北部的命運並沒有什麼不同。在查文德萬塔爾除了發現了怪異的閃族石雕頭像，在整個地區還發現了關於殘缺的黑人軀體的描繪，特別是在塞欽地區。

因此，非洲人和閃族人在安地斯山區北部大約存在了一千年，在中美洲大約存在了兩千年，但是下場悲慘。

圖99：蘇美來訪者雕像

來自近東的英雄

儘管有一部分非洲人可能到了更南部的地區，但是在蒂亞瓦納科的發現，證明了非洲人和閃族人從中美洲擴張到安地斯山區時，似乎沒有超出查文文化地區。巨人被神消滅的故事可能是一個核心關鍵。很可能是安地斯山區北部兩位神的領地相鄰，但統治範圍和人類下屬之間沒有可見的界線。

我們會這麼說，是因為在同一個地區還有其他白人存在。他們的半身石像（見圖100）穿著高貴的服飾，頭戴象徵權力的頭飾或髮帶，並裝飾有學者們所稱的「神話動物」。這些半身雕像大部分是在查文附近的亞加（Aija）遺址中被發現。他們的臉部特徵，尤其是直鼻子，表明他們是印歐人。他們只有可能來自小亞細亞地區和埃蘭，以及再往東的印度河河谷。

這些人有可能在史前時期從遙遠的地方，跨越太平洋來到安地斯山區嗎？一個不斷被轉述的近東英雄故事，可以證實這種關聯。他就是西元前二千九千多年的烏魯克（《聖經》中的以力）國王吉爾伽美什（Gilgamesh）。他去尋找大洪水故事裡被眾神賜予不朽的那位英

圖100：白人的半身石像

雄。《吉爾迦美什史詩》（*Epic of Gilgamesh*）講述了他的冒險經歷；這部史詩在古代從蘇美語被翻譯為近東其他各種語言。他的英雄事蹟之一，是赤手空拳與兩隻獅子摔角，最後將牠們殺死。古代的藝術家最喜歡畫這個故事，一個西臺紀念碑上刻的就是這個故事（見圖101a）。

令人驚訝的是，相同的雕刻作品出現在安地斯山區北部的亞加（見圖101b）和附近的查文德萬塔爾（見圖101c）遺址的石板上！

在墨西哥和中美洲都沒有發現這些印歐人的蹤跡，因此我們必須假設他們是直接跨越太平洋來到南美洲的。如果傳說可以當作指引，他們抵達的時間應該早於先前兩次的非洲「巨人」

a

圖101a：西臺紀念碑上的吉爾迦美什與獅子摔角的故事

b
圖101b：亞加石板上的雕刻

c

圖101c：查文德萬塔爾石板上的雕刻

和地中海蓄鬍人，可能就是納拉姆普傳說中的最早定居者。

傳統的登陸地點是聖埃倫娜半島（Santa Elena，在現今的厄瓜多），它與附近的拉普拉塔島（La Plata）凸出於太平洋上。考古挖掘證實，那裡確實曾有人居住過，大約開始於西元前兩千五百年的瓦蒂文（Valdivian）時代。著名的厄瓜多考古學家埃米利奧·埃斯特拉達（Emilio Estrada），在《最後的史前文明》（*Ultimas Civilizaciones Pre-Historicas*）中提到，在當地發現了具有相同直鼻子特徵的石頭雕像（見圖102a），還有陶器上的符號（圖102b）是西臺象形文字的「神」字（圖102c）。

造形複雜難解的那些巨石

值得注意的是，安地斯山地區的巨石結構，就如我們在庫斯科、沙克沙華孟和馬丘比丘看到的，全都在兩位神的領地之間看不見的分界線南邊。

那些巨石的手工建造者（印歐人）難道是在神的領導下工作的？從查文的南部（見二一五頁，圖96）開始，一直往南到烏魯班巴河谷及其他地方，到處都留下了建造者的標記。他們到處淘金，收集金子。每個地方的岩石都好像是柔軟的油灰，被切挖成通道、隔間、凹壁，還有那些遠看像是通往未知之處階梯的平臺；隧道通向山腰；岩石的裂縫被拓寬成走廊，其壁面是光滑

圖102b：陶器上有符號

圖102a：有直鼻子的石頭雕像

圖102c：這個符號是西臺象形文字的「神」。

的，或是以精確的角度成形。在每個地方，居民都可以從下面的河裡獲得需要的水。精心設計的漏斗和水渠設置在較高的地點，使得泉水、支流或雨水可以流向設定好的方向。

薩伊蒂魯米華斯（Sayhuiti-Rumihuasi）遺址坐落在庫斯科的西部到西南部，就在往阿班凱鎮（Abancay）的路上。它和其他這類遺址一樣，坐落在一條河和一條小溪的交匯處。這裡仍然保留著擋土牆，是曾經豎立在此的大型結構的遺蹟。正如路易斯・帕爾多（Luis A. Pardo）在針對該遺址的研究《薩伊蒂的巨石》（*Los Grandes Monolitos de Sayhuiti*）中所指出的，這個名字在當地母語中的意思是「截斷的金字塔」。

這個遺址因為擁有許多巨石而出名，尤其是叫「巨型獨石」（Great Monolith）的那一塊。這個名字很貼切，因為從遠處看，這塊大岩石就像是放在山丘上的一顆又大又亮的蛋，體積大約為十四乘十乘九英尺。然而，它的底部被切成橢圓形，上面雕刻的部分是一些未知區域的比例模型。可以辨認的出來的有微型圍牆、平臺、階梯、通道、隧道、河流和運河；多變化的結構，一些代表建築物之間的凹壁和臺階；祕魯當地各種動物的圖像；看起來像戰士的人像，可能還有一些神像。

有人認為這個模型是一個宗教作品，用來崇敬刻在上面的神；另一些人認為，它代表了祕魯的一部分，涵蓋三個地區，向南延伸到的的喀喀湖（他們在石刻上辨認出一座湖），再到非常古老的蒂亞瓦納科遺址。那麼，這是一張刻在石頭上的地圖嗎？還是那位規畫了這些要建造的布局和結構的大工匠所做的比例模型？

可能的答案藏在模型上那些一到二英寸寬的溝槽中。它們全部起自整體結構中最高點的「盤子」，並向下傾斜，纏繞又曲折地到達雕刻模型最低邊緣處的排放孔。有些人認為這些溝槽是用來給祭司倒入藥水（古柯汁），做為獻給岩石上眾神的祭品。但是，如果建築師本身就是神，那麼他們的目的是什麼呢？

這些意義豐富的溝槽，也是另一個巨大岩石露頭的特徵，這塊岩石已經被精確切割成多個幾何形狀（見圖103），將其表面和側面分成臺階、平臺和一連串的凹洞。有一側已經被切刻，在上層形成小「盤子」；它們連接到更大的貯藏室，有一條深深的渠道從那裡往下，在中途分成兩條溝。不管人們將什麼液體倒入被挖空的岩石，這些液體都可以透過後面的入口進入岩石內部。

該遺址上的其他遺蹟，可能是從更大的石板掉下來的，上面複雜而精細的幾何形凹槽和切入其中的空洞令人困惑；它們很像是鑄造一些超現代儀器的模具或基體。

另一個更有名的遺址叫肯可（Kenko），在沙克沙華孟的東邊。「肯可」在當地語言中表示「彎曲的通道」。那裡的主要旅遊景點是在墩座上的一塊巨石，那個墩座也許是代表一隻後腿直立的獅子或其他大型動物。巨石的周圍環繞著一圈六英尺高的美麗方石圍牆。巨石佇立在一個天然岩石前方，而圓形圍牆像鉗子一樣伸向岩石並止於這塊巨石。岩石的後面已經被切鑿並打造成幾個平面，還有高低交錯的平臺把這些平面連接起來。岩石上有人工打磨成的斜面，刻了蜿蜒的通道，而岩石內部被挖空，形成迷宮似的隧道和空間。旁邊，岩石上的一條裂縫通向一個洞穴似的開口，這個開口被挖成一個精確的幾何形狀，有人把這種特徵的開口形容為王座和祭壇。

圖103：被精確切割成多個幾何形狀的岩石

沙克沙華孟是淘金設施？

在庫斯科－沙克沙華孟周邊，從聖谷（Sacred Valley）到東南方向的黃金湖（Golden Lake），還有很多這類遺址。一個叫特倫托伊（Torontoy）的遺址上，在其切割精細的巨石塊裡，有一塊有三十二個角。距離庫斯科約五十英里處，靠近特倫托伊的地方，有個人造瀑布從兩座牆之間的五十四級「臺階」流下，這些臺階全是在原生岩石上鑿出來的。深具意義的是，這個遺址名叫柯里華瑞奇那（Cori-Huairachina），意思是熔煉黃金的地方。

庫斯科的意思是「肚臍」，而沙克沙華孟確實好像是所有遺址中最大的中心部分。這種中心性可以從沙克沙華孟往西十英里處的潘帕德安塔（Pampa de Anta）得到證明。在那裡，陡峭的岩石被切成一連串臺階，形成一個大的新月形（因此這塊岩石被稱為奎拉魯米〔*Quillarumi*〕，意思是月亮石）。那裡除了東邊的天空外，沒有什麼可看的風景，洛夫．穆勒在《印加帝國的太陽、月亮和施泰納》（*Sonne, Mond und Steiner über dem Reich der Inka*）中斷定它也許是天文臺，會設在此處是為了向沙克沙華孟報告天文資料。

既然「沙克沙華孟是印加人建造的堡壘」的說法不足為信，那它是用來做什麼的呢？在幾年前展開的新考古挖掘成果出來後，那些天然岩石上迷宮般的複雜通道和看似隨意的挖口，終於有了合理的解釋。儘管目前所發現的光滑石塊，只是平原上的一小部分，但是它們已經展示了遺址的兩個主要特徵。一個是那些牆壁、水管、貯藏室、通道之類的結構，都是用原生岩石和精細造形的方石建造的，很多方石的形狀都屬於巨石時代的多面形；最後，它們形成縱橫交錯的水道結構，控制雨水或泉水依要求從一級流到另一級。

人們在這裡發現了一個被巨石塊圍繞著的巨大圓形區域，許多人認為這是蓄水池。另一個發現是由巨方石建造的水閘室，它位在地下一層，可以讓水從圓形蓄水池流出來。那些到這裡玩耍的孩子證實，從這個水閘室流出來的水，會流向圓形區域後方那個用當地岩石雕刻出來的琴加那迷宮。

早在這個屹立在海角上的綜合建築群被發現之前，就已經知道人們曾將一些礦物或化學化合物倒在羅達德羅石上，使其光滑的背面變色。那會是含有黃金的土嗎？它們被倒入這個圓形大蓄水池。從另一側，水被強制流動。整體看起來好像是大規模的淘金設施。最後，水從水閘室流出來，在迷宮中穿行。在石缸裡，剩下的只有黃金。

那麼海角邊緣那些巨石製成的鋸齒形高牆，要防護、支撐的又是什麼呢？對於這個問題，仍然沒有明確的答案。我們推測那是用來拖運礦石並帶走金塊的機載車輛，所需要的大型平臺。

奧蘭太坦波的巨石構造

在沙克沙華孟西北方大約六十英里處，有一個可能具有類似運輸功能的地方——奧蘭太坦波（Ollantaytambu）。這個考古學的遺址位在一個陡峭的山岩頂端，比聳立於烏魯班巴－維卡納塔河（Urubamba-Vilcanota）和派特坎查河（Patcancha）交匯處的山間懸崖更高。它以山腳下的村落為名，意思是「奧蘭太（Ollantay）的安息地」，源於一位印加英雄在那裡準備對抗西班牙人的時期。

幾百級粗糙的石階連接了一連串印加時期建造的平臺，並通往山頂上的主要廢墟。據推測，那裡曾是一座堡壘，也確實有一些由粗石建造的印加牆壁結構的遺蹟。與旁邊源自印加之前的巨石時代的結構相比，它們看起來既粗糙又醜陋。

這些巨石建築的第一部分是一面防護牆，它是由像前面提到的、巨石遺址裡找到的那種形狀極美的多面形石塊建成的。穿過一條由單一石塊鑿出來的通道，就到達由第二面防護牆支撐的平臺。這面防護牆是用尺寸較大的多面形石塊建造的。這面牆的一側延伸成為帶有十二個梯形開口的外層——其中兩個是門道，另外十個是假窗口。或許這就是為什麼路易斯．帕爾多在《奧蘭太坦波，巨石之城》（*Ollamtaitampu, Una ciudad megalitica*）中，把這個建築稱為「中心神殿」的原由。在牆的另一側，豎立著一個形狀完美的大門（見圖104），在那個時代是（現今已不是）通向主建築的路徑。

奧蘭太坦波最大的謎團，是一排立在最頂層平臺上的六塊大巨石。這些巨石高十一到十四英尺，平均寬度六英尺多，厚度介於三到六英尺多之間，各不相同（見圖105）。它們沒有使用砂

圖104：形狀完美的大門遺蹟

圖105：平臺上的六個大巨石

漿或其他黏結材料，而是借由嵌入石塊之間的長石塊結合在一起。就像在庫斯科和沙克沙華孟一樣，當石塊的厚度不到最大厚度（六英尺多）時，施作者會將大的多面形石塊調整嵌合在一起，以形成相等的厚度。

然而，巨石塊在前面組成一面獨立的牆，朝向東南方，表面被精心打磨出微微的弧度。這些石塊中，有兩塊還帶有已被風化的浮雕裝飾。從左邊數過來的第四個石塊上面，有著顯然是階梯的符號。所有考古學家都同意，這個符號起源於的的喀喀湖的蒂亞瓦納科，象徵著從地球上升到天國，或者正好相反，象徵著從天國降到地球。

巨石的側面和表面上的側柱及突起，還有第六塊巨石頂端的階梯形切刻，都暗示著這一個結構體還沒有完成。事實的確如此，各處都散落著形狀各異、大小不一的石塊。一些石塊曾被鑿刻和造形，上面有完好的轉角、凹槽和角度。其中一塊提供了一個很重要的線索：上面被刻了一個很深的「T」字形（見圖106）。所有曾在蒂亞瓦納科的巨石塊中發現此類切刻的學者，都會同意這個凹槽的目的是要用一個金屬夾將兩個石塊固定在一起，以做為對抗地震的預防措施。

為什麼學者們一直認為這些遺址是由印加人建造的？他們除了黃金以外，並沒有其他金屬，但黃金太軟了，根本不適合用來固定那些在地震中會搖晃的巨石塊。另一種看法是，印加統治者建造這個巨大建築來當作大浴池，因為洗澡是他們所珍視的樂趣之一，但這種解釋也太過天真了。山腳下就有兩條河流，他們為什麼要拖運巨石（其中一些重達兩百五十噸）到山上蓋浴池？而所有這一切，能夠在沒有鐵器的情況下完成嗎？

圖106：石塊上的T字形

奧蘭太坦波是登陸點？

對於那六個成排石塊的解釋比較嚴謹：它們是一面精心設計的防護牆的一部分，可能是用來支撐山頂的一個大平臺。若真是如此，這些石塊的巨大規模，讓我們想起了黎巴嫩山脈的巴勒貝克（Baalbek）當地那些用來建造獨特平臺的巨大石塊。在《通往天國的階梯》裡，我們描述並檢視了那個巨石平臺，認為它是吉爾伽美什的第一個目的地「登陸點」，也就是阿努納奇的「空中飛船」登陸點。

我們發現，奧蘭太坦波和巴勒貝克之間有許多相似處，包含了巨石的來源。巴勒貝克的巨石塊是從很遠的山谷挖來的，然後令人難以置信地被舉起來、運送，並放到一個固定的位置，與平臺的其他石塊鑲嵌在一起。在奧蘭太坦波，這些巨石塊是從山谷另一面的山坡上挖出來的。那些沉重的紅色花崗岩石塊被挖出來，鑿成特定形狀後，從那座山坡開始，越過兩條溪流，往上運到奧蘭太坦波。然後，這些石塊再被小心翼翼地抬起來放到準確的位置，與其他石塊嵌合在一起。

那麼，奧蘭太坦波究竟是誰的傑作？加爾西拉索・德・拉・維加寫道：它「來自於印加之前的第一個紀元」。布拉斯・瓦勒拉也說：「它來自印加之前的時期……印加之前的眾神時代。」現代學者應該同意這一點。

我們也該意識到，這些神和近東傳說中建造巴勒貝克的那些神，是一樣的。

奧蘭太坦波本來就被設計成一座堡壘嗎？就像沙克沙華孟可能是的那樣，或者它跟巴勒貝克一樣，是阿努納奇的登陸點？

在之前的書中，我們已經提到，阿努納奇在決定太空站和登陸點時，會先在突出的地理特徵（例如亞拉拉特山），錨定一個登陸走廊。該走廊內的飛行路徑會精確地與赤道傾斜四十五度角。在後洪水時代，太空站設在西奈半島，巴勒貝克則是空中飛行器的登陸點，它們也是遵循相同的座標模式。

馬丘比丘的石塔除了在半圓形部分有兩個觀測窗口以外，還有另一個神祕的窗口（見圖107）。它的底部有一個倒置的梯形開口，頂部有一個楔形縫。我們的研究證明，從神聖岩石穿過這個楔形縫到英帝華達納的一條直線，正好與方位基點成四十五度角，從而為馬丘比丘確立了主要的定位。這個四十五度的方向，不僅決定了馬丘比丘的布局，也決定了大部分古代遺址的地點。如果你在地圖上畫一條線，從的的喀喀湖的太陽島連接到維拉科查的傳奇停靠站，它會穿過庫斯科並來到奧蘭太坦波，恰巧與赤道成四十五度角！

瑪麗亞．舒爾滕．德埃布內特（Maria Schulten de D'Ebneth）對此做了一系列的研究和演講，並總結在《維拉科查路線》（*La Ruta de Wirakocha*）中。她表示，馬丘比丘所在的這條四十五度角線，符合傾斜度為四十五度的正方形其中一邊（因此是尖角指向方位基點，而非側邊）。她坦言稱，她是受到薩卡馬華《聯繫》一書的啟發。關於三窗傳說，薩卡馬華畫了一個草圖（見圖108a）來說明，並為每個窗口取了名字：Tampu-Tocco、Maras-Tocco和Sutic-Tocco。

圖107：馬丘比丘石塔的神祕窗口

當瑪麗亞把這個傾斜的正方形放在庫斯科到烏魯班巴這片區域的地圖上，並把正方形的西北角置於馬丘比丘時，她發現其他地方都處在正確的位置上。她畫了一些線條，顯示一條起自蒂亞瓦納科的四十五度線，結合確切測量的正方形和圓形，其中涵蓋了蒂亞瓦納科、庫斯科到基多的所有重要古代遺址，也包括最重要的奧蘭太坦波（見圖108 b）。

她的另一個發現也同樣重要。她計算了四十五度中心線與帕查卡馬克神廟這些遠處遺址的角度，顯示出在規畫這個座標圖示時，地球的傾斜角度接近二十四度八分（24° 08’）。她認為，這個座標圖示是在她進行測量的一九五三年之前的五千一百二十五年規畫的，換句話說，是在西元前三一七二年。

這一判定證實了我們的結論：這些巨石結構屬於金牛宮時代，也就是西元前四千年到西元前兩千年之間。把現代的研究結果與編年史學家提供的資料結合起來，它便可以確認傳說中不斷重複的內容：

一切都起源於的的喀喀湖。

圖108a：薩卡馬華所畫的草圖

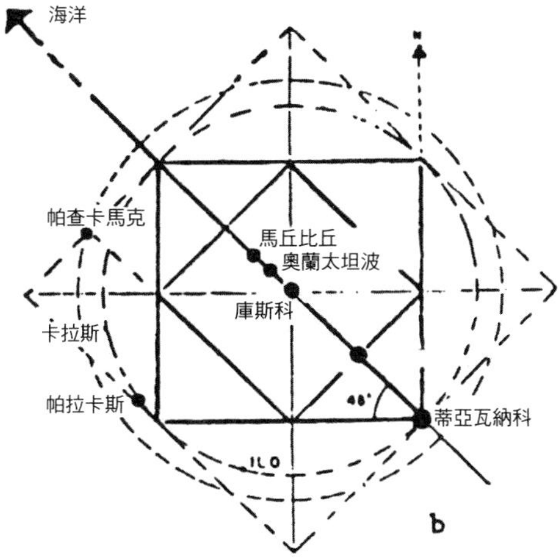

圖108b：瑪麗亞所畫的測量圖

10．「新大陸的巴勒貝克」

在安地斯山區每個傳說的每個版本，都是從的的喀喀湖講起的——那是偉大的維拉科查神展示創造力的地方，那是人類在大洪水之後再度出現的地方，那是印加人的祖先揮舞著金棒建立安地斯山文明的地方。如果你認為這些都是虛構的，那麼我們還有一個事實可以證明它的真實性，那就是在的的喀喀湖的沿岸，曾建立起美洲大陸上第一個最宏大的城市。

自從第一位編年史學家為歐洲人描述蒂亞瓦納科以來，它的範圍、巨石的尺寸，紀念碑和雕像上錯綜複雜的雕刻，都讓所有見過它的人感到驚訝。每個人都想知道，到底是誰又是如何建造了這個獨特的城市，也對其不為人知的古代歷史感到困惑。最讓人迷惑不解的是建造地點本身：一個貧瘠的、幾乎沒有生命跡象的地方，高度大約一萬三千英尺（四千公尺），還包括終年被積雪覆蓋的安地斯山脈最高峰。為什麼那些人要耗費令人難以置信的努力，從數英里之外挖掘石塊並運過來，在這一個狂風肆虐的無樹之地，建造如此巨大的建築物？

的的喀喀湖的地理位置

當伊夫瑞·喬治·斯奎爾在一個世紀前來到這座湖時，突然冒出一個念頭。他在《祕魯圖錄》中寫道：「的的喀喀湖中的島嶼和礁石大多都是貧瘠的。湖中有很多奇特的魚類，是用來供給這個地區居民所需的日常飲食。因為這裡沒有適合大麥成熟的良好環境，玉米只能在很小的區域內不穩定地生長，這裡生產的馬鈴薯也比其他地方的更小、更苦。此處唯一能生長的穀物是奎奴亞藜（quinoa），能當作食物食用的動物有地穴兔、美洲駝和小羊駝。」但是在這個寸草不生的世界裡，他補充道：「如果有當地人做嚮導，我們就很容易發現印加文明的源頭……最初的文明記憶被雕刻在大石塊上，留在蒂亞瓦納科平原，全都是古代巨人在一夜之間留下來的作品。」

然而，當斯奎爾爬上一個峭壁，俯視的的喀喀湖和那些遠古遺址時，另一個想法又浮現了。這裡是否因為它的與世隔絕、被山峰環繞、山峰之間的景觀，而被選中的？從湖泊所在的平原西南邊緣的山脊上，湖水經由德薩瓜德羅河（Desaguadero）河向南流出的地方，他不僅看到湖泊南邊的半島和島嶼，還有東邊的雪峰。

斯奎爾在文字旁邊搭配了一張自繪的草圖：「在這裡，連綿不斷的安地斯山脈將它的壯麗全部展現在我們的視野裡。阻斷湖水的是伊良普山（Illampu）的巨大量體，它是美洲大陸的王冠、最高峰，在高度上不亞於喜馬拉雅山區的一些山峰；觀測者們估計，它的海拔大約有兩萬五千英尺至兩萬七千英尺。」從凸出的伊良普山地標往南，連綿不斷的山脈和峰巒「終止於海拔兩萬四千五百英尺的伊宜馬尼山（Illimani）」。在斯奎爾所在的西部山脊邊緣，與東邊的巨大山脈之間，是被湖泊及其南邊水岸占據的平坦凹地。斯奎爾繼續寫道：「在這個世界上可能沒有其他地方，能從一個地點觀看到如此多樣和宏大的全景。在廣闊的祕魯和玻利維亞腹地，有自成一體的水系、河流與湖泊，平原和高山，這一切都被科迪勒拉山（Cordilleras）和安地斯山脈所包圍，看上去像是一幅地圖。」（見圖109）

難道這些地理和地形的特徵，就是遺址被建在這裡的原因？在大平原的邊緣有兩座聳入雲霄的山峰，就像是亞拉拉特的兩座姊妹峰（一千七百英尺和一千三百英尺），還有埃及的兩座吉薩金字塔，難道它們都是用來標示阿努納奇的登陸路徑？

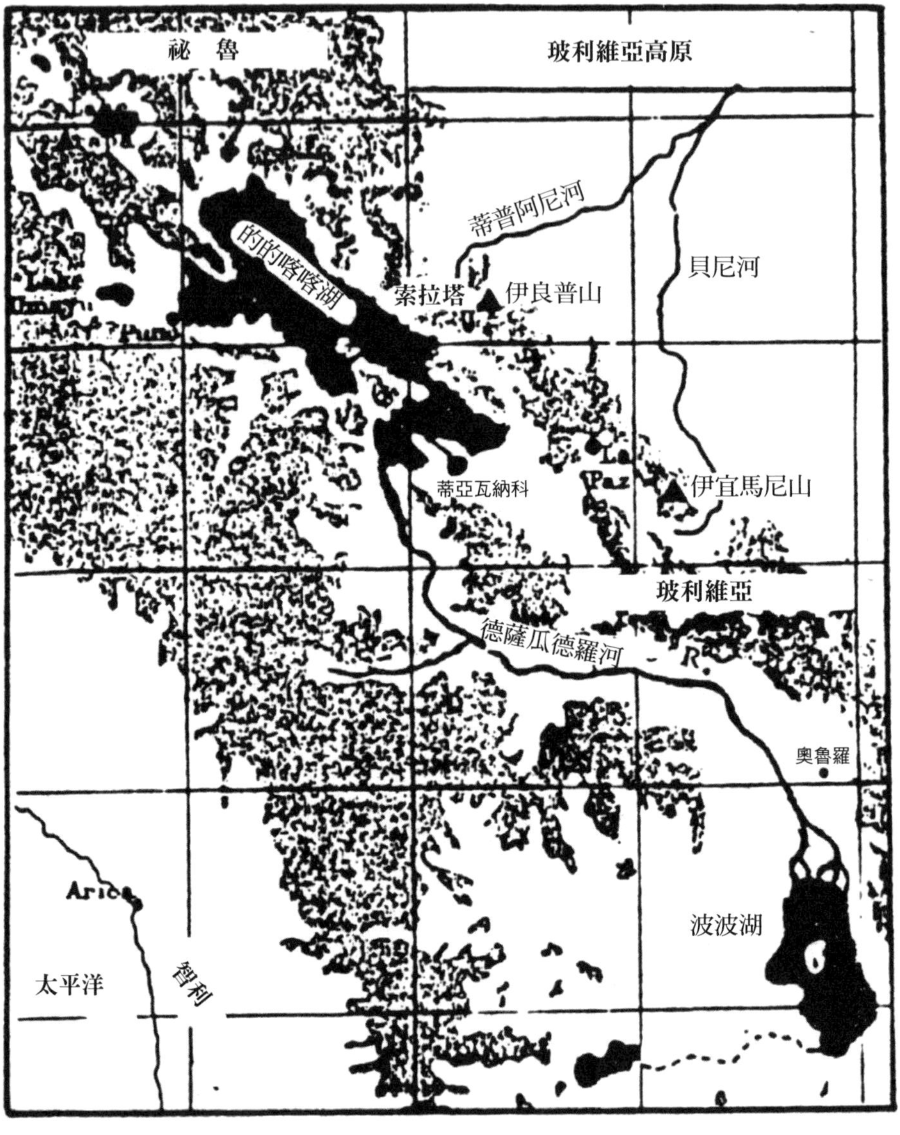

圖 109：的的喀喀湖周邊俯瞰圖

蒂亞瓦納科遺址

斯奎爾沒有意識到，他已經建立起一個假說，因為他在文稿的標題中，將古代遺址描述為「蒂亞瓦納科，新大陸的巴勒貝克」；因為那是他唯一能夠想到的比喻：將它與我們確定為阿努納奇登陸點的地方做比較，而且吉爾伽美什在五千年前就邁出了第一步。

亞瑟・波斯南斯基無疑是這個世紀在蒂亞瓦納科及其遺址方面最為偉大的探險家，他待在歐洲時曾是一名工程師，後來移居到玻利維亞，並將畢生精力都投入到揭開這些遺蹟之謎的工作中。早在一九一〇年，他就抱怨道，由於當地人、首都拉巴斯的建築工人，甚至是政府本身，為了建造鐵路，不顧這些大石塊的藝術價值和考古價值，就將它們移走，並隨意地當作普通的建築材料使用，每次再度造訪，他都會發現保留下來的文物又變少了。

在半個世紀之前，斯奎爾也發出了同樣的抱怨。他注意到，在科帕卡巴納半島上最近的城鎮中，教堂和居民的住所都是使用從古代遺址那裡搬來的大石塊建造的。他發現，甚至是拉巴斯的大教堂，也是用蒂亞瓦納科的石塊建造的。而那些少部分依然保留的遺址（**主要是因為石塊體積巨大，無法搬運**），讓斯奎爾印象深刻。這些都是與埃及和近東文明同時代的文明遺蹟，卻在印加時代開始之前就已經消失了。

這些遺址的結構和遺蹟，顯現出它們都是出自那些具有獨特、完美且和諧建築風格的人們之手，然而，卻「沒有青澀期，也沒有經歷任何成長時期」。難怪印第安人會告訴西班牙人，這些文物是一夜之間被巨人留下的。

謝薩・德・萊昂於一五三二年至一五五〇年間，曾經遊歷現今的祕魯和玻利維亞等地，他在《祕魯編年史》中提到，毫無疑問，蒂亞瓦納科遺址是「我描述過的最古老的遺址」。在這些建築物中，讓他驚奇的是，「在一個巨大的石基上，山被做成了一個人的手的樣子」，它的底部超過九〇〇英尺乘四〇〇英尺，高度大約一百二十英尺。在後面，他看見「兩個具有人類形狀和輪廓的石像，臉部的雕刻非常精細，可以看出它是出自一些能工巧匠之手。它們是如此的巨大，因此看上去像是小巨人，而且還可以清楚看到它們身上的衣物，全然不同於現在當地居民所穿的服裝；它們的頭部似乎有一些裝飾」。

普瑪彭古的複雜建築結構

他在附近看到另一個建築物的遺蹟，有一面牆「建造得十分精美」，看起來非常古老又破舊。在這個遺址的另一邊，他看見「如此巨大的石頭，讓人們一想到它們就感到驚奇，它們也反映出人類的力量是如此之大，竟然能將它們移動到現在的位置。許多石塊被雕刻成不同的形狀，其中一些被雕刻成人類身體的形狀，這一定是他們膜拜的偶象」。

他注意到在那面牆和大石塊附近，「地面上有許多洞和凹地」，這個發現困擾著他。繼續往西走，他看見其他古代遺蹟（見圖110），「在其中有許多門道，它的側柱、橫樑和門檻都是用石頭建造的」。更讓他驚訝的是，「從這些很棒的門道出來，還有更大的石頭形成出入口，其中一些寬三十英尺，長十五英尺以上，厚度為六英尺。」他用最驚歎的語氣寫道，每一個門道，連同其側柱和橫樑，都是「用單一一塊石頭建造的」。他補充道，

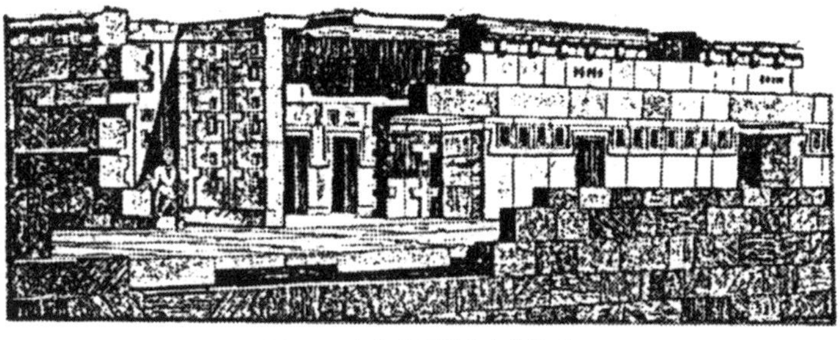

圖110：有許多門道的古代遺址

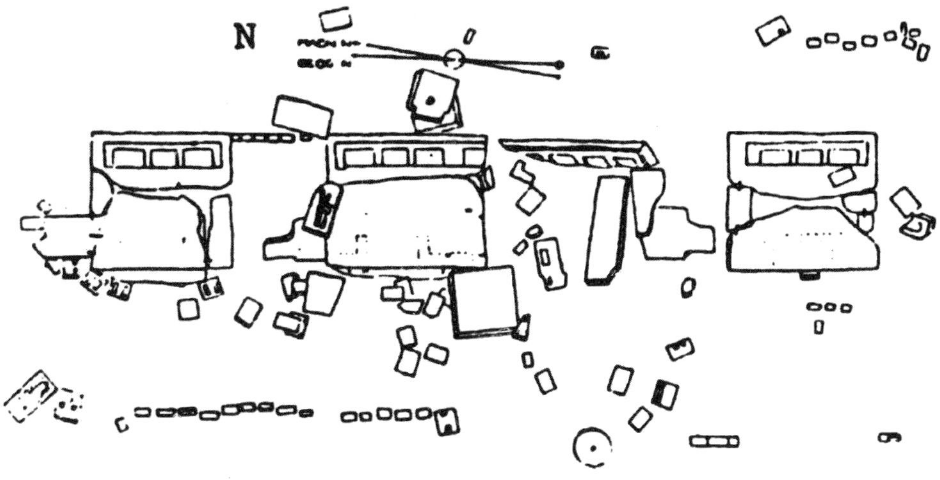

圖111：建築物平面圖

「在考量所有一切後，可以知道這是一項多麼宏偉的工程，因為我實在想不出他們使用了什麼樣的器械和工具來建造這些作品。這些偉大的石頭得以完美呈現，並如我們所見的那樣被留下來，代表他們所使用的工具比現在印地安人所使用的還要先進。」

這些展現在第一個到達此地的西班牙人眼中的作品，被謝薩．德．萊昂如實地描述出來。這些巨大的一體式門道，仍然位在它們掉落的地方。在蒂亞瓦納科主遺址西南方大約一英里處，被印地安人稱為「普瑪彭古」（Puma-Punku）的地方，它看起來好像是一個獨立的遺址，但現在可以確定它是蒂亞瓦納科這個大城市的一部分。

這個遺址讓過去兩個世紀的探險者們感到震驚，但首次使用科學方法加以描述的是德國人阿方斯．史都貝爾（Alphons Stübel）和馬克斯．烏勒（Max Uhle）。他們在一八九二年的報告中提供的照片和草圖，顯示出那些巨石似乎被擺放成一些令人驚奇的複雜結構，其中似乎包含了東方遺址的建築風格（圖110是基於最近的研究）。

那倒塌（或被推翻）建築物的四個部分，就在巨大的平臺上，可能有或沒有一體成形的物件，與它們成垂直或其他角度（見圖111）。那些斷裂的各個部分，每個都重達一百噸，是由紅砂石製成的。波斯南斯基在《蒂亞瓦納科：美洲人的搖籃》（*Tihuanacu—The Cradle of American Man*）中，證實了這些石塊的採集地在湖西岸大約十英里遠的地方，都是由比它們大三或四倍的岩石切割而成。這些大約十二英尺乘十英尺，差不多兩英尺厚的石塊，上面都有凹口、溝槽、精確的角度和不同水平的表面。這些石塊在某些位置上，都有特定的凹口（見圖112），這些凹口一定是用來固定金屬夾的，以便將每個垂直部分連接到與其相鄰的那些部分。我們曾在奧蘭太坦波看過這種技術上的「小把戲」。

儘管有人認為金屬夾是用黃金（印加人知道的唯一一種金屬）製成的，但由於黃金的柔軟度，這並非可行的觀點。這裡的夾子應該是用青銅製成的，因為在此處已經發現了一些青銅夾。這無疑是意義重大的發現，因為青銅是最難生產的合金。製作青銅時，必須要將一定比例的銅（大約占八十五％至九十％）與錫結合使用；儘管銅礦可以在天然環境中挖到，但是錫則必須經過困難的冶金工藝，才能從含有它的礦石中提取出來。

這些青銅是如何獲得的？它的可得性不僅是這個謎題的一部分，也會是整個答案的線索嗎？

如果我們把「普瑪彭古的巨大而錯綜複雜的

圖112：石塊上的凹口

結構是『一座神殿』」這個合乎常理的解釋放到一邊，那麼它可能是用來做什麼的呢？那些人耗費如此巨大的精力，運用如此成熟的技術，目的是什麼呢？德國傑出的工程師艾德蒙·基斯（Edmund Kiss）曾被這些結構啟發，而運用於納粹紀念性建築的計畫中，他認為，那些土丘和坍塌下來的建築四個部分的側面和正面，是一個港灣的基座，因為的的喀喀湖在古代是延伸到那裡的。但是這個設想又引發出另一個問題，人們接下來打算在普瑪彭古做什麼？在這個貧瘠的高海拔地區，他們要進口什麼？又有什麼產品需要用船來運出呢？

相關人員在普瑪彭古繼續進行發掘後，發現了一系列由形狀完美的石塊構成的半地下圍牆。它使我們想起了查文德萬塔爾的廣場，它們可能是一個小型供水系統的構成元素：蓄水池、水塘、水閘室。

許多答案或許都存在於這個遺址中最讓人迷惑不解的發現物上：那些來自單一岩石，或是從更大岩石切割下來的石塊，已經被造形、切出特定角度，還有一些凹槽，那是由現今也很難找到的工具以驚人的方式和精確度鑿刻出來的。描述這些技術奇蹟的最好方法，就是將其中一些展示出來（見圖113）。

對於這些文物，絕對沒有合理的解釋，除非是以我們現有的

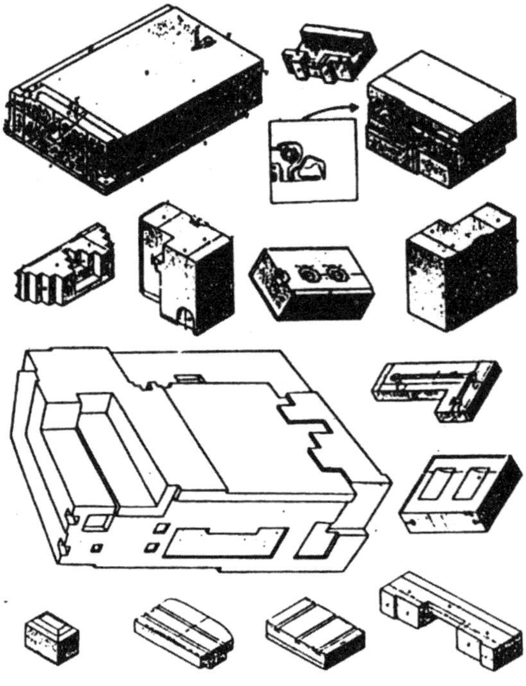

圖113：造形奇特的發現物

技術來解釋：這些是用於鑄造複雜金屬零件的模具基體；那是安第斯山區或其他某些複雜設備的零件，但在印加之前的時代絕對不可能擁有。

阿卡帕納山丘的地下水道

從一九三〇年代開始，就有許多考古學家和研究者為了短暫或持續的工作來到蒂亞瓦納科。溫德爾．班尼特（Wendell C. Bennett）、索爾．海爾達和卡洛斯．龐塞．桑吉尼斯（Carlos Ponce Sangines）是其中最著名的；但是，他們大多只是針對亞瑟．波斯南斯基的結論，進行使用、建立理論、接受或是爭論。一九一四年，波斯南斯基首度將這些非同尋常的研究成果和觀點，展現在《南美洲史前的繁榮》（*Una Metropoli Prehistorica en la America del Sur*）中，接著，在進行三十年的專心研究後，於一九四五年出版了四卷集的《蒂亞瓦納科：美洲人的搖籃》，並配有英語譯文。這個版本被玻利維亞政府（在與祕魯協議後，湖的一部分屬於玻利維亞）授予了正式的許可，並命名為「蒂亞瓦納科的第一萬兩千年」。

最令人驚訝，也是最具有爭議的，是波斯南斯基的結論：蒂亞瓦納科已經有幾千年的歷史了；第一個建造時期，是在湖面比現在高約一百英尺時，也是在整個區域被洪水吞沒之前，這洪水可能是基督教時代之前數千年的大洪水。波斯南斯基結合了考古學上的發現與地質研究，同時研究動植物、測量在墳墓中發現和刻在石頭上的頭骨尺寸，再加上自己的工程和技術專長，得出結論說：在蒂亞瓦納科發展的歷史可分為三個階段；在這裡定居的有兩個人種，首先是蒙古人種，然後是中東高加索人種，而黑人不曾握有統治權。這個地方曾經遭受兩次大災難，第一次來自大洪水的自然災難，然後是一場性質不明的突發動盪。

我們不一定要贊同這些結論或是時間表，然而波斯南斯基付出努力所收集的地質、地形、氣候、科學資料，還有他的考古發現，在半個世紀以來不斷地被人接受和引用。他所繪製的地圖（見圖114），有該遺址的基本布局，包括其尺寸、方位和主要建築物。他曾指出該遺址某些部分可能有遺蹟和文物，卻被人挖掘出來並從中得利，不過，他最主要的興趣仍是該遺址的三個主要部分。

在廢墟的東南部分有一個叫阿卡帕納（Akapana）的山丘。它可能本來是一個階梯金字塔，被推測是用來防衛的碉堡。這種想法來自於金字塔山丘頂部的中央被挖成橢圓形，鋪著方石，被當作蓄水池。它可以為鎮守在此的士兵收集雨水，並在他們回到據點時提供飲用水。也有人根據傳言，堅持認為這是一個埋藏金礦的地

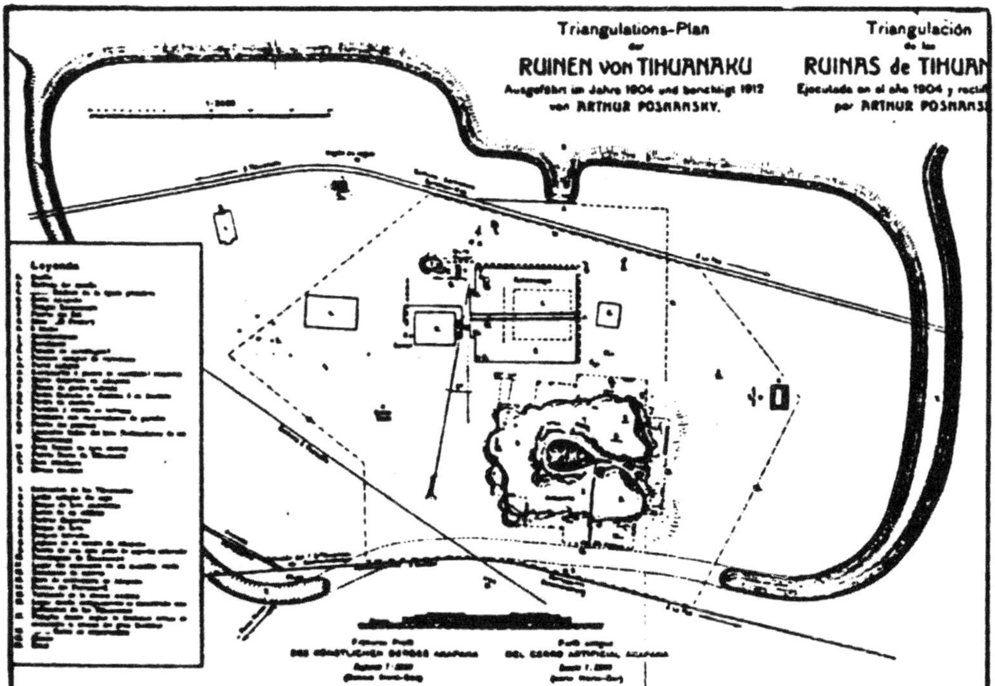

圖114：波斯南斯基繪製的地圖

方；在十八世紀，一個叫歐亞德布羅（Oyaldeburo）的西班牙人獲得了阿卡帕納的經營權。他切開山丘的東面，抽乾池水後，開始搜索蓄水池的底部，也拆除了美麗的方石結構，並在他發現溝渠和管道的任何地方深挖進山中。

這次的破壞行動，讓人得知阿卡帕納不是一座自然形成的山丘，而是一個非常複雜的結構體。隨著不斷深入發掘（雖然只在表層），波斯南斯基發現，由石塊砌成的蓄水池配有精巧的水閘，可以精確地調節水流向下，通過由方石構成的通道。阿卡帕納這些繁複的內部構造，是被用於引導水流從某一平層向另一個在垂直和水平部分交替的較低處。這裡的垂直高度有五十英尺，但由於水道呈Z字形路線，覆蓋了較長的距離。最後，在阿卡帕納底部以下的幾英尺處，水流通過一個石造出口，進入寬約一百一十英尺的人工管道（或護城河），這條管道環繞著整個遺址。水流從這裡流向遺址北部的碼頭，再從那裡匯入湖中。

如果建造水道的目的，只是為了避免過多的降雨造成氾濫的話，一條簡單的傾斜水道（就如在圖拉發現的那種）就足夠了。但我們在這裡發現的是曲折的管道，以裝飾精美的精巧石塊建造而成，可以控制水流從一個平層流向另一個平層。而這似乎是一種加工技術，也許這水流是用來清洗礦石的？

古人曾在阿卡帕納進行加工處理的進一步證據，是那些從「蓄水池」去除的表面和土壤中，發現了大量的深綠色圓形「卵石」，它們的大小大約是四分之三英寸到兩英寸。波斯南斯基確定它們是晶體，但他和其他人（據我們所知）都沒有做進一步的測試，以確定這些球形物體的性質和來源。

更靠近現場中心的那個結構（在波斯南斯基的地圖上標示為K），具有許多地下或半地下特徵。波斯南斯基認為，它們可能是為墓室預留的空間。到處都是曾用作水管的石塊，處於混亂狀態。波斯南斯基指責道，不只是尋寶人，還有以前的探險團隊，例如在克萊契・德・蒙福特

（Crequi de Montfort）伯爵的領導下於一九〇三年進行挖掘時，他們大肆挖出許多遺蹟，破壞了阻礙他們前進的一切，並帶走許多文物。

關於那次法國探險隊的發現和結論，曾在喬治．考蒂（George Courty）所著的書中提及，曼努埃爾．岡薩雷斯．德拉羅薩（Manuel Gonzales de la Rosa）於一九〇八年的國際美洲文化學者會議中演講時也曾提到。他們發現，實質上「有兩個蒂亞瓦納科」，一個是可見的廢墟，另一個是地下和不可見的廢墟。

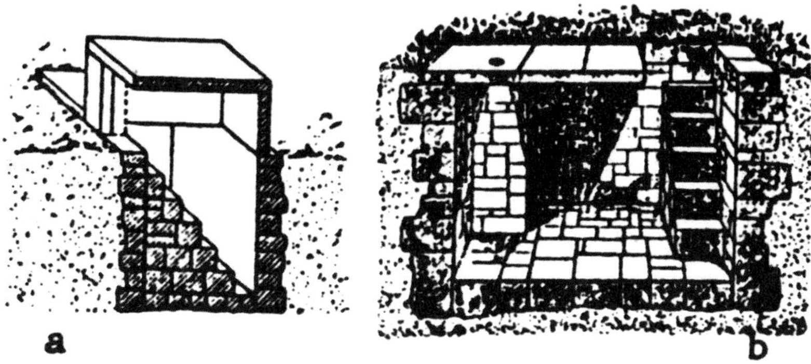

圖115：阿卡帕納內部結構圖

波斯南斯基描述道，他在該結構遭受破壞的凹陷部分，發現了管道、通道，以及在阿卡帕納頂部的水閘，他也確認管道在許多平層間運行，可能導向阿卡帕納，並與西側（**朝著湖泊的方向**）的其他地下結構相連。他使用圖文結合的方式（見圖115a、b）解釋了一些地下和半地下隔間，展現出他對這項工藝的精確度感到震驚。這些方石是用粗糙的方石岩打造的，而那些水閘之間的間隔完全是防水的：在所有接縫上，尤其是大型屋頂平板上，有一層幾英寸厚的真石灰鋪面，使得這些地方「絕對防水」。他指出，「在史前美洲建築中，這是首次也是唯一一次，我們發現了對於石灰的使用。」

波斯南斯基說不出這些地下建築曾經被用來做什麼事，以及為什麼被建造得如此奇特。這裡可能藏有寶藏，但波斯南斯基指出，這些寶藏在很久以前就被尋寶隊帶走而消失了。的確，他很快就發現其中一個房間，「這個地方被現代蒂亞瓦納科的混血人種掠奪過了。」

除了波斯南斯基在現場挖掘或看到的東西之外，大量的石製管道（包括各種形狀、尺寸和直徑的零件），都可以在附近的教堂、現代鐵路的橋樑和涵洞中看到，甚至也被使用在拉巴斯。這些都顯示了蒂亞瓦納科有廣泛的地面和地下水利工程。波斯南斯基在他的最終著作中，就以〈蒂亞瓦納科的水利工程〉（Hydraulic Works in Tihuanacu）為題寫了一整章。在最近的發掘中，發現了更多的石製管道和水道，確認了波南斯基的結論。

太陽門的用途

蒂亞瓦納科第二大建築所需要的挖掘工作最少，人們一眼就能看到這個雄偉的建築——一座巨大的石門，在平地高高聳起如凱旋門一般，雖然沒有人來為它歡呼喝采，也沒有遊行隊伍會經過（見圖116）。

圖116：太陽門的正面與背面

圖118：維拉科查的形象

圖117：石門正面高處的雕刻

這座叫做太陽門的大石門，被波斯南斯基形容為「最完美、最重要的作品……是當時有文化的人民，以及其領導人的知識和文明，一個古老而優雅的見證。」所有見過它的人都同意這個說法，因為它是由一整塊石頭切刻而成（大約十英尺乘二十英尺，重量超過一百噸），而且石門上還有著令人驚豔的錯綜複雜雕刻。

在石門正面較低處和後面，有一些凹壁和幾何形雕刻，但最令人驚歎的雕刻還是在石門正面的較高部分（見圖117）。雖然中心人物是採浮雕刻成，但看起來幾乎是立體的，他的兩側是三排有翅膀的侍從。下方一排只刻劃了中心人物的臉部，並由蜿蜒的線條構成完整的構圖。

人們普遍認為，中間的主導人物是維拉科查，他的右手握著權杖或武器，左手則有一個叉形的閃電（見圖118）。在祕魯南部及相鄰的地方，這一個形象經常出現在花瓶、紡織品及工藝品上。這足以看出學者們所稱的蒂亞瓦納科文化的影響程度。在中央這位神旁邊，通常站著有翅膀的侍從，他們依水平排成三排，每一排有八位。波斯南斯基指出，每一排的兩側只有前五個被雕刻成與神相同的明顯浮雕，而其他則雕刻得很模糊。

波斯南斯基畫出了這個中心人物，下面有蜿蜒的線條，兩邊各有十五個空格（見圖119）。他認為，這是一個一年有十二個月的曆法，從春分開始（也就是南半球的九月份時）。中央大圖像顯現出神的全身形象，代表那個月份及春分日。由於「平分日點」是一年中白天和黑夜相等的時間，在蜿蜒線條那一行，中心人物正下方處，代表另一個平分日點所在的月份——三月。然後，他將剩餘的幾個月依次分配給蜿蜒線條那一行的其他部分，指出兩個末段都刻了一個號角和神的頭，他認為這是太陽移到最遠處的兩個月份——至日點所在的六月和十二月，祭司在那時會吹號角以喚回太陽。換句話說，太陽門是一本年曆。

波斯南斯基推測，這是一種太陽曆，固定從春分日開始，也標示出另一個秋分日和兩個至日點。這個曆法是由十一個三十天的月份，加上一個三十五天的「大月」（也就是維拉科查月），組成了有三百六十五天的一個陽曆年。

他應該要提到，一個從春分開始的，由十二個月組成的陽曆年，類似於西元前三千八百年左右，起源於蘇美尼普爾（Nippur）的近東曆法。

神的形象，以及那些有翅膀的侍從、月臉等，乍看似乎只是一種自然寫實的描繪，但實際上它是由許多部分組成的，每個部分都有其特有的幾何形狀。波斯南斯基投入大量精力去研究這些不同的組成部

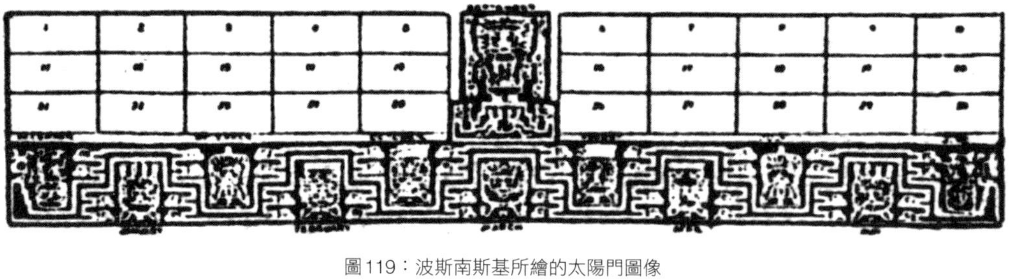

圖119：波斯南斯基所繪的太陽門圖像

分。它們還出現在其他紀念碑、石雕和陶器品上。

他按照圖像對它們進行分類，根據所描繪的物體（動物、魚、眼睛、翅膀、星星等）或所代表的想法（地球、天國、運行等）。他認為，那些以各種形式和顏色所描繪的圓形和橢圓形，代表了太陽、月亮、行星和其他天體（見圖120 a），這種地球與天國之間的連結經常被表現出來（見圖120 b），最主要的象徵符號就是十字架和階梯（見圖120 c、d）。後者是蒂亞瓦納科的「標誌」，它的遺蹟和最終的文明。他認為，這個符號的來源遍布整個美洲。他承認這是基於美索不達米亞金字神塔的一個圖像。但他指出，他不會因此就認為曾有蘇美人待在蒂亞瓦納科。

a

圖120a：以各種形式描繪的圓形和橢圓形

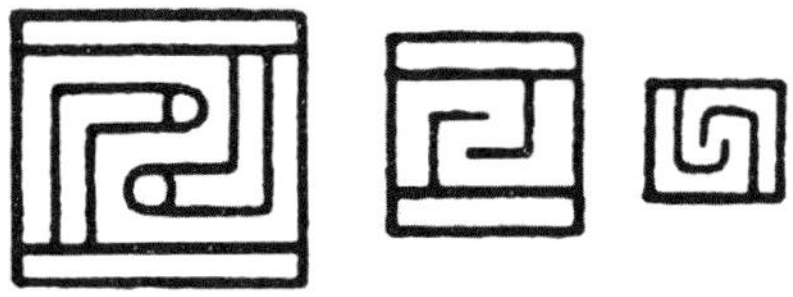
b

圖120b：地球與天國之間的連結

c

d

圖120c、d：最主要的象徵符號就是十字架和階梯

所有這一切都讓他更加堅信，太陽門是蒂亞瓦納科大型建築綜合體的一部分，其目的和功能就是當作天文臺使用。事實證明，這導引他做出最重要也最具爭議的工作和結論。

探尋興建卡拉薩薩亞的年代

破壞和偶像崇拜委員會（Commission for the Destruction and Expiation of Idolatry）是由西班牙人創立的，其創立具有明確的目的性。官方紀錄證明，該委員會的一名男子於一六二五年到達蒂亞瓦納科。在神父約瑟·德·阿里亞加（Joseph de Arriaga）的報告中，列出有超過五千個「偶像崇拜物品」因為破裂、融化或燃燒而消失了。沒有人知道他們究竟在蒂亞瓦納科做了什麼。如早期的照片所示，太陽門在十九世紀被發現時，頂部已經破裂成兩個部分，右手邊的太陽門危險地靠著另一邊。

它是何時被誰整理並放回在一起，至今仍然是一個謎。它是如何破裂成兩半，也不為人知。波斯南斯基不認為它是被委員會破壞的，他寧願相信，太陽門能逃過他們的破壞，是因為它早已倒塌並被泥土覆蓋住，所以當委員會的狂熱信徒到來時，它才能躲過他們的眼光。因為它明顯是重建的，一些人懷疑它是不是被放回原先的位置上；理由是，那座大門並不是獨自立於平原上的宏大建築，而是它東邊巨大結構的一部分。

那個結構的形狀和大小，被稱為「卡拉薩薩亞」（Kalasasaya），是由一系列垂直的石柱（其名稱的意思是「立柱」）劃定，揭示一個大約是四五〇英尺乘四〇〇英尺的矩形圍場。由於這種結構的軸線似乎是東西向的，有人認為大門不應該位於中央，而是應該在圍場西牆的北邊。

以前人們是因為巨大石門的重量而反對它被移動了將近兩百英尺的說法，而現在從考古證據中，可以清楚看出它就立在原地，因為西牆的中心是一個平臺，而該平臺的中心對齊了卡拉薩薩亞的東西軸線。波斯南斯基發現，沿著這條軸線，有許多石頭被特別切割成用於天文觀察。他的結論是，卡拉薩薩亞曾經是一個設計巧妙的天文臺，這種觀點現在也被廣泛接受。

卡拉薩薩亞裡最明顯的考古遺蹟，就是豎立的柱子形成一個略呈矩形的外圍。雖然所有曾經用於組成連續牆壁的石柱並沒有完全留存下來，但其數量卻暗示了陽曆年和陰曆月份的天數之間的關係。波斯南斯基最感興趣的是，十一根柱子（見圖121）豎立在凸出於西牆中心的平臺旁邊。波斯南斯基對於特別放置的觀察石上的視線所測量的結果，以及結構的方向與理想基點之間輕微而故意的偏差，讓他相信卡拉薩薩亞是由具有超現代天文學知識的人們建造的，目的是用於確定春秋分日和冬夏至日。

德國工程師艾德蒙·基斯在《蒂亞瓦納科的太陽門》（*Das Sonnentor von Tihuanaku*）中所畫的建築平面圖，是基於波斯南斯基的研究，以及他自己的測量和評估。他設想（可能是正確的），在圍場內部的那個結構，是中空的階梯金字塔：建築的外牆逐層上升，圍著中間的方形露天庭院。主要的巨型階梯位於東牆中間，主要的觀測點在兩個較寬階地的中心，這些階地完成了西邊的

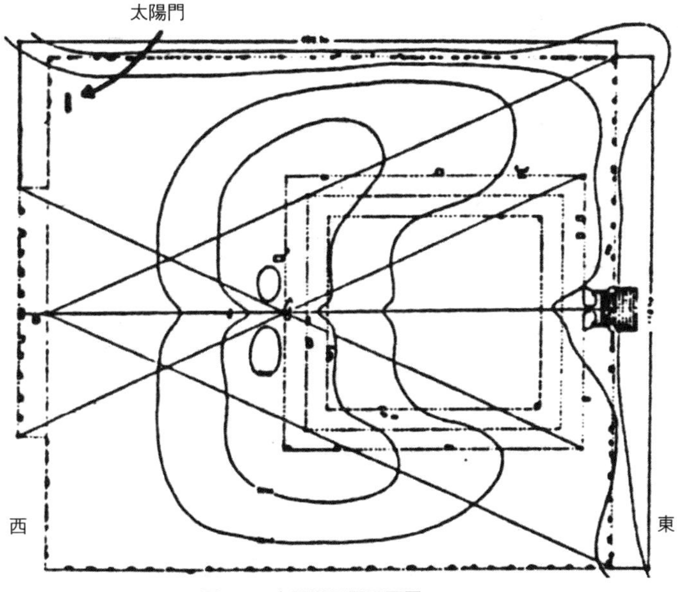

圖121：太陽門周圍平面圖

「金字塔」（見圖122）。

波斯南斯基正是在這一點上提出了令人震驚的爆炸性發現。他透過測量冬夏至日點的距離和角度，發現到卡拉薩薩亞在天文學上所採用的地球對太陽的傾斜角度，與當前公認的二十三·五度並不相符。

以科學術語來說，從卡拉薩薩亞的天文視線方向來看，黃道傾斜角應該是二十三度八分四十八秒（23°8'48"）。**根據一九一一年天文學家在巴黎的國際星曆協會**（International Conference of

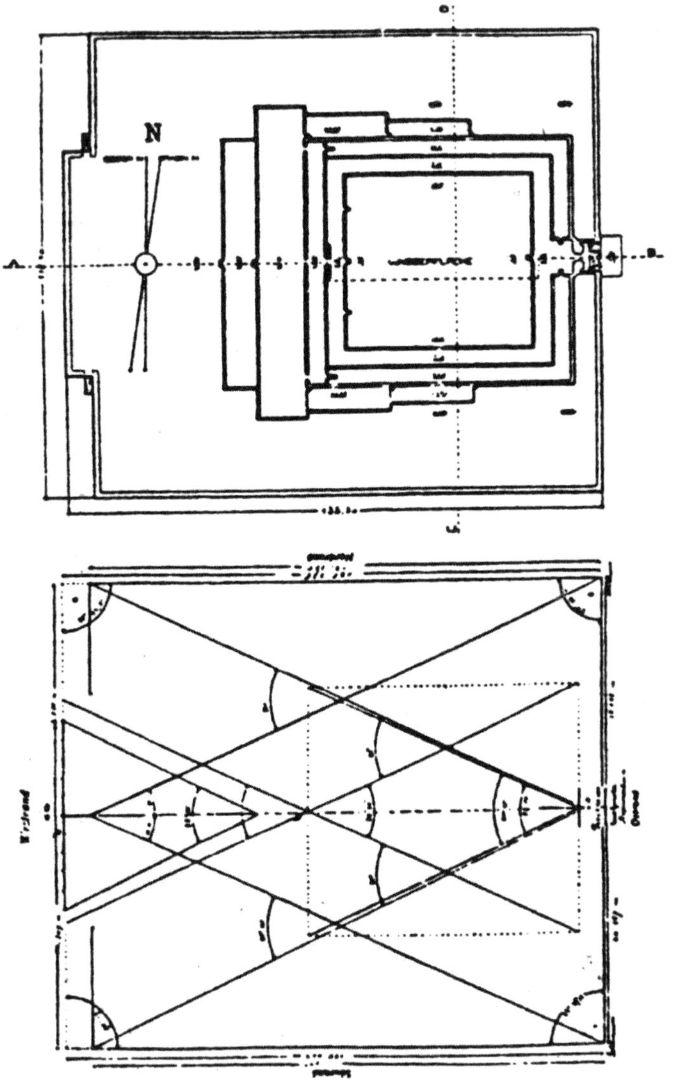

圖122：艾德蒙·基斯繪製的建築平面圖

Ephemerides）制定的公式，並考慮該地點的地理位置和海拔高度，卡拉薩薩亞應該是建於西元前一萬五千年左右！

波斯南斯基宣稱蒂亞瓦納科是世界上最古老的城市，建於「大洪水之前」。這種說法無疑激怒了當時的科學界；因為根據馬克斯．烏勒的理論，當時普遍的看法是蒂亞瓦納科城建於西元紀年初期。

我們不應該將黃道傾斜角度與歲差現象混淆。歲差改變了太陽升起或在某個特定時段活動時相對應的星空背景（星宮區域），比如春分。這種變動雖然不顯著，但是每七十二年增加一度，兩千一百六十年就能增加三十度（即一個完整的黃道宮）。傾斜角度的改變，源自於地球像船在海上漂動那樣難以察覺的忽上忽下移動。這種變動會使地球對太陽的傾斜角度大約每七千年增加一度。

德國天文學委員會懷著對波斯南斯基研究結果的好奇，派了一支探險隊到祕魯和玻利維亞。這支探險隊由波茲坦天文和天體物理觀測臺負責人漢斯．魯登道夫（Hans Ludendorff）教授、波恩（Bonn）天文臺負責人暨梵蒂岡榮譽天文學家阿諾德．科斯查特（Arnold Kohlschutter）教授，以及波茲坦天文臺天文學家洛夫．穆勒教授組成。他們於一九二六年十一月和一九二八年六月，在蒂亞瓦納科進行測量和觀察。

他們的調查、測量和目測結果，證實了卡拉薩薩亞的確是一個天文曆法觀測臺。例如，他們發現西面平臺旁有十一根柱子，而柱子的寬度和彼此的間隔，以及它們佇立的位置，確實考量到太陽從至日點到平分日點、至日點後再返回的些微不同天數，精確測量出太陽的季節性移動。

他們的研究也證實，有關波斯南斯基最有爭議的結論，它基本上是正確的：以卡拉薩薩亞的天文特徵為基礎的傾斜角度，和我們這個時代的傾斜角度，確實有很大的差異。以古代中國和希臘的觀測資料為依據，天文學家相信，關於上下運動的適用曲線只有幾千年的區間。該天文小組根據該曲線所得出的結論是：結果顯示日期大約是西元前一萬五千年，或是西元前九千三百年。

不用說，即使是後者的時間，也無法被科學界接受。為了對批評做出回應，洛夫．穆勒在祕魯和玻利維亞做進一步的研究，並與在蒂亞瓦納科的波斯南斯基合作。他們發現，如果將某些變數加進去一併考慮的話，結果就會發生改變。首先，如果對至日點的觀察，不是從波斯南斯基推測的地方進行，而是從另一個可能的地點，那麼兩個至日點之間的角度（傾斜角度亦然）就會略有不同。另外，也沒有人能確定古代天文學家是以太陽在地平線上、在天空正中央或是在下沉時，來固定至日點的時刻。穆勒依據所有的變化，在一本重要的科學雜誌 *Baesseler Archiv*（第十四卷）上發表了一篇明確的報告，他敘述了所有的選項，並且認為如果二十四度六分是可被接受的最準確角度，那麼傾斜曲線上超過這個角度的時間是在西元前一萬年或是西元前四千年。

第二十三屆國際美洲文化學者會議邀請波斯南斯基就此問題進行演說。他認為正確的傾斜角度是二十四度六分五十二．八秒（24° 6' 52.8"），因此卡拉薩薩亞的年代處於西元前一萬零一百五十年與西元前四千零五十年之間。但他也認為這是「棘手的材料」，需要進一步的研究，因而把它擱置在一旁。

確實有人做過相關研究，但不是在蒂亞瓦納科進行。我們在前面提到，印加曆法指出了金牛宮時代的開始，而不是牡羊宮時代。穆勒認為那是在西元前四千年，因為庫斯科和馬丘比丘的巨石時代大約是在那段時期。另一個完全不同的調查，由瑪麗亞．舒爾滕．德埃布內特帶領的團隊進行，她得出的結論是維拉科查座標的傾斜角度應該是二十四度八分，所以她計算出的年代是西元前三一七二年。

許多工藝品上都有維拉科查神的形象，例如紡織品、木乃伊包裹物和陶器。這些不同的工藝品持續在祕魯南部甚至更遠的南方和北方被挖掘出來，可以與其他的非蒂亞瓦納科的資料相比較。基於此，一些堅定不移的考古學家，如溫德爾．班尼特，也將蒂亞瓦納科的年代往前推，從西元後第一個千年的中期推至西元前第一個千年初期。

但是，放射性碳定年法的測定結果，使得學者普遍接受的日期愈來愈往前移。早在一九六○年代，「蒂亞瓦納科的玻利維亞考古研究中心」就已經在現場進行了挖掘和保護工作。他們最主要的任務就是確保完整挖掘和保存卡拉薩薩亞東面的「小神廟」，這裡曾發現了許多石像和石雕頭像。他們挖掘出一個半地下的庭院，它可能是祭儀場地，被鑲嵌著石雕頭像的石牆包圍著；這些石雕頭像是按照查文德萬塔爾的方式鑲嵌的。玻利維亞國家考古研究院院長卡洛斯・龐塞・桑吉尼斯在一九八一年的官方報告《蒂亞瓦納科半地下神廟的概述》（*Description Sumaria del Templete Semisubterraneo de Tiwanaku*）中指出，在此地發現的原始物品的放射性碳定年法的測定結果，是西元前一五八○年，因此在他的綜合研究《玻利維亞考古綜述》（*Panorama de la Arqueologia Boli viana*）中，主張將此時間視為蒂亞瓦納科古老時期的開始時間。

放射性碳定年法能指出此處有機物遺體的年齡，但是不排除組成這個遺址的石頭結構的年代可能比有機物的年代更久遠。事實上，卡洛斯・龐塞・桑吉尼斯在其後的研究《蒂亞瓦納科的時空和文化》（*Tiwanaku: Space, Time and Culture*）中，發表了一種名為「黑曜石水合」的新年代測定技術，讓那些在卡拉薩薩亞發現的黑曜石物品的製作年代，向前推進到西元前二一三四年。

從這一點來說，讀一下胡安・德・貝坦索斯在一五五一年的作品《印加的總結與敘事》還是很有趣的。書中提到，當首領孔提西・維拉科查（ConTici Viracocha）一開始定居在蒂亞瓦納科的時候，「他們說，他周圍已經有一些人……他在走出礁湖以後，到了附近一個地方，也就是現今的村莊蒂亞瓦納科所在地。」貝坦索斯繼續寫道：「曾經，當孔提西・維拉科查的人民定居在那裡的時候，大地還是一片黑暗。」但是，維拉科查「命令太陽移動到現在的位置。突然，他就命令太陽開始新的一天」。

因太陽停頓而導致的黑暗，以及太陽恢復運作時「新一天的誕生」，無疑是發生在大約西元前一千四百年，發生在地球兩側的同一事件的回憶。根據貝坦索斯對當地傳說的記錄，眾神和人類早就已經在蒂亞瓦納科定居，也許早於考古天文學資料所提出的時代？

但是，為什麼蒂亞瓦納科在那麼早的時期就被建在那個地方？

蒂亞瓦納科是銅錫礦開採地

近幾年來，考古學家已經在墨西哥的特奧蒂瓦坎和玻利維亞的蒂亞瓦納科，發現了類似的建築特徵。何塞·德·梅薩（Jose de Mesa）和特雷莎·吉斯伯特（Teresa Gisbert）在《阿卡帕納，蒂亞瓦納科的金字塔》（*Akapana, la Piramide de Tiwanacu*）中指出，阿卡帕納具有像特奧蒂瓦坎的月亮金字塔的地面平面圖（具有凸出通道的正方形），其基本尺寸與該金字塔相同，高度（約五十英尺）則與太陽金字塔的第一個狀態及其高寬比相同。

從我們的結論來看，特奧蒂瓦坎的最初（和實用）的目的以及其住所，是為了靠近這個地區的水利工程。阿卡帕納內部和穿過蒂亞瓦納科的水道，在兩個金字塔的內部和旁邊都擔當核心角色。當初，蒂亞瓦納科是不是被建造成加工設施呢？如果是，又是做什麼加工呢？

迪克·伊巴拉·格拉索（Dick Ibarra Grasso）在《蒂亞瓦納科遺址》（*The Ruins of Tiahuanaco*）和其他作品中，同意一種宏大的蒂亞瓦納科的設想。包括普瑪彭古部分，沿著一條主要的東西軸線延伸數英里，就跟特奧蒂瓦坎的「亡靈大道」一樣，同時還有幾條主要的南北動線。在湖的邊緣，艾德蒙·基斯猜測是碼頭的地方，他們發現了很多考古證據，有大型擋土牆蜿蜒而建，創造了真正的深水碼頭，滿載貨物的船隻可能會在此處靠岸停泊。如果真是這樣，蒂亞瓦納科要進口和出口的是什麼東西呢？

迪克·伊巴拉·格拉索提到了「小綠卵石」的發現，那是波斯南斯基也曾在阿卡帕納發現的。在南部一個類似阿卡帕納的小金字塔廢墟裡，用來保留它的巨石已經變成綠色的；在卡拉薩亞以西的地下結構區域中有；在普瑪彭古廢墟中也存在很大的數量。

具有重要意義的是，普瑪彭古碼頭處的防禦牆中的大圓石，也變成綠色的。這說明了一件事：暴露在外的銅，因為它被氧化了，所以使石頭和土壤也染上了綠色（正如氧化鐵的存在而產生的紅褐色調）。

如此說來，在蒂亞瓦納科加工的是銅嗎？可能吧，但這若是發生在離產銅地更近一些的地方，則比較合理。銅，似乎是被運送到蒂亞瓦納科，而不是把它從這個地方向外運出。

關於「蒂亞瓦納科」的來源是什麼，若從這個地點的名稱「的的喀喀」的詞義來看，就很容易解讀了。這座湖的名稱源自靠近科帕卡巴納半島的兩個島嶼之一的名字。傳說中，在那個被稱作「的的喀喀」的島上，當太陽在大洪水之後升起時，陽光就照射在的的卡拉（Titikalla）聖石上（因此它也被稱為太陽島）。就在聖石之上，維拉科查把神棒賜給了曼科．卡帕克。

那麼，所有這些名字意味著什麼？根據語言學家的說法：「的的」在艾馬拉語裡是金屬鉛或錫的稱呼。

我們知道，的的卡拉的意思是「錫巨石」，的的喀喀的意思是「錫之石」，的的喀喀湖是擁有錫來源的湖。

顯然，蒂亞瓦納科的建造，是為了開採錫和銅，但是其遺址仍未被找到。

11．金屬鑄塊的來源地

「烏斯地，有一個人名叫約伯。那人完全正直、敬畏神、遠離惡事。」（《約伯記》1：1）他被賜福擁有一個大家族和千百隻牛羊，「這人在東方人中就為至大。」（《約伯記》1：3）

「有一天，神的眾子來侍立在耶和華面前，撒但也來在其中。耶和華問撒但說，你從那裡來。撒但回答說，我從地上走來走去，往返而來。」（《約伯記》1：6－7）

《聖經．約伯記》由此開始。這個正直的人被撒旦推入一項測試，那是有關人類對上帝信仰的極限。一個又一個災難讓約伯開始懷疑自己的信仰。三個朋友千里迢迢地趕來，給予他安慰和同情。當約伯開始訴苦，並懷疑神的英明之時，他的朋友指出，天地間有許多奇蹟只有上帝才知道；其中包括金屬的奇觀，以及金屬的來源，還有將它們從地下深處找到並提煉出來的創造力：

銀子有礦，煉金有方。鐵從地裡挖出，銅從石中鎔化。

人為黑暗定界限，查究幽暗陰翳的石頭，直到極處。在無人居住之處刨開礦穴。過路的人也想不到他們。又與人遠離。懸在空中搖來搖去。至於地，能出糧食，地內好像被火翻起來。地中的石頭有藍寶石，並有金沙。礦中的路鷙鳥不得知道，鷹眼也未見過。（《約伯記》28：1－7）

人伸手鑿開堅石。傾倒山根。在磐石中鑿出水道。親眼看見各樣寶物。他封閉水不得滴流，

使隱藏的物顯露出來。（《約伯記》28：9—11）

約伯問，有沒有人知道這些地方？是人類自己發現了所有的冶金過程嗎？事實上，他質疑他那三個朋友在這方面的知識是從何而來的？

然而智慧有何處可尋，聰明之處在哪裡呢？智慧的價值無人能知，在活人之地也無處可尋。（《約伯記》28：12—13）

智慧非用黃金可得、也不能平白銀為他的價值。俄斐金和貴重的紅瑪瑙，並藍寶石，不足與較量。黃金和玻璃不足與比較，精金的器皿不足與兑換。珊瑚、水晶都不足論，智慧的價值勝過珍珠。（《約伯記》28：15—18）

很明顯，約伯承認，所有這些知識都來自上帝——那位使他富裕之後又奪走他的一切，卻又是唯一能讓他重新振作的神：

神明白智慧的道路，曉得智慧的所在。因他鑑察直到地極，遍觀普天之下。（《約伯記》28：23—24）

這場發生在約伯和三位朋友之間有關冶金學的議論，也許不是偶然。雖然我們對約伯本身，以及他所生活的土地並不十分瞭解，但那三位朋友的名字卻向我們提供了一些線索。第一個朋友是提幔人以利法（Elipaz of Ternan），從阿拉伯半島南部而來，地名的意思是「上帝是我的純金」；第二個是書亞人比勒達（Bildad of Shuha），書亞被認為是一個曾位於西臺城市迦基米施（Carcemish）南部的國家；這個地名的意思是「深坑之地」；第三個人是拿瑪人瑣法（Zophar of Na'amah），其地名的意思源於《聖經》中「銅匠鐵匠的祖師」土八該隱（Tubal-Cain）的妹妹。我們可以看出，這三人都來自與採礦有關的地方。

約伯（或《約伯記》的作者）提出的這些具體問題，顯示了他具有相當豐富的礦物學、採礦和冶金工藝方面的知識。他所在的時代，肯定是在人類首次使用銅、將天然銅塊錘成有用的形狀，一直到採得需要熔煉、精煉和鑄造的礦石以獲得金屬之時期的很久以後。在西元前第一個千年的古希臘，採礦和金屬的藝術同樣被認為是揭發大自然奧祕的一種行為；「金屬」這個詞來自希臘文中的metallao，它的意思是「搜尋，找到隱藏的事物」。

在羅馬時代之後，希臘詩人和哲學家將柏拉圖對人類歷史的劃分方式推向極點。他們透過四種金屬來劃分人類的歷史，也就是黃金、白銀、青銅（或銅）和鐵，其中黃金時代是人類歷史中最理想的時代，是離神最近的時期。

聖經中的劃分就在但以理（Daniel）看見的幻象中，在各種金屬之前還有泥，是對人類社會進程更準確的劃分。經過了漫長的舊石器時代，中石器時代於大洪水之後的近東展開，大約在西元前一萬一千年左右。大約三千六百年後，一些近東男子翻過山脈，到達肥沃的河谷地帶，開始種植植物、馴養動物，和利用當地金屬（裸露在河床上的金屬，無需開採和製作），學者把此時期稱為新石器時代。然而，這個時代其實是用泥（做成陶器和其他用途）來替代石頭，正如《但以理書》中的排列順序。

金屬礦石的開採

早期使用的銅是銅石，出於這個原因，許多學者傾向於將這個階段視為從石頭過渡到金屬的時期，不是「銅器時代」，而是「銅石器時代」。這種銅是經過錘打而被造成所需的形狀，或是先被火燒至軟化，再經過名為「退火」的加工處理。我們相信，它開始於近東肥沃月彎周圍的高地上。對銅（甚至黃金）這種金屬的加工，有可能與其所處環境的特點有關。

黃金和銅在大自然界中被發現時，是處於「天然狀態」，它們不僅是地球內部岩石的某些紋理，而且還以塊狀（就黃金而言還有粉狀）的形態出現。大自然的力量，包括暴風雨、洪水或持續流動的溪流和河流，使鬆散的岩石動搖，並使金屬塊暴露出來。這種天然金屬塊會在河床上或是其附近被發現，可透過將泥石用水洗滌（「淘礦」）或篩選而取得。這種不涉及挖礦井和隧道的方法，被稱為「砂礦開採」。很多學者認為，這種開採方式被應用在環繞美索不達米亞肥沃月彎的高地上，以及地中海東海岸，而且早在西元前第五個千年，肯定在西元前四千多年就已經出現了。

事實上，這種方法一直被使用著。有人認為，聲名顯赫的十九世紀淘金潮的「淘金者」，並不是像非洲南部的黃金開採那樣真正掘地三尺以尋找黃金的礦工。他們採用的是砂金開採法，從沖向河床的水流所帶的沙礫中，篩選出金塊或金沙。例如，在加拿大西北部的育空河（Yukon）淘金潮期間，「礦工」使用鏟土機、洗礦槽和平底鍋，在高峰期每年就獲得了超過百萬盎司的黃金；而真正的產量也許是它的兩倍。有趣的是，即便到了現在，這樣的礦工仍在育空河和克朗戴克河（Klondike），以及它們各支流的河床中，得到每年數十萬盎司的黃金。

值得注意的是，雖然黃金和銅都可以在其天然狀態下生產和利用，但是相對而言，黃金更適合一些，因為它不像銅一樣容易氧化生鏽。但是，早期近東人沒有使用黃金，而只使用銅。這種現象通常無法解釋。但我們認為，這就類似於新大陸，黃金是屬於神的金屬。在西元前三千年或更早的時候，黃金就用來裝飾神廟（字面意思為「神之家」），製作成金器以服務其中的眾神。直到大約西元前兩千五百年時，皇家才開始使用黃金，但如此轉變的原因尚未被探討。

蘇美的金屬加工與冶金技術

蘇美文明大約在西元前三千八百年時進入全盛時期。來自考古學發現的證據顯示，這個文明在美索不達米亞的北部和南部展開的時間，是在西元前四千年；這也正是真正的採礦、礦石加工和冶金工藝出現的時候。古人說，這個複雜而先進的知識體系（就跟其他所有科學一樣）是由阿努納奇，即那些從尼比魯星來到地球的眾神告訴他們的。在回顧了人類使用金屬的各個階段之後，艾奇遜（L. Aitchison）在《金屬史》（*A History of Metals*）中驚訝地指出，到了西元前三千七百年左右，「美索不達米亞的所有文明都是使用金屬物品」；他帶著欽佩之情指出，在那之後冶金業所達到的高度，「必定該歸功於蘇美人的技術天才」。

不僅是銅和黃金這些可以直接從自然界得到的金屬，還有一些顯然必須從岩層的礦脈中開採的金屬（例如銀），以及一些需要熔煉和精煉的金屬（例如鉛），它們都被取得，甚至使用過。而煉製合金的技巧（將兩種或兩種以上的金屬，依據化學原理融合）也開始發展。早期的敲敲打打，改由澆鑄法取代；而被稱作「脫蠟法」的極複雜方法，在蘇美被發明了出來，使得蘇美人得以澆鑄和製作出既美觀又實用的物品（例如眾神或各種動物的塑像，以及神廟器皿）。這種進步的技術逐漸傳遍了世界。

羅伯特．福布斯（Robert J. Forbes）在著作《古代技術研究》（*Studies in Ancient Technology*）

中寫道，「在西元前三千五百年，冶金學被美索不達米亞的文明吸收。」（這大約始於西元前三千八百年。）「埃及進入這個階段大約是在三百年之後，而到了西元前兩千五百年時，尼羅河流域與印度河流域之間的所有區域都熱衷於金屬。在這個時期，冶金業似乎在中國萌芽了，然而，在龍山時期（西元前一千八百年至一千五百年之間），中國人還沒有成為真正的冶金學家……在歐洲，最早的金屬物品很難超過西元前兩千年。」

在大洪水之前，阿努納奇為了滿足母星球尼比魯的需求，曾在非洲南部開採黃金。這些熔煉後的礦石被用類似潛水艇的船隻送往伊丁，途經現在的阿拉伯海、波斯灣。他們將這些貨物送到巴德提比拉（BAD.TIBIRA）進行最後的加工和精煉。巴德提比拉可說是當時的「匹茲堡」，其名字的意思是「為冶金而建之地」。這個詞偶爾也會被拼寫為BAD.TIBILA，以榮耀提比爾（Tibil），他是冶金匠或鐵匠之神。毫無疑問，這位冶金匠師的名字是在該隱這條血脈下的；該隱之子土八（Tubal）的名字源於蘇美術語。

在大洪水之後，廣大的兩河（底格里斯－幼發拉底）平原上曾是伊丁的地方，已經被深深的淤泥掩埋了；後來足足經過七千年的時間，這塊土地才乾到適合人類居住的程度，蘇美文明才得以建立。雖然在這片乾泥平原上，沒有岩石或礦物資源，但蘇美文明和它的城市都按照「舊計畫」建造；蘇美的冶金中心同樣建在曾經是巴德提比拉所在的地方。

事實上，古代近東的其他居民不僅採用了蘇美的技術，還有蘇美的技術術語，這再次印證了蘇美在古代冶金學上的中心地位。在其他古代語言中，有關冶金的詞彙沒有像蘇美這麼多且精確。在蘇美文獻中，我們發現，至少有三十個專門對應各種銅（URU.DU）的術語，並區分了加工前和加工後。有大量的詞彙被加上了ZAG這個首字母（有時寫成ZA）來標示金屬的光澤度，還有用KU來標示金屬或礦石的純度。以及專門用於表述各種黃金、白銀和銅的種類與合金的術語，甚至還有鐵（據推測，鐵在蘇美進入盛世之後只使用了一千年左右），被叫做

AN.BAR；同樣有十多個術語從它延伸出來，用於表述鐵及其礦石的等級。

有一些蘇美文獻實際上就是字典，其中列出了「白石」、有色金屬、鹽等，透過開採得來的礦物名稱，還有瀝青。從紀錄和相關發現中可以得知，蘇美商人到非常遙遠的地方尋找金屬，他們不僅在交易中提供蘇美特產（穀物和羊毛衣），同時還銷售金屬產品。

儘管所有這些都可以歸因於蘇美人的專有技術和敏銳度，但需要說明的事實是，這些與採礦相關的術語、文字符號（最初是象形文字），都是在遙遠的土地，而不是在蘇美進行的活動。

在非洲的採礦工作，曾在一部叫《伊南娜下降到下層世界》（*Inanna's Descent to the Lower World*）的古老文獻中被提到；而在西奈半島礦井工作的人所遭受的磨難，在《吉爾伽美什史詩》（*Epic of Gilgamesh*）中也有詳細的記載。蘇美圖畫文字中，包含了一系列令人驚訝的與採礦有關的符號（見圖123），其中很多是表示各式各樣的礦井，對應著不同的結構和礦石種類。

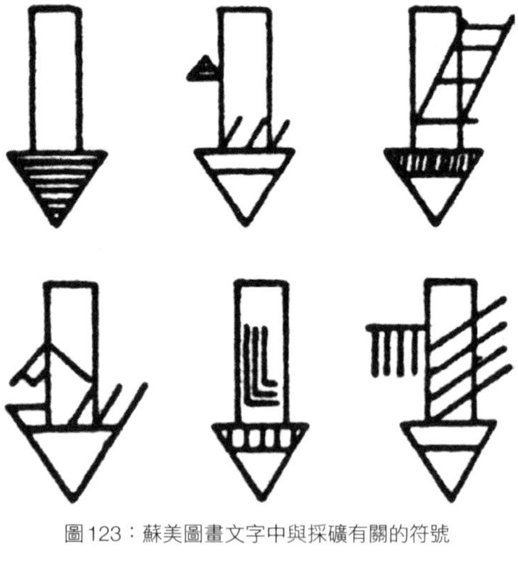
圖123：蘇美圖畫文字中與採礦有關的符號

青銅合金的誕生

這些礦物的位置（當然不在蘇美）還不能完全確定，因為很多地名都未能清晰地保存下來。

但一些皇家銘文指出，它們是在遙遠的土地上。有一個好例子引自圓柱A，「拉格什之王，古蒂亞」（Gudea, kind of Lagash，西元前第三千年）的第十六卷，其中記錄了他為神建造伊尼努（E.NINNU）神廟時使用的稀有金屬：

> 古蒂亞用金屬將這座神廟變得光彩奪目，他用金屬讓它光彩奪目。他用石頭來建造伊尼努，他用珠寶來使它明亮；他將銅與錫混合，來建造它。一名工匠，這片大地之女神的祭司，在它上面工作；他用兩手寬的明亮石頭，和一手寬的閃長岩，砌磚修牆。

這段文字中有一段很重要的話（古蒂亞在圓柱B上重複過這句話，以確保後人記住他的豐功偉績），「將銅與錫混合」來建造這座神廟。蘇美缺乏石材的特徵，導致那裡出現了泥磚，並且用泥磚打造出最高、最宏偉的建築。但正如古蒂亞告訴我們的，這一次特別採用石頭，就連砌牆都要用「一手寬的閃長岩」和兩手寬的不那麼稀有的石頭。對這樣的工程而言，銅質工具就沒有那麼好用了；人們需要更堅固的工具——古代的「鋼」，也就是「青銅」。

如果古蒂亞所記錄的確有其事，那麼當時的確出現了青銅，它是銅和錫的「混合物」，並非自然界中的元素。這是一種合金，將銅和錫置入熔爐後所產生的純人工產品。蘇美對這種合金的比例要求是一比六，差不多含有八十五％的銅和十五％的錫，這可是近乎完美的搭配。

然而，要製作青銅，還需要其他行業的技術成果。它只能澆鑄成形，而不是透過敲打或淬火；而且，用於製作青銅的錫，必須要經過融化和萃取的過程，才能從錫礦石中得來，因為要在自然界中找到純粹的錫，是非常困難的。它必須從一種名為「錫石」的礦石中萃取而來，這種礦石通常存在於沖積礦床裡，是由於大自然的力量（例如大雨、洪水和雪崩）從岩石中沖出錫礦而產生的。人們通常要透過熔煉錫石來取出錫，在取出的第一個階段要與石灰石形成化合物。

即使是透過對這個冶金過程的極度簡化描述，也足以說明，要生產青銅這種金屬，在加工的每個階段都需要先進的冶金技術。

尋找錫礦產地

但還有其他問題：錫是一種很難被找到的金屬。無論錫礦產地是否可能靠近蘇美，它很快就被用完了。一些蘇美文獻提到在一個遙遠的大地上有兩座「錫山」，但所指為何仍不清楚。一些學者，例如蘭茲伯格（B. Landsberger）在《近東研究之旅》（*Journal of Near Eastern Studies*）的第二十一卷中，並沒有忽略掉這些遙遠的地方，例如遠東地區的錫帶（緬甸、泰國和馬來西亞），這些地方至今仍是錫的主要產地。

已被查明的是，在對這些重要金屬的搜尋中，蘇美商人經由小亞細亞的中間人，把手伸向了多瑙河沿岸的錫礦資源，特別是現今的波西米亞（Bohemia）和薩克森（Saxony），不過那裡的錫礦早就被挖光了。羅伯特．福布斯觀察到，「（西元前兩千五百年）在烏爾皇家墓地中的發現，顯示出烏爾的鐵匠……完美地懂得青銅和銅的冶金術。他們所使用的錫的來源，至今是一個謎。」而這個謎，至今還未揭開。

不僅是古蒂亞和其他蘇美國王在銘文中說過錫石來自非常遙遠的地方。甚至就連一位女神，著名的伊師塔，都必須橫穿山脈才能找到那個地方。在一部被稱作《伊南娜與伊比》（*Inanna and Ebih*，伊南娜是伊師塔的蘇美名字，伊比則是一座遙遠的、未確定的山脈名字）的文獻中，伊南娜向更高層的神申請批准時說道：

讓我前往錫礦的所在吧，讓我研究它們的礦藏。

因為所有這些原因，也可能是因為眾神（阿努納奇）必須要教導古代人如何透過熔煉從錫石中萃取錫，這種金屬被蘇美人視為一種「神聖」金屬。他們稱其為安納（AN.NA），字面上的解釋為「天國的石頭」。另外，當鋼鐵需要經過熔煉才能使用的時候，被叫做AN.BAR（安巴），意思是「天國的金屬」。而青銅，這種銅和錫的合金，則被稱作扎巴（ZA.BAR），意思是「閃閃發光的雙重金屬」。

錫的對應術語「安納」，在西臺語系中被借用，幾乎沒有什麼更動。然而，在阿卡德語（Akkadian），這種巴比倫人、亞述人和其他閃族人的語言裡，這個詞經過了細微的變動，成了「阿納庫」（Anaku）。這個詞常常被認為是指「純錫」（Anak-ku）；而我們想要知道的是，這種改變是否可能反映出在這種金屬和阿努納奇眾神之間，有一種更親近的關係，因為它同時還被稱作「安納庫母」（Annakum），意味著它屬於或來自於阿努納奇。

這個詞在《聖經》中出現過不只一次。當這個詞加上字尾kh，它的意思是「錫鉛垂線」，正如在《阿摩斯書》（*Amos*）的預言中，他看見上帝舉著一個阿納庫（Anakh），來說明他的應許不會偏離他的以色列人民。阿納克（Anak）這個詞的意思是「項鍊」，反映出這種閃亮金屬的價值很高，很稀有，如白銀一樣珍貴。它還有一個意思，是「巨人」；這是對美索不達米亞的「阿努納奇」一詞的希伯來語翻譯。這種翻譯指出了舊大陸和新大陸兩方的「巨人」傳說之間的有趣關聯。

所有這些將錫與阿努納奇相連結的做法，可能都同出一源，也就是說，都來自於阿努納奇教導人類有關錫的知識和技術這件事。事實上，在將蘇美的「安納」轉變為阿卡德語中的「阿納庫」這個細微但極富象徵意義的過程中，我們可以看出一個時代的架構。有足夠的記載以及眾多的考古學發現，告訴我們在大約西元前兩千五百年時，那股衝入青銅時代的腳步放慢了。阿卡德王朝的創始人——阿卡德的薩爾貢（Sargon of Akkad），非常看重這種金屬，以至於他選擇了錫而非金或銀，來為自己慶祝和紀念（見圖124），那時大約是西元前兩千三百年。

冶金歷史學家發現的證據顯示，錫的供應在逐步減少，因為他們發現青銅中錫的比例不斷下降，而且從文獻中可以看出，幾乎大多數新青銅器都是用舊青銅製作的，他們透過回收早期的青銅器，將其融化後放入更多的銅而得來，有時錫的成分下降到只有二%。然後，出於一些目前尚無法解釋的原因，情況突然轉變了。羅伯特．福布斯寫道：「從中青銅時代開始，大約在西元前兩千兩百年，是真正的青銅使用期，而且高成分的錫含量經常出現，不像早期只使用在精緻器具上。」

在給予人類青銅，讓人類發展出西元前第四個千年的宏偉文明之後，阿努納奇似乎在一千年後再次進行支援。但是，儘管一開始未知的錫來源地可能是舊大陸，但後來的第二個錫來源完全是一個謎。

在這裡，我們有一個大膽的猜測：這個新來源是新大陸。

圖124：阿卡德的薩爾貢的錫像

的的喀喀湖周邊的錫礦

倘若如我們所相信的那樣，新大陸的錫到達了舊大陸的文明中心，那麼它只可能來自一個地方：的的喀喀湖。

我們會這麼說，並不是因為我們前面說過它的名字是指「錫石」之湖；而是因為在數千年之後，玻利維亞的這個地方至今仍是世界主要的錫產地。錫，雖然不算罕見，但仍被公認為是一種稀有金屬，具有商業產量的錫只在少數幾個地方才找得到。如今世界上五十%的錫，產自馬來西亞、泰國、印尼、玻利維亞、剛果、奈及利亞和中國（按產量排列）。一些更早期的產地位於近東或歐洲，已經幾乎被開採光了。

幾乎每個錫石產地都位在沖積礦床內，氧化錫礦石被大自然的力量沖刷，沖出了礦脈。只有兩個地方的錫石被發現時是在最初的礦脈中：英國的康瓦耳（Cornwall）和玻利維亞。前者的錫礦已經被採光了；後者仍然向全世界供應著錫，似乎那裡才真的應該被稱作「錫山」，正如蘇美的伊南娜文獻所述。

這裡的礦藏量非常大，但是開採起來卻很困難，因為它位在海拔高度一萬兩千英尺（約三六五七公尺）之處，主要集中在玻利維亞首都拉巴斯的東南部，波波湖（Poopo）東邊。比較容易到達河床中沖積礦床的地點，是的的喀喀湖的東岸。古人正是在那個地方收集礦石，而這種情況一直持續到今天。

大衛・福布斯（David Forbes）對古代玻利維亞的的喀喀錫礦開採，進行了一些最可靠的研究，並發表於《南美礦物學研究》（*Researches on the Mineralogy of South America*）中。這是在一個多世紀以前進行的，因此能夠提供較接近西班牙征服時代的照片；如今二十世紀的機械化操作已改變景觀，並掩蓋了古老的證據。由於純錫在自然界極為罕見，當他看到一個外層是純錫的岩石樣本（而不是錫被包在岩石中），感到非常驚訝。有個調查已經確定該樣本不是來自奧魯羅（Oruro）的礦山內部，而是來自豐富的錫石沖積礦床。他完全不認為這塊金屬錫是因為雷電引起森林大火而「熔化」錫石所產生的，因為從錫石中取得錫的過程，不僅涉及對礦石的加熱：首先要與碳結合（將錫石〔$SnO_2 + C$〕轉換為 $CO_2 + Sn$），而且盡量不要再用石灰石來淨化爐渣。

大衛・福布斯接著出示了從提潘尼河（Tipuani）河岸「洗金」時得來的金屬錫樣本；提潘尼

河是貝尼河（Beni）的支流，從湖附近的山脈向東流動。令他驚訝的是——這是他的原話——他發現這個礦源富含金塊、錫石，和塊狀及珠狀金屬錫；這意味著，無論是誰曾經在這裡淘金，他都會同時懂得如何從錫礦中取得錫。光是探索的的喀喀湖東部一帶，就讓他傻眼了——這也是他的原話——因為他發現了大量被還原的（例如回收）和融化的金屬錫。他認為，這裡會有那麼多金屬錫是一個「謎」，「絕對不可能是任何自然因素引起的」。在索拉塔（Sorata）附近，他發現了一個錘頭，經分析鑑定後，發現它含有八十八%的銅和十一%的錫，「這與其他」歐洲和近東的「古代青銅器的成分極為相似」，那些遺址似乎是屬於「極古老的時代」。

福布斯還驚訝地發現，住在的的喀喀湖周圍的印地安人（艾馬拉部落的後代），似乎都知道要到哪裡找這些現今人們感興趣的地點。事實上，西班牙編年史學家巴爾巴（Barba）在一六四〇年陳述道，西班牙人曾經發現了有印地安人工作的銅礦井和錫礦井；錫礦井「靠近的的喀喀湖」。

波斯南斯基在離蒂亞瓦納科六英里的地方發現了印加王朝之前的礦井。他和後繼者都不斷向世人證實，大量驚人的青銅器具的確出現在蒂亞瓦納科及其周邊區域。他指出，太陽門的凹壁背面曾經被插入金片，這個金片可以在突出的鉸鍊或「轉叉」上旋轉，而此轉叉是由青銅來支撐其重量。他在蒂亞瓦納科發現了帶有凹壁的石塊，它用來固定青銅螺栓，就像在普瑪彭古看到的那樣。他曾經在那裡看過一塊絕對是青銅的金屬，「帶有齒狀叉，看起來像是用來舉重的工具或裝置。」他在一九〇五年時看到這塊金屬並畫了下來，但在他第二次造訪時，它被某人帶走了。

由於在印加王朝時期和現代都對蒂亞瓦納科進行了計畫性的掠奪，因此在的的喀喀湖的聖島和科耶提島（Coati）發現的青銅工具，提供了那些曾經存在於蒂亞瓦納科的東西的相關參考。這些發現包括了青銅條、槓桿、鑿子、刀具和斧頭，都是用於建築工程的工具，而非用於採礦工作的。

實際上，在波斯南斯基的四卷論文的開頭，便是介紹史前時代在玻利維亞高原上的採礦行為，尤其是在的喀喀湖周邊。「在阿提普拉諾（Altiplano，即高原之意）的山脈裡，發現了人工隧道和洞穴，這是古代居民為了給自己提供有用的金屬而開鑿的。這些洞穴不同於那些西班牙人為了尋找貴金屬而開鑿的洞穴，那些古代冶金工程的遺蹟早於西班牙人所做的……在最遙遠的時期，一個高智慧且進取的種族……從山脈深處為自己找出了有用（就算不是珍貴）的金屬。」

「在那麼遙遠的時期，安地斯山區的史前人類打算在山脈深處尋找什麼種類的金屬呢？」波斯南斯基這麼問道：「是黃金或白銀嗎？當然不是！一種更重要的金屬讓他走到安地斯山脈的最高峰：他們想要的是錫。」他解釋道，他們需要用錫和銅一起製成「高貴的青銅」。這就是蒂亞瓦納科人的目的，而這種觀點被後來的發現所證實了，人們在蒂亞瓦納科方圓九十英里範圍內的區域裡，發現了許多錫礦井。

然而，難道是安地斯人需要這些錫來製造他們自己的青銅工具嗎？顯然不是。著名冶金學家厄蘭．諾登斯奇歐德（Erland Nordenskiold）在一項重要研究《南美洲的銅與青銅時代》（*The Copper and Bronze Ages in South America*）中提到，當地並沒有出現過這樣的時代：在南美洲沒有發展青銅時代和銅器時代的痕跡，一個很勉強的結論是，無論發現什麼青銅工具，都是屬於舊大陸的造型，而且是基於舊大陸的技術的。

諾登斯奇歐德這麼寫道：「對於我們在南美洲發現的青銅及銅製武器和工具進行檢視後，我們不得不承認，它們幾乎沒有原創的痕跡，各種基本特徵都與舊大陸有一些相符。」他表示自己不願意接受這一個結論，但是「必須承認新大陸的金屬技術與舊大陸青銅時代的技術，存在著重要的相似之處」。值得注意的是，他樣本中的一些工具，其手柄形狀就像是蘇美女神寧蒂的頭像，還帶有這位女神的符號：一對臍帶剪。她正是後來西奈半島礦井的女主人。

新大陸的青銅史由此與舊大陸有了關聯，而且，新大陸的青銅產地——安地斯的錫的故事，又必然連接著的的喀喀湖。在這些故事裡，蒂亞瓦納科有著中心地位，緊緊聯繫著它周圍的礦藏；否則它為什麼要建在那裡？

蒂亞瓦納科的地理位置

舊大陸的三個文明中心都出現在富饒的河谷地帶：兩河流域的蘇美文明，尼羅河的埃及－非洲文明，以及印度河的印度文明。它們的基礎是農業，而河流使得貿易成為可能，能為工業提供原料，並促進了穀物和製成品的出口。城市順著河流拔地而起，商業需要文字記錄，而當社會有組織地建立起來，並發展出國際關係時，貿易也逐漸繁榮。

但蒂亞瓦納科並不符合這個模式。它就像一句俗語所說：「妝扮整齊卻無處可去。」這一個文化和藝術形式影響了幾乎整個安地斯區域的大都市，建造在一個足以登上世界海拔高度排行榜的貧瘠湖岸。為什麼是在那裡？它的地理資訊也許能給我們一個答案。

傳統上，在描述的的喀喀湖的所有特徵時，都是從它所在的一三八六一英尺高度，是世界上可航行的最高海拔水域開始。它是一座大湖泊，面積為三千兩百十平方英里，深度從一千英尺到一百英尺。從形狀上看，最長的地方是一百二十英里，最寬的地方是四十四英里。它那凹凸不平的湖岸線，由環繞它的山脈所導致，形成了大量的半島、岬角、峽谷，還有兩座以上的島嶼。

這座湖的西北－東南地形（見圖109）是由圍繞著它的山脈造成的。在東邊的是橫貫玻利維亞西部和厄瓜多中部的安地斯山脈分支：科迪勒拉里爾山脈（Cordillera Real），它包括了如高塔般聳立的巒生峰——索拉塔的伊良普山，和拉巴斯東南方雄偉的伊宜馬尼山。除了一些小河從這個山脈流入湖泊之外，大多數河流向東流去，經過廣闊的巴西平原，流入兩千英里之外的大西洋。人們就是在湖的東岸和這些流向雙邊的溪流河床中，發現了大量的錫石礦。

在湖的北邊也有雄偉的山脈。那裡滯留在地表的雨水大多都向北流去，進入河流，例如維卡納塔河，有些人認為這些河流是亞馬遜河的真正源頭，因為它們聚集匯入烏魯班巴河，往北流下，再向東北流入大亞馬遜河盆地。與這座湖和庫斯科接壤的山脈之間，出產了印加人的大部分黃金。

的的喀喀湖的西岸，雖然看上去了無生氣，卻是人口最稠密的地方。在群山和港口之間，在湖岸和半島上，現在的村莊和城鎮與古代遺址共存著。就像普諾（Puno），它是最大的湖岸鎮和港口，緊鄰著神祕的西路斯塔尼（Sillustani）廢墟。現代鐵路工程師曾在這個地方發現一條路徑，不僅指向北方，同時還穿過安地斯山脈的山口，朝向濱湖平原和兩百英里遠的太平洋。

當人們觀察的的喀喀湖的南半部時，發現航海和陸地的地理與地形都有顯著的不同（正如湖東岸的大部分區域不屬於祕魯，而是屬於玻利維亞）。那裡最大的兩個半島，西部的科帕卡巴納和東部的哈查卡其（Hachacache），幾乎是相連的（見圖125）；在較大的湖北部和較小的湖南部之間，以一條狹窄的湖峽連接。湖的南部由此被推測是瀉湖（西班牙的編年史學家也是這麼記錄的），與暴露於風中的湖北部相比，這裡是平靜的水域。在當地傳說中的兩個主要島嶼，是太陽島（即的的喀喀島）和月亮島（即科耶提島），它們剛好位於科帕卡巴納半島的北邊。

傳說中，創造神在大洪水時期將他的孩子們藏在這兩座島上。一種版本的說法是，在大洪水之後，太陽從的的喀喀島上的聖石——提提卡拉（Titi-kala）那裡，重新升到天國。另一種版本則說，在大洪水結束之後，太陽的第一道光芒照在這塊聖石上。還有，在這塊聖石下方有一個洞穴，第一對夫妻就是從那裡被派去大地上繁殖，而那片大地正是曼科．卡帕克被賜予金棒去找到庫斯科，從而展開安地斯文明的地方。

這座湖的主要外流河——德薩瓜德羅河，是從湖的西南角流出的。它從的的喀喀湖吸收河

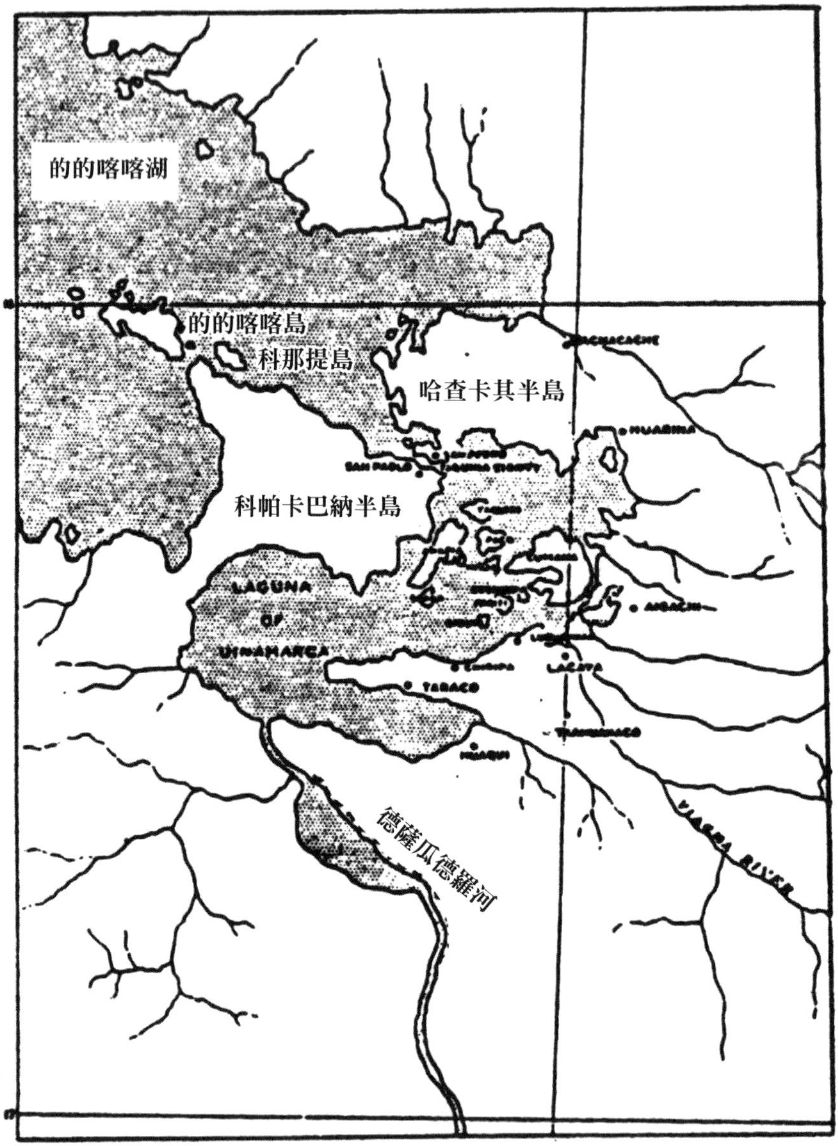

圖125：的的喀喀湖的南半部

水，再前往衛星湖——波波湖，這座湖在其南方兩百六十英里外，位於玻利維亞的奧魯羅。在這條流域上，到處都是銅和銀，一直延續到太平洋沿岸，玻利維亞和智利交界之處。

在的的喀喀湖的南岸，位於這些山脈間的充滿水的凹處陸續呈現出乾地的模樣，創造出了蒂亞瓦納科所在之處的山谷和高原。整座湖的周圍，沒有其他地方有這樣的高原；沒有其他地方與瀉湖般的水域相連，使得水運變成可能；也沒有其他地方有著穿越山脈朝向三個內陸方向的路線，和朝北走的水路。

而且，更沒有什麼地方擁有如此輕易可得的珍貴金屬——黃金和白銀，銅和錫。蒂亞瓦納科會在這裡，是因為這裡是最適合它的位置：新大陸南美洲的冶金業首都。

對於它的名字，也有過各種各樣的拼讀方法，例如：Tiahuanacu、Tiahuanaco、Tiwanaku、Tianaku，只是為了努力捕捉住這個在當地流傳且保存下來的名字的發音。我們認為，最初的名字應該是TI.ANAKU：意思是Titi和Anaku之地，也就是「錫城」（TIN CITY）。

古航海圖中的新大陸

我們認為，這個地名中出現的Anaku（阿納庫），源於美索不達米亞詞彙中的「錫」，因為這種金屬是由阿努納奇所賜予的。這代表蒂亞瓦納科和的的喀喀湖，與古代近東之間有著直接的聯繫。而且有證據可以證明這個觀點。

青銅伴隨著近東文明的萌發而首次出現，並在西元前三千五百年時，完全被用於冶金中。然而，在西元前兩千六百年時，錫的供應逐漸開始減少，直到幾乎消失。接下來，突然間，在西元前大約兩千兩百年時，全新的錫礦供應宛如從天而降。阿努納奇眾神透過某種方式結束了這次錫礦危機，並拯救了他們曾賜予人類的最重要的文明，這是如何辦到的呢？

讓我們看看一些已知的事實。

在大約西元前兩千兩百年時，當近東的錫供應突然改善時，一群神祕的人出現在近東的舞臺上。他們的鄰族稱其為卡西人（Cassites，後來希臘人稱他們為科西人〔Kosseans〕）。學者們對於這個名字給不出任何解釋。然而這讓我們想到，Cassites可能是源自cassiterite（錫石）這個字；指的是那些能夠提供錫石或是從錫石礦產地而來的人。

西元一世紀的羅馬博學家普林尼（Pliny）曾寫道，被希臘人稱作cassiteros的錫，比鉛更貴重。他表示，自從特洛伊（Trojan）戰爭之後，希臘人就一直很看重這種金屬（事實上荷馬〔Home〕也提過，他的拼字也是用cassiteros）。特洛伊戰爭發生在西元前十三世紀，地點是在小亞細亞的西部邊境，也正是早期地中海的希臘人與西臺人（或是他們的印歐血親）發生接觸的地方。普林尼在《博物志》（*Historia Naturalis*）中寫道：「傳說中提到，人類在大西洋的島上尋找這些錫，然後用細枝條製造的船來運輸；那種枝條來自某種枝多而細的植物，例如柳樹。接著再覆蓋縫合在一起的獸皮。」希臘人將這些島嶼稱作錫島，「因為它們有大量的錫」，他寫道，它們存在於大西洋中，面向被稱為「天涯」的海角，「它們是眾神的六座島嶼，被一些人認為是極樂之島。」這是一個有趣的陳述，因為如果希臘人是從西臺人那裡學到了所有關於神就是阿努納奇的知識，我們就能找出「阿納庫」這個詞彙的所有含義。

然而，這些島嶼通常都被認為是英格蘭西南部康瓦耳附近的錫利（Scilly）群島，特別是在得知腓尼基人曾在西元前一世紀時到過不列顛諸島的這個地方尋找錫之後。那個時代的先知以西結（Ezekiel），曾經特別提到古代腓尼基的重要城市推羅（Tyre）中的腓尼基人，會用他們的遠洋船來進口錫。

普林尼和以西結的說法是最重要的，原因之一是後來有許多現代作者同樣支持腓尼基人在那個時候登陸美洲的理論。在西元前大約九世紀時，地中海東部的腓尼基城邦被併入亞述帝國之後，腓尼基人在地中海西部、非洲北部，建立了一個新的中心，名叫迦太基（Carthage，Keret-Hadasha，**意思是新城市**）。他們在這個地方繼續從事金屬交易，同時還開始劫掠當地非洲人當作奴隸。在西元前六百年，他們為了幫埃及國王尼科（Necho）尋找黃金，環繞非洲（**讓人想到在此四個世紀之前所羅門王的那件事**）；而在西元前四二五年時，在一位名叫漢那（Hanna）的領導者指揮下，他們環航西非，建立起黃金和奴隸的供應站。漢那在遠征之後安全返回迦太基，因為他的冒險故事都是在他活著回來之後口述的。但那些在他之前和之後的人，都被大西洋的海水淹沒，或在美洲海岸發生了海難。

先將那些出現在北美洲，帶有強烈地中海特徵的工藝品放到一邊，因為出現在中美洲和南美洲的這些工藝品更引人入勝。少數願意在這個方向冒險的學者中，有一位名叫塞勒斯·高登（Cyrus H. Gordon）的教授，著有《在哥倫布之前》（*Before Columbus*）和《歷史的謎團》（*Riddles in History*）等書，曾在書中提到，巴西（Brazil）這個名字，與閃族語中的「鐵」（Barzel）相似，他對於一八七二年在巴西北部發現的，所謂的帕拉伊巴（Paraiba）銘文給予相當大的信任。但是它在那之後很快就消失了，再加上它被發現之處的模糊環境，讓多數學者認為它是偽造的贗品。而且，如果承認了它的真實性，等於推翻了當時認定的「新舊大陸之間沒有聯繫」的觀點。然而，有著超人學識的高登，堅定地相信它是一艘腓尼基船的船長所留下的訊息，他的船因為一場風暴而與船隊脫離，他們大約是在西元前五三四年時從近東出發。

在所有這些研究中有一些相似處，首先，對美洲的「發現」是偶然的，是一次海難或因海洋洋流而造成的航向轉變所導致的；第二，時間是在西元前第一個千年，並且很有可能是在這個千年的後五百年。

但我們所討論的時間更早，幾乎早了兩千年；而且我們認為，新舊大陸居民之間的物品貿交易絕非偶然，而是阿努納奇「眾神」刻意安排的結果。

很明顯的，所謂的卡西人並非不列顛人，近東的紀錄裡將他們定位於蘇美東部，也就是現今的伊朗。他們與小亞細亞的西臺人，以及胡里人（Hurrians，也就是《聖經》中的何利人〔Horites, People of the Shafts〕）有關係；何利人是美索不達米亞南部的蘇美以及北部的印歐人民之間的地理和文化紐帶。他們和先祖，包括蘇美人，都有可能透過向西航行到達南美洲。他們繞過非洲的一端，穿過大西洋到達巴西；或向東，繞過印度支那的一端以及群島，橫越太平洋到達厄瓜多和祕魯，每條線路都需要遠洋航海技術和航海圖。

我們必須指出的是，這些航海圖的確存在。

認為歐洲航海家或許可以使用早期地圖的觀點，是從哥倫布本人開始的。現在已經可以確信，哥倫布很清楚地知道他所要去的地方是哪裡，因為他從保羅．達爾．波佐．托斯卡內利（Paolo del Pozzo Toscanelli）那裡知道了答案。托斯卡內利是來自義大利佛羅倫斯的一位天文學家、數學家和地理學家，他在一四七四年寄給教會和宮廷的地圖及信件中，曾力勸葡萄牙人採用一條向西的航線到達印度，而非環繞非洲。托斯卡內利根據亞歷山卓的托勒密（Ptolemy of Alexandria，西元二世紀）的作品，放棄了幾個世紀以來的石化地理教條，而是採納了基督教時代之前的希臘學者觀點，例如喜帕恰斯（Hipparchus）和歐多克索斯（Eudoxus，又譯尤得塞斯），認為地球是一個球形。他還採納了西元早期的希臘學者們所提出的地球尺寸。

托斯卡內利在《聖經》中為這些觀點找到一些證據，例如預言書《以斯拉記II》（*Esdras II*，這是《聖經》第一部拉丁語譯本的一部分），提到了「圓形的世界」。托斯卡內利採納了所有的觀點，卻計算錯了大西洋的寬度；同時他還相信，那片位於加那利（Canary）群島西方三千九百英里處的大陸，是亞洲的一端。那裡正是哥倫布所找到的大陸，也就是他所謂的「西印度群島」——這個錯誤的名稱至今仍被沿用。

現代研究員認為，葡萄牙國王甚至還擁有勾勒出南美洲大西洋海岸的地圖，其中甚至標註了比哥倫布發現的島嶼再往東一千英里的地方。他們也的確發現了一些證據。一四九三年五月，教皇為了緩解衝突，在西班牙發現的土地（西邊）和一片未知土地之間劃下一條界線，這條線應該就在該片土地的東邊。這條南北直線位於維德角（Cape Verde）群島向西的三百七十雷格（一雷格約三英里）處，在葡萄牙人的要求下，給了他們巴西和南美的更大部分，這讓西班牙人大為震驚，而非葡萄牙人。人們認為，葡萄牙人早就知道這片大陸後面還有更多的東西。

的確，現在人們驚訝地發現了哥倫布時代之前的大量地圖和海圖；其中一些（例如一三五一年的麥迪森〔Medicean〕地圖，一三六七年的皮濟尼〔Pizingi〕地圖等）還顯示了日本是在大西洋西部的巨大島嶼，而且，有意思的是，在到達日本的途中是一個名叫「巴西」（Brasil）的小島。其他地圖則包含了美洲和南極洲的輪廓。南極洲的大陸特徵曾經被覆蓋其上的冰層完全遮掩了，因此，這些地圖最初繪製的時間是那些冰層都消失的時候，也就是西元前一萬一千年的大洪水結束之後不久的一段時間。

這些不可能存在卻的確存在的地圖中，最著名的是由土耳其的海軍將領皮里．雷斯（Piri Re'is）於一五一三年繪製的。這位將領表示，他繪製的地圖部分基於哥倫布曾經使用的地圖。

很長一段時間，人們都推測中世紀的歐洲地圖和阿拉伯地圖，都是基於托勒密的地理學；後來卻有研究顯示，十四世紀極為精確的歐洲地圖，是基於腓尼基製圖學，特別是推羅的馬里諾（Marious of Tyre，西元二世紀）的理論。然而，他是從哪裡得來這些資料的呢？哈皮古德（C. H. Hapgood）在他關於皮里．雷斯地圖及其來源的最佳研究之一《古代海王的地圖》（*Maps of the Ancient Sea Kings*）裡，曾指出「這些古代地圖所提供的證據，似乎是告訴我們在遙遠的時代存在著……一個極為先進的真實文明」；比希臘和羅馬更先進，而且航海科學要強於十八世紀的歐洲。他總結道，在希臘和羅馬之前的是美索不達米亞文明，可以回溯至少六千年前；但地圖上的某一些特徵，例如對南極洲的精確測量，讓他猜測那是早於美索不達米亞文明之前的人所為。

當大部分的研究都只關注在這些地圖的大西洋特徵時，哈皮古德及其團隊的研究建立了一個新觀點，認為皮里・雷斯地圖還正確描繪出了安地斯山脈，以及向東流去的亞馬遜河，還有南美洲的太平洋海岸線，大約是南緯四度到四十度，從厄瓜多經過祕魯到智利。令人驚訝的是，他們的團隊發現，「從山脈的畫法可以看出他們是從海上進行觀測的，他們在沿著海岸線行駛的船上觀測，而非憑空想像。」海岸線被勾勒得極為詳細，以至於帕拉卡斯半島都能夠被清楚地分辨出來。

斯圖亞特・皮哥（Stuart Piggott）是第一批注意到托勒密世界地圖的歐洲抄本上有南美洲太平洋海岸線的人之一。然而，它所顯示的並不是一個在寬廣海洋前方的大陸，而是類似於提耶拉米迪卡（Tierra Mitica）的神祕土地，從中國南部末端延伸出來，那裡有一個名為Quersoneso de Oro（黃金半島）之處，順著這條路一直往南，就是現在所說的南極洲。

這一發現促使著名的南美考古學家伊巴拉・格拉索（D. E. Ibarra Grasso）發起了一次對古代地圖的深入研究，並將結論刊在《美洲地圖代表》（*La Representacion de America en mapas Romanos de tiempos de Cristo*）中。就跟其他研究者一樣，他指出，帶來地理大發現時代的歐洲地圖，實際上是基於托勒密的地理體系，而托勒密的理論又是基於推羅的馬里諾的製圖和地理學，甚至是其他更早期的資訊。

伊巴拉・格拉索的研究顯示，這個被稱為提耶拉米迪卡「附屬物」的西海岸形狀，和南美洲西海岸伸入太平洋地區的形狀驚人地相似。這裡就是各種傳說中一直講到的史前登陸地點！

托勒密地圖的歐洲抄本裡，有那一片神祕陸地中心位置的名字：卡提加拉（*Catigara*）；伊巴拉・格拉索寫道，這個地方「實際上是蘭巴耶克（Lambayeque）的所在地，那裡是整個美洲大陸的主要黃金冶金中心」。它就是查文德萬塔爾，史前黃金加工中心的所在處，也是非洲的奧爾梅克人、蓄鬍的閃族人和印歐人相遇之處。

卡西人是否也在這裡登陸？或是在靠近蒂亞瓦納科的帕拉卡斯港登陸？

手持閃電和金屬棒的神像

卡西人在西元前第三和第二個千年中，為後世留下了大量的金屬工藝品。這些工藝品包括了大量由金、銀、銅和鐵製成的物品；但最受他們偏愛的金屬是青銅，讓「洛雷斯坦的青銅器」（Bronzes of Luristan）成為藝術史學和考古學的著名名詞。他們的工藝品大多是以神（見圖126a）或傳說中的英雄來進行裝飾，其中最著名的是與獅子搏鬥的吉爾伽美什（見圖126b）。

不可思議的是，我們在安地斯山區發現了相同的主題和工藝品形式。在名為《祕魯古老宗教》（*La Religion en el Antiguo Peru*）的研究報告中，相關人員描繪了一幅受到祕魯人崇拜的神的插圖。關於這位神的描繪，來自於在中部和北部海岸地帶出土的陶器，它與卡西人青銅器的相似度令人震驚（見圖127a）。在查文德萬塔爾，那裡的雕像上描繪著類似西臺的符號，我們還能看見吉爾伽美什大戰獅子的場面。有人曾經從舊大陸來到這裡，講述並描繪了這些故事；在蒂亞瓦納科也是一樣：在出土的青銅文物中，有一個宛如「洛雷斯坦的青銅器」，上面描繪的顯然就是近東英雄的故事場景（見圖

圖126a：工藝品上的神像

圖126b：與獅子搏鬥的吉爾伽美什

127b）！

對「天使」——那些有翅膀的「信使神」（《聖經》中稱其為Mal'achim，字面上的意思便是「使者」）的描繪，也曾出現在所有古代人的藝術品裡；西臺人所描繪的形象（見圖128a）最類似那些站在太陽門主神兩側的有翼信使（見圖128b）。這是具有意義的，因為它再現了遠古美洲曾經發生的事件，我們相信，特奧蒂瓦坎和蒂亞瓦納科眾神的領域在查文德萬塔爾交會，在有翼神的碑刻上，奧爾梅克人的特徵取代了美索不達米亞人的特徵（見圖128c）。

在查文德萬塔爾，印歐神是公牛神；對當地的雕刻家而言，牠是一種神話動物。雖然公牛在被西班牙人引入之前並未在南美洲出現過，學者們仍然驚訝地發現，在的的喀喀湖的普諾區域附近，甚至在普卡拉（Pucara，傳說中維拉科查從湖區前往庫斯科途中的停留地）的一些印地安群落，在被西班牙征服之前的時代就開始崇拜公牛（斯巴尼〔J. C. Spahni〕發表於一九七一年的《民族學雜誌》〔*Zeitschrift für Ethnologie*〕中）。

在蒂亞瓦納科和安地斯南部，這位神被描繪成手持閃電，拿著一根金屬棒。這個形象被刻在石塊上，描繪在陶器上，繡在紡織品上。它在古代近東也是眾所皆知的符號組合：在巴比倫和亞述，這位神被稱為拉姆曼（Ramman，意思是雷神），西閃族人稱其為哈達（Hadad，意思是翻滾的聲浪），西臺人和卡西人稱其為特舒蔔（Teshub，意思是鼓風者）。他都被描繪為站在他的象徵動物——一頭公牛上，一手持著金屬工具，一手拿著叉形閃電（見圖129a）。

圖127a：卡西人青銅器上的圖案

圖127b：近東英雄的故事場景

在舊大陸神話起源地的蘇美人，稱這位神為阿達德或伊希庫爾（ISH.KUR，意思是遠山的他），並將他描繪為拿著金屬工具和叉形閃電的神（見圖129b）。他有一個稱號是ZABAR DIB.BA，意思是「他授予並劃分青銅」——這是一條清晰的線索。

難道他不是祕魯南部海岸的里馬克，安地斯高地的維拉科查？他們都拿著金屬工具和叉形閃電，其符號都是獨自出現在眾山之上的一道閃電。在里貝諾和馮·楚迪於的的喀喀湖西南部發現的一個石雕品上，他可能還被描繪成站在一頭公牛上（見圖129c）。研究過「維拉科查」這個名字之各種形式的學者一致同意，其組成部分代表著「雨／暴風雨／閃電」的「主／至高」是「製造者／創造者」。一部印加史詩將他形容為「在暴風雲和雷鳴之際到來」的神。這幾乎是一字字

a
圖128a：西臺人所描繪的有翼神

b
圖128b：太陽門上的有翼信使

c
圖128c：具奧爾梅克人特徵的有翼神

地解讀這位神——風暴神，在美索不達米亞受到讚美的神。在來自庫斯科的黃金圓盤上（參見一九一頁，圖85b），也描繪了一位帶著叉形閃電的神。

在那個遙遠年代的某個時刻，伊希庫爾（特舒蔔／維拉科查）帶來了他的叉形閃電符號，放在所有人從空中和海上都能看到的帕拉卡斯港的山坡上（見圖130）。這是哈普古德團隊從皮里·

圖129a：站在公牛上，手持金屬工具和持叉形閃電的特舒蔔神

圖129b：拿著金屬工具和叉形閃電的阿達德神

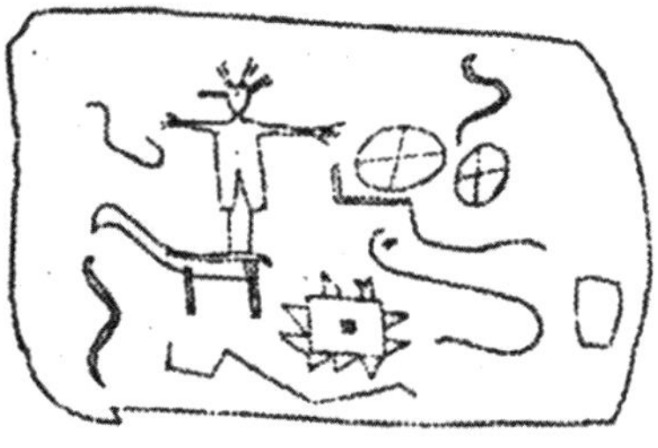

圖129c：在的的喀喀湖西南部發現的石雕品圖案

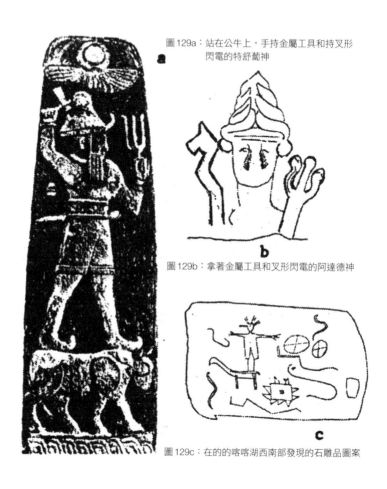

雷斯地圖上辨認出的港口，它很有可能就是將蒂亞瓦納科的錫和青銅運送到舊大陸的港口。這個符號是在向眾神及眾人宣告：

這裡是風暴神的國度！

正如《約伯記》裡所記錄的一樣，確實有一個金屬鑄塊的來源地，它的地下有如翻湧的火海……那個地方位於群峰之中，「礦中的路鷙鳥不得知道，鷹眼也未見過」（《約伯記》28：7），向人類提供這些重要金屬的神，正是在這個地方「伸手鑿開堅石，傾倒山根。在磐石中鑿出水道。」（《約伯記》28：9）

圖130：帕拉卡斯港山坡上的叉形閃電符號

12．帶著黃金眼淚的眾神

在西元前四千年後的某個時候，偉大的阿努，尼比魯星的統治者，對地球進行了一次訪問。這不是他第一次進行艱苦的太空旅程。在四十四萬個地球年（相當於一百二十二個尼比魯年）之前，他的長子恩基，帶領共有五十五名阿努納奇的第一個團隊來到第七顆行星——地球，以獲取黃金。在尼比魯星上，自然因素和科技的濫用，使得這顆行星周圍的大氣層遭受破壞，漸漸變薄。大氣層不僅提供生物呼吸所用，也具有將行星包裹在溫室中的作用，防止其內部產生的熱量散發。尼比魯星的科學家們指出，只有在尼比魯星的高空懸浮黃金微粒，才能避免尼比魯變成一顆冰凍且無生命的星球。

阿努納奇礦工與人類的誕生

恩基是一位非凡的科學家，他降落在波斯灣，並在岸邊建立基地：埃利都（Eridu）。他的計畫是從波斯灣的水中萃取黃金，然而這麼做所得到的量太少，使尼比魯星面臨的危機逐漸加深。阿努在厭煩恩基的不斷承諾後，親自來到地球，並帶來了他的繼承人恩利爾。雖然恩利爾不是長子，卻是合法繼承人，因為他的母親安圖是阿努的同父異母姊妹。恩利爾缺乏恩基的科學知識，卻是一名卓越的管理人員；他不迷戀大自然的奧祕，而著重於負責任地完成任務。所有的研究都指出，他所要做的是直接挖掘金礦，地點在非洲南部。

隨之而來的激烈爭執不只在這個計畫本身，還發生在這兩位同父異母的兄弟之間。阿努甚至還考慮過是否要留在地球，並讓他的一個兒子回去統治尼比魯星；但是這個想法帶來更大的爭議。最終他們由抽籤來決定。恩基到非洲，管理採礦事宜；恩利爾留在伊丁（美索不達米亞），建造提煉礦石和將黃金運回尼比魯的必要設施。而阿努則回到阿努納奇的星球。這便是他的第一次到訪。

之後的第二次造訪，是另一個緊急情況導致的。在第一次登陸的四十個尼比魯年之後，在黃金礦井裡工作的阿努納奇造反了。到底有多少比例是因為他們在深層礦山中辛苦勞作造成的，又有多少比例反映了兩個同父異母兄弟及其團隊之間的嫉妒與摩擦，如今的我們只能憑空猜測了。事實是，由恩基管理的、在非洲南部採礦的阿努納奇發動叛亂，拒絕繼續工作，而當恩利爾前來解除危機時，他被挾持當作人質。

所有這些事件都被記錄下來，在千年之後告訴地球人，這一切是如何開始的。眾神舉行了大會。恩利爾堅決提議讓阿努來地球主持，並對恩基進行判決。在多位管理者面前，恩利爾闡述了這些事件的關係，指控恩基是叛亂的組織者。但當這些叛軍講述了自己的故事之後，阿努對他們產生了同情。他們是太空人，不是礦工；而且他們所做工作的勞苦程度，的確令人難以承受。

但這工作就不做了嗎？如果不開採這些黃金的話，尼比魯星上的生命該怎麼辦？恩基提出一個解決辦法：我們將創造原始工人（Primitive Worker），他們將接手這項艱苦的工作！面對眾神的震驚，他陳述說，在首席醫藥官寧蒂（寧呼爾薩格）的幫助下，他正在進行各種實驗。在地球上，當時在東非有一種原始生物——人猿。這種生物肯定是從尼比魯的生命種子進化而來的，源自尼比魯與提亞瑪特（Tiamat）發生天體碰撞之時到達地球的（詳見《第十二個天體》）。由於彼此具有遺傳相容性，只要加入一些阿努納奇的基因，就可以升級這個物種。如此一來，將創造出一種模樣和形象都類似阿努納奇的生物，他們能夠使用工具，智商也足夠聽從指揮。

然後就有了路路艾米路（LULU AMELU），意思是「混合的工人」。它是透過基因工程，在實驗室瓶子裡讓一顆母人猿的卵子受精而得來的。這種雜交生物無法自身繁殖；女阿努納奇每次都得扮演生育女神的角色。然而，恩基和寧呼爾薩格在一次次的測試和失敗之後，終於改善了他們，創造出一個完美的模範人類。他們將他取名為亞當（Adam），意思是「地球人」。有了大量的勞力後，黃金產量大增，過去的七個殖民地轉變為城市，阿努納奇（地球上有六百位，軌道站上有三百位）開始享受慢節奏的生活。其中一些阿努納奇無視於恩利爾的反對，娶地球人的女兒們為妻子，甚至還有了孩子。對阿努納奇而言，開採黃金已不再是一項令人厭惡的任務；但對恩利爾而言，這似乎是任務偏離正軌的開始。

大洪水劫難後的新礦源

所有這一切都在大洪水來襲時結束了。有很長一段時間，科學觀測站都發出警報，因為南極洲上方的冰層開始滑落；當尼比魯星再一次到達最靠近地球的地點（在火星和木星之間），它的強大引力可能會讓這個冰層徹底脫離，造成一場全球性的巨大潮汐波，這將瞬間改變海洋和地球的溫度，導致極為可怕的風暴。恩利爾在與阿努商討後，下達命令：準備好太空船，準備隨時離開地球！

但人類該怎麼辦呢？創造者恩基和寧呼爾薩格發出了這樣的疑問。「就讓人類滅亡吧。」恩利爾說。他要求所有阿努納奇都發誓，不得向人類透露大洪水的祕密。恩基在無奈之下也發了誓；但是他假裝對一面牆講話，要最忠心的追隨者吉烏蘇他拉（Ziusudra）建造一個提巴圖（Tibatu），一艘可以潛水的船隻。他和他的家人，以及足夠的動物能夠在這艘船上躲過這場洪水災難，如此一來，地球上的生命將不會滅絕。恩基還給了吉烏蘇他拉一個導航器，帶領船到達亞拉拉特山，這是近東最引人注目的雙峰山脈。

由阿努納奇口述給蘇美人的創世及大洪水故事，比相似的《聖經》故事及其他各種版本都要詳細且明確得多。當這場災難來臨之際，待在地球上的不僅有半神，其中一些還是主要的神，是十二聖圈（sacred circle of Twelve）裡的成員。他們都過著地球人的生活：娜娜（Nannar，辛）和伊希庫爾（阿達德），他們是恩利爾的小兒子，都出生在地球；當然，辛的雙胞胎子女，烏圖（Utu；沙馬氏）和伊南娜（伊師塔），也是在地球上出生的。恩基和寧呼爾薩格（恩基可能與她分享了祕密的「諾亞行動」）加入了其他神的討論，建議阿努納奇不要帶著貨物離開地球，而是在繞地軌道上停留一段時間，看看地球上將會發生什麼事。而事實上，當巨大的潮汐波來了又退去，大雨也停止後，地球的山峰開始顯露出來，陽光照射其上並穿過雲層，天空出現了彩虹。

當恩利爾發現有人類倖存者時，一開始暴怒了起來，但後來他變得寬容了。他意識到，阿努納奇可以繼續留在地球上；而一旦他們要重建城市，繼續黃金工業的話，必須使人類得以繁衍和繁榮，而且不能再將其視為奴隸，而是當成夥伴。

在大洪水之前的時代，用於阿努納奇往來、貨物供給及運出黃金的太空站，設在美索不達米亞的西巴爾（Sippar）。但原本富饒的兩河流域，如今覆蓋了數十億噸的淤泥。他們仍然沿用以亞拉拉特山的雙峰當作登陸走廊錨點的做法，在北緯三十度的尼羅河岸旁，建造了一對人造山峰——兩座吉薩大金字塔，以做為後洪水時代西奈半島太空站的著陸用地標。它與美索不達米亞的太空站一樣接近非洲的黃金礦源，甚至更靠近。

如此一來，地球人得以生存繁衍，同時也能為阿努納奇提供必要的幫助，於是人類被賜予文明。穀物的種子從尼比魯星被帶到地球，野生穀物和動物被馴養，泥土和金屬工藝被傳授給人類。後者是最重要的，因為這觸及到阿努納奇自身在恢復黃金供應上的成功（原本那些舊礦井都填滿了泥漿和水）。

在大洪水之後，尼比魯星再一次靠近地球，給予地球一些重要材料，卻沒有得到什麼有價值的東西。在舊有的金礦產地，為了找到隱藏的礦脈，必須鑽入山體、深入地下、炸掉岩石。人類必須要有工具——堅硬的工具，才能夠挖掘出阿努納奇用射線槍找到並爆炸的東西。幸運的是，洪水帶來了一些好處，因為它將礦脈沖了出來，河床上充滿了黃金微粒，混在泥沙裡。這是一個新的黃金來源，雖然工作起來比較簡單，但要到達那裡和運輸東西卻更困難；因為這些金沙的產地在地球的另一邊：在面向大海的群山中，富饒的金礦資源被發現了。它就在那裡等著被拿取；只要阿努納奇能夠抵達那裡，並找到將黃金運回來的方法。

阿努造訪蘇美的烏魯克城

現在，尼比魯星又一次靠近地球，偉大的阿努和他的配偶安圖再次來到地球訪問。他想親自看看哪裡有問題。比如，在給予人類兩種神聖金屬「安納」（AN.NA）和「安巴」（AN.BAR），用於製造堅硬的工具之後，他們獲得了哪些成就？將開採黃金的工作延伸到地球另一邊的計畫，已經有哪些進展？貨倉裡真的如報告所說，裝滿了黃金，隨時準備運回尼比魯星嗎？

「在洪水氾濫整個地球之後，王權從天國被帶了下來，王權首先是在基什（Kish）。」蘇美的國王列表中，這麼展開了對近東第一個文明的各朝代和首都的記載。考古學上的確曾證實了那座蘇美城市的卓越古代史。在它的二十三位統治者中，有一位可以透過稱號被推斷為冶金學家；其中很清楚地記錄到，第二十二任統治者，恩門巴拉格西（Enmenbaragsi）「把埃蘭鑄造的武器當成戰利品帶走」。埃蘭位於蘇美東南部的高地，的確是冶金學發源地之一；而提到的戰利品——鑄造武器，證實了西元前四千年後不久古代近東冶金業全面發展的考古學證據。

然而，「基什被武器攻擊」，可能是被領土遭受侵略的埃蘭人所攻擊；而王權，即首都，被轉移到一個全新的城市，名叫烏魯克（即《聖經》中的以力）。它的十二位國王中最聲名顯赫的是吉爾伽美什，這個名字的意思是「致吉比爾（Gibil），熔煉／鑄造之神」。金屬工業似乎對烏魯克的統治者來說相當重要。當它的第一位統治者開始統治時，烏魯克只是一個神聖區域，那位統治者的名字首字母是ＭＥＳ——「鑄造大師」。關於他的銘文，長度有些不尋常：

> 美思加格伽什爾（Mes-kiag-gasher），神聖烏圖之子，成為伊安納（Eanna）的大祭司和國王……美思加格伽什爾進入了西海，並向山脈前行。

列表中通常只會出現國王的名字和各自的統治年份，而前述內容似乎是非常重要的資訊，所以被當作是榮耀而記錄下來。這位美思加格伽什爾，鑄造大師，所跨過的是哪一片海，所抵達的是哪一座山，我們也許永遠無法確實地知道；但這些用詞卻讓人想到世界的另一邊。

我們可以理解將烏魯克的冶金技術完美化的緊迫性：這與阿努即將造訪有關。也許是想要讓他確信一切都發展順利，這座特別的城市，烏魯克，是以他的榮耀建造的，而冶金業的成果應該被顯露出來。在這座神聖區域的中心，建造了一座多層神廟，它的角落是用鑄造的金屬建造的。它的名字——伊安納（E.ANNA），直接表示的意思是「阿努之屋」；但同樣也有「錫之屋」的意思。在記錄阿努到訪烏魯克時的禮節和計畫的詳細文獻中，揭示了一個擁有大量黃金的地方。

在從烏魯克檔案中找到的碑刻上，根據抄寫編號，可以發現它們源於更早期的蘇美文獻，如今只有中間部分是可以辨讀的。阿努和安圖已經坐在神廟庭院裡，檢視著帶有黃金權杖的眾神隊伍。同時，女神們在伊尼爾（E.NIR，光明之屋）裡為來訪者準備寢室，裡面覆蓋著「下層世界黃金的工藝品」。當天黑之際，一位祭司走到金字神塔的頂層，去觀測預計將會出現的尼比魯星，它是「天國阿努的偉大星球」。在與會者唱頌讚美詩之後，訪客在金盆中洗手，並享用了以七個金托盤端來的晚餐；啤酒和水果酒都是用黃金容器盛裝的。在與會者多次唱頌「創造神的星球，天國英雄的星球」的讚美詩之後，訪客被一隊持火炬的神帶到「黃金圍場」過夜。

早上，眾神起來享用以金盤盛裝的精緻早餐，祭司們則在祭祀時填滿黃金香爐。當預計離開的時刻到來，來訪的神在一隊眾神的帶領下，伴隨著唱誦著的祭司們，前往他們停放飛船的港口。他們從高貴之門離開這座城市，向下經過眾神大道，最終抵達「神聖港口」，阿努之船的堤壩」，並乘坐阿努之船前往「眾神的軌道」。在被稱為阿基圖（Akitu）之屋的禮拜室裡，阿努和安圖在禱告中加入地球眾神，誦讀祝福語七遍，然後，「緊握雙手」，眾神出發了。

普瑪彭古是美洲版烏魯克城

如果在阿努這次來訪時，阿努納奇就已經開始在新大陸開採黃金，那麼阿努和安圖是否會將這片新的黃金大地排入行程中？地球上的阿努納奇會試圖展現自己的新成果、新前景，承諾將一勞永逸地為尼比魯星提供足量的重要金屬，以打動他們嗎？

如果答案是肯定的，那麼蒂亞瓦納科的存在以及諸多有關它的事就都得到解釋了。因為，在蘇美有一座特殊城市，具備了全新的神聖區域、黃金圍場，以及為了阿努訪問舊大陸而建的眾神大道和神聖港口。我們知道，在新大陸的心臟地帶，也有一座新城市，擁有全新的黃金圍場、神聖大道和神聖港口。而且，就像在烏魯克，我們也許可以找到一個天文觀測臺，它是用於測定尼比魯星出現在夜空的時刻，以及其他行星的升起。

我們感覺到，這樣的相似之處已經可以解釋為何卡拉薩薩亞曾需要一座觀測臺，那是因為它的精確度，和它的時期：大約西元前四千年。我們認為，只有這樣的國事訪問，才能解釋普瑪彭古的複雜建築。那是類似皇室的建築，還有它的鍍金圍場。這就是考古學家們在普瑪彭古所發現的：金板不只覆蓋了大門（就像蒂亞瓦納科太陽門的背面一樣）的一部分，還被鍍在整座牆、出入口和門簷。波斯南斯基拍下了在許多拋光和裝飾精美的石塊上的一排排小圓洞，它們「用於安裝覆蓋在上面的金板。安裝時所用的釘子也是黃金的」。當他在一九四三年四月將一份研究報告交給地理學會時，出示了一個上面有五根黃金釘子的石塊（其他釘子在尋金者移除上面的金板時被拿走了）。

在最早期，普瑪彭古可能是牆壁、天花板和簷口都被黃金覆蓋的雄偉建築，就像烏魯克的伊尼爾那樣。而在我們發現到裝飾在普瑪彭古儀式大門的淺浮雕，以及在蒂亞瓦納科的偉大之神巨大雕像上，都鑲有黃金時，這就更具意義了。波斯南斯基拍下這些小洞，「有些直徑是兩公毫，環繞在浮雕周圍」。被他稱為月亮門的普瑪彭古主門，上面的維拉科查浮雕，以及下方蜿蜒線條之間的神臉，「都是鑲金的……讓主要的象形文字能夠被凸現出來。」

神像上的鑲金眼淚

波斯南斯基的一些發現頗具意義。他發現這些神像的雙眼上，有金色鑲嵌物和釘子「固定在眼睛的縫隙中，綠松石是眼中的小圓盤」。他寫道：「我們在蒂亞瓦納科文化地帶，已經發現許多中間有打孔的綠松石。」這個事實使他相信，包括蒂亞瓦納科的大門上的浮雕，還有在那裡發現的巨大眾神石像，他們的臉上都鑲有黃金，眼睛則鑲入綠松石。

這個發現是最該受到注意的，因為在南美洲沒有綠松石。這是一種藍綠色的次寶石，首次開採是在西元前五百年末期，被認為產地是在西奈半島和伊朗。總之，這些鑲嵌技術完全是近東的，而且在美洲的其他地方也從未發現過。

眼淚是用黃金鑲嵌的，從現今在拉巴斯的奧羅博物館（Museo del Oro）展出的一些雕像上，仍然可以看到。實際上，所有發現於蒂亞瓦納科的雕像中所描繪的神，每隻眼睛都流下了三顆淚水。有一個被暱稱為「佛瑞爾」（El Fraile，見圖131a）的知名大雕像，大約有十英尺高，和其他蒂亞瓦納科的雕像一樣是用砂岩雕刻而成，這代表它們都屬於蒂亞瓦納科最早期的作品。這位神的右手拿著一個鋸齒狀的工具，每隻眼睛都滴下三顆淚水，不用說，它們也是鑲金的，可以很清楚地被看到（就像圖131b的素描）。相同的眼淚還可以在被稱為巨頭像（見圖131c）的臉部看到。珠寶獵人破壞了一座巨大雕像，因為當地文化認為蒂亞瓦納科的建造者「擁有混合石頭的祕密」，所以這些雕像並非用石頭雕刻而成，而是用一種神奇的工藝鑄造而成，並且將黃金隱藏在雕像中。

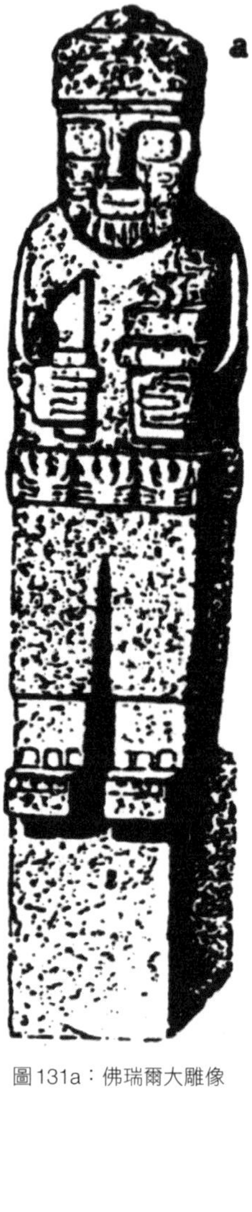

圖131a：佛瑞爾大雕像

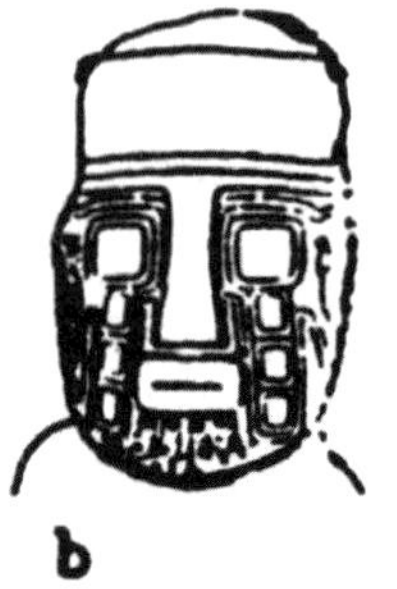

圖131b：每隻眼睛都滴下三顆淚水

圖131c：巨頭像

這種信念也許是因為這些鑲嵌著黃金的神淚的存在而維持下來，這也許是安地斯人（例如阿茲特克人）將黃金小顆粒稱為「眾神的眼淚」的原因。由於所有雕像描繪的神，跟太陽門上的是同樣的神，而且他的臉上都有帶淚，所以後來被稱為「哭泣的神」。從我們掌握的證據來看，我們認為稱它為「帶著黃金眼淚的神」更合適。

一個發現於萬凱（Wancai）的巨大獨石上描繪了一位神，他戴著圓錐形的有角頭飾——這是美索不達米亞眾神的代表性頭冠——而且他用閃電來代替眼淚（見圖132），很明顯的，他可以被指認為是風暴神。

位於普瑪彭古的一個鍍金石塊，裡面有著「神祕的洞穴」和一條很深的通道，它的其中一角被切割下來，以放置一個漏斗，波斯南斯基認為它有可能是祭壇的一部分。然而，有個靠近蒂亞瓦納科的遺址，那裡的石塊遺蹟讓此處看起來像是一個小型的普瑪彭古，而且在那裡也發現了黃金工藝品；這個遺址的名字是楚克派查（Chuqui-Pajcha），在艾馬拉語中的意思是「液體黃金匯流之地」，因此，它比較可能是黃金生產加工廠，而非祭壇。

蒂亞瓦納科及其周邊遺址的黃金儲存之豐富，不只是從傳說、神話和地名中得知，更重要的是考古學上的發現。許多黃金工藝品被學者們歸類為「古典蒂亞瓦納科」，因為它們的形狀或裝飾（例如帶著黃金眼淚的神像、階梯、十字等）在一九三〇年代到一九五〇年代的考古過程中，被發現於鄰近的遺址和島嶼上。特別值得一提的是，這場考古任務的贊助者是美國自然史博物館（由威廉・本尼特〔William C. Bennett〕主掌）、畢巴底考古與民族博物館（由阿爾弗雷德・吉德二世〔Alfred Kidder

圖132：用閃電來代替眼淚的神像

II〕主掌）和瑞典民族學博物館（由斯提格・萊登〔Stig Ryden〕和馬克思・博圖加〔Max Portugal〕一起主掌）。

這些物品包括杯子、花瓶、盤子、管子和釘子（後者有一些六英寸長，頭呈三支羽毛形狀）。在更早的挖掘時期，曾在兩座神聖的島嶼——的的喀喀島（太陽島）和科耶提島（月亮島），發現一些黃金物品。波斯南斯基曾在關於蒂亞瓦納科及其周邊的《一般指南》（*Guia General*）中形容過它們。班德列（A. F. Bandelier）也在《的的喀喀和科耶提島》（*The Islands of Titicaca and Koati*）中提過。在的的喀喀島上的發現，大部分位於聖石及其洞穴附近無法辨認的廢墟中；學者們既不同意這些工藝品屬於蒂亞瓦納科的早期，又不同意（有一部分人同意）它們來自印加王朝時期，因為大家都知道，在印加第四任君主梅塔・卡帕克（Mayta Capac）在位時，曾來過這些島嶼朝聖並建造聖壇。

南美洲的黃金主礦脈

出土於蒂亞瓦納科及其周邊的黃金和青銅工藝品，代表了黃金的出產是先於青銅（和錫）的。波斯南斯基將青銅時代降為蒂亞瓦納科的第三個時期，並展示出使用青銅夾修復黃金時代建築的情況。由於附近山脈的礦井中，有明顯的證據可證明錫礦和黃金是在同一個地點開採的，這代表在的的喀喀區域發現黃金並開採之後，帶來了錫礦存在的事實：它們被發現混合於同一個河床和溪流中。

一份名為《玻利維亞和巴拿馬運河的開放》（*Bolivia and the Opening of the Panama Canal,* 1912）的玻利維亞官方報告顯示，在提潘尼河以及那些從伊良普山流下來的河流中，除了錫礦之外，「這兩條河都因為河沙中富含黃金而聞名」；在三百英尺深處都還沒看到岩石的底部。值得注意的是，「含金率與沙礫深度呈正比」。這個報告指出，提潘尼河的黃金是二十二至二十三・五克拉，幾乎是純金。玻利維亞的砂金產地清單幾乎是無窮無盡，即使在西班牙征服當地後已歷經了數個世紀的開採。在一五四〇年至一七五〇年，光是西班牙人就從玻利維亞帶走了超過一億盎司的黃金。

現今的「玻利維亞」在十九世紀獨立之前被稱為「上祕魯」，是西班牙人祕魯殖民地的一部分。當然，礦產資源沒有政治界限，我們已經在之前的章節中講過，西班牙人從祕魯拿走了大量的黃金、白銀和銅礦，歐洲人甚至相信，在西部美洲，無論南北，所有金礦的「主礦脈」都位於祕魯的安地斯區域。

從南美洲礦產地圖就可以清楚看出這一點。三條寬度不斷變化的地帶，象徵著黃金、白銀和銅的礦脈，它們如三條大蛇在安地斯山脈蜿蜒而行，從西北部延伸到東南部，包含北部的哥倫比亞到南方的智利和阿根廷。在這條路線上，分布著世界上最著名的礦點，一些被公認是純度極高的真正礦山。大自然的力量緩慢卻有力，無疑還加上大洪水的巨大衝擊，這些都使得金屬及其礦石被推出了它們原本所在的鑲入岩石的礦床。它們被暴露在外，從山的一側被沖刷下來進入河床。由於南美洲的大河都是從安地斯山脈往東流去，經過廣大的巴西平原進入大西洋，這也正是為什麼黃金和銅在這一側的產量也很豐富的原因了。

然而，在安地斯山脈中的礦床才是真正取之不盡的；看著地圖上這些用不同顏色標註的，纏繞在一起的礦帶時，很像是在看一個雙螺旋結構的DNA鏈條與RNA鏈條纏繞著。在這些鏈條中，還分布著其他有價值，甚至是稀有的金屬：鉑、鉍、錳、鎢、鐵、汞、硫、銻、石棉、鈷、砷、鉛、鋅；而且，還有對現代及古代的熔煉和精煉非常重要的物質：煤和石油。

一些含金率極高的金礦，有部分被沖到河床裡，堆積在的的喀喀湖的東部和北部。另外，在從東北方環抱的的喀喀湖到東南方的里科迪勒拉里爾山脈，一條新礦帶加入進來：這條礦帶主要是以錫石這種形式存在的錫礦。它在湖的東岸變得很顯眼，順著蒂亞瓦納科盆地向西彎曲，然後以幾乎和德薩瓜德羅河平行的方向往南延伸。它在靠近奧魯羅和波波湖的地方，與其他三條礦帶結合，並且以該處為終點。

安地斯山區的蘇美印記

當阿努和他的配偶前來查看這些豐富的礦產時，蒂亞瓦納科的神聖區域、黃金圍場和碼頭，都已經建好了。在西元前大約四千年時，阿努納奇帶了誰過來建造這一切？那時，蘇美周圍的高地居民已經有了初級的冶金和石材加工傳統，他們可能跟工匠一起被帶走。但是真正的冶金學技術還包括鑄造、高層施工、按照建築藍圖建造，以及遵循特定的朝向，這些都掌握在蘇美人手裡。

半地下神聖密室的中央雕像是留著鬍子的，就跟圍牆上那些描繪不知名貴賓的許多石雕頭像一樣。許多人就跟蘇美的貴族一樣，都包著頭巾（見圖133）。

這讓人不禁想問，印加人是從哪裡又是如何繼續古帝國的風俗，獲得蘇美（來自於阿努納奇）的繼承方式的？為什麼在印加人的咒語中，祭司用魔法語言**Zi-Ana**來向上天祈求，用**Zi-Ki-a**來向大地祈求？這兩個詞在蓋丘亞語或艾馬拉語中，都是完全沒有意義的（根據拉夫．奎韋多〔S. A. Lafone Quevedo〕的《神話散文》〔*Ensayo Mitologico*〕），但在蘇美語中，**ZI.ANA**是指「天國的生命」，而**ZI.KI.A**則是指「大地和水的生

圖133：包著頭巾的蓄鬍人

命」。為什麼印加人從古帝國時代就用Anta這個詞來泛指金屬，具體上指稱銅呢？這會不會是蘇美詞彙AN.TA？因為它正好與AN.NA（錫）和AN.BAR（鐵）是同一類？

在當地發現的蘇美採礦象形文字，讓這些蘇美冶金術語的遺物（由其後繼者借用）得到補充。由巴斯蒂安（A. Bastian）帶領的德國考古學家，在位於哥倫比亞金礦中心的馬尼薩萊斯（Manizales）河岸的岩石上，發現了這類符號（見圖134a）；一項由安德列（E. Andre）領導的法國官方任務，在東部區域的河床進行探索，在被人為加深的洞穴上方岩石發現了類似的符號（見圖134b）。在前往安地斯金礦中心的路線上及周邊地區的岩畫，都發現了類似蘇美楔形文字和象形文字的符號或名稱，例如Uru這個詞。類似放射十字的符號（見圖134c）也在的的喀喀湖西北

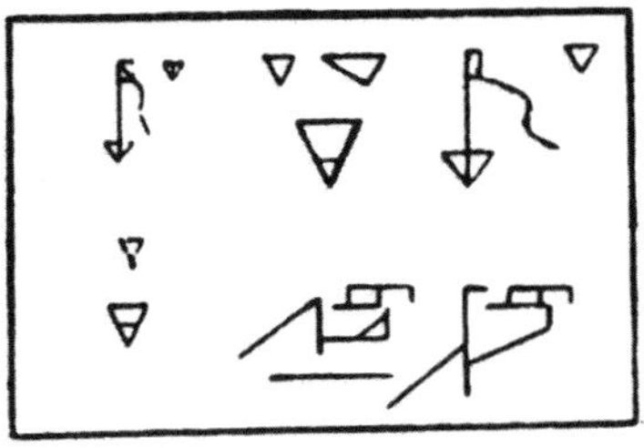
a

圖134a：在馬尼薩萊斯河岸的岩石發現的符號

b

圖134b：東部區域洞穴上方的符號

c

圖134c：在的的喀喀湖西北部發現的符號

部被發現，這個符號曾被蘇美人用於指代尼比魯星。

在分析所有的可能性之後，可以看出當時被帶到的的喀喀湖的蘇美人，有一部分也許一直繁衍至今。現今，他們只剩下數百人；居住在湖中間的一些小島上，坐蘆葦船在湖上航行。在這個地區屬於最大族群的艾馬拉和柯拉（Kholla）部落認為，他們是這個區域最早居民的遺族，那些居民來自外地，被稱為「烏魯」（Uru）。這個名字通常被解釋為「古時的人」，但他們最初被這麼稱呼，會不會是因為他們來自蘇美首都烏爾（Ur）？

按照波斯南斯基的看法，烏魯人為五位神或薩姆特尼（Samptni）取了名字：帕卡尼·馬庫（Pacani-Malku），意思是古老或偉大之主；馬庫即是「主」的意思；還有大地、水和太陽等眾神。「馬庫」這個詞彙很明顯是源於近東的，它在近東所代表的含義是「王」（至今存在於希伯來文和阿拉伯語中）。有一份關於烏魯人的研究（見《美洲人類學》〔*American Anthropologist*〕第四十三卷）由拉巴里（W. La Barre）帶領，在報告中說，烏魯「神話」提到了「我們，這座湖的居民，是這地球上最古老的。我們住在這裡有很長的時間了，從太陽被隱藏之前……在太陽隱藏自己之前，我們就已經住在這個地方很久了。然後柯拉人來了……當他們為神廟打造地基時，用我們的身體來獻祭……蒂亞瓦納科是在黑暗時代之前建造的。」

我們已經確定了這個黑暗之日，「太陽被隱藏」，發生在大約西元前一千四百年左右。我們曾說過，這是一個全球性事件，它留在地球兩側的人們的書寫和回憶中。這個烏魯傳說或集體記憶，訴說了蒂亞瓦納科是在這個事件之前建造的，而且烏魯人是在那之前很久就到達那個地方。

時至今日，乘坐蘆葦船浮於湖面的艾馬拉部落，仍然說是烏魯人教會了他們如何打造這種小船。這些蘆葦船與蘇美人的蘆葦船有值得注意的相似之處，因此索爾·海達爾重製了一艘這樣的船，展開了孔提基（Kon-Tiki，維拉科查的一個稱號）旅行，來證明古代蘇美人真的能夠橫越大海遠行。

蘇美／烏魯人在安地斯山區分布的廣度，能夠透過其他小線索得知，例如「烏魯」（uru）在所有安地斯語言中都是「日子」（day）的意思，在艾馬拉語、蓋丘亞語和美索不達米亞語中，都是指「日光」（daylight）。還有其他安地斯詞彙，例如，uma / mayu是「水」的意思，khun是「紅色」，kap是「手」，enulienu是「眼睛」，makai是「吹」，這些明顯都是源於美索不達米亞的。帕布羅・派特隆（Pablo Patron）在《美洲語言學新研究》（*Nouvelles etudes sur les langues americaines*）中指出，「很顯然，祕魯當地的蓋丘亞語和艾馬拉語，是源於蘇美－亞述的。」

「烏魯」（uru）這個詞常常出現在玻利維亞和祕魯的一些地理名字中，例如重要的礦業中心奧魯羅（Oruru），印加的神聖河谷烏魯班巴（意思是烏魯的平原／河谷），以及它的著名河流等，不勝枚舉。事實上，在這個神聖河谷中部的洞穴中，至今仍居住著一個部落的遺族，他們自認為是的的喀喀湖烏魯人的後代；他們拒絕從洞穴搬到房子裡，宣稱他們的離去會導致山崩，導致世界末日。

還有其他一些明顯的連結存在於美索不達米亞文明和安地斯文明之間。事實上，正如蒂亞瓦納科的情況，蘇美的首都烏爾也是被一條運河圍繞，在北邊有一個港口，另一個港口在西南方（通往幼發拉底河及其他地區），這該如何解釋呢？而且，要怎麼解釋庫斯科主神廟內的黃金圍場？那裡的牆面覆蓋著金板，就跟普瑪彭古和烏魯克的一樣。還有位於科里坎查的「圖畫聖經」，它描繪的是否就是尼比魯星和它的軌道呢？

來到此地的西班牙人，曾在他們身上看到許多以色列十個支派的印地安後代的風俗。岸邊的城市及其神廟，讓探險家們聯想起蘇美的神聖區域和金字神塔。而且要如何解釋蒂亞瓦納科周邊湖岸居民擁有的華麗紡織品？這在美洲是獨一無二的，僅能與蘇美的紡織品相比，尤其是烏爾當地的紡織品，在古代曾以精美的設計和色彩而聞名。為什麼眾神的肖像都戴著圓錐形頭飾，而且還有一位手持寧蒂的臍帶剪的女神？為什麼他們也擁有一部與美索不達米亞相似的曆法，擁有與蘇美相似的黃道帶劃分方法，懂得歲差和黃道十二宮？

在我們看來，就算不再次列出前面幾章提過的證據，只要承認阿努納奇和蘇美人大約在西元前四千年存在於安地斯山區（單獨或是相鄰），那麼關於此處的起源之謎就獲得解決了。刻在太陽島（的的喀喀島）聖石上的，有關創造神和他的兩個兒子（太陽和月亮）升天的傳說，可能是對阿努離去場景的集體記憶。他的兒子辛和孫子沙馬氏，曾經從普瑪彭古搭飛船出發，進行一趟短程旅行，前往等待著他們的阿努納奇空中飛行器。

埃及蛇神到中美洲尋找新天地

在烏魯克的那個難忘之夜，正當尼比魯星能被看見時，祭司們點起火炬，做為給鄰近村落的信號。篝火也點著了，做為給鄰近居民的信號；緊接著整個蘇美都點燃火，慶祝阿努和安圖的到來，以及眾神之星的出現。

不管人們是否明白他們正在經歷的是每三千六百個地球年才會發生一次的事情，但他們知道一生中這種現象只會發生一次。人類並沒有停止渴望這顆行星的再次到來，並且將這個時代稱為黃金時代：不只是因為它從實際上而言的確如此，還因為這對人類而言是富足而和平的時代。

就在阿努和安圖返回尼比魯之後沒多久（以阿努納奇的時間觀），阿努納奇各族在地球上的和平劃分時代被破壞掉了。根據我們的編年史，那是在西元前三四五〇年左右，發生巴別塔事件（Tower of Babel）之時。馬杜克（拉）企圖讓他的城市巴比倫取得美索不達米亞的王者地位。雖然這個企圖被恩利爾和尼努爾塔阻撓了，但這件事牽扯到人類建造一座發射塔，導致神做出了分散人類、混亂其語言的決定。唯一的文明及其語言被分裂了；然後在一個持續了三百五十年的混亂時期之後，擁有自己的語言和初步文字的尼羅河文明形成了。埃及學家告訴我們，這是發生在西元前三千一百年左右的事。

在蘇美稱霸受挫的馬杜克（拉），抓住了向埃及人傳授文明的機會，返回埃及，並從他的兄弟圖特那裡奪走了主權。現在，圖特發現自己變成沒人崇拜的神；因此，我們的觀點是，圖特帶著一群追隨者前往了新國度——中美洲。

我們還認為，這不只是發生在「西元前三千一百年左右」，而是確切地發生在西元前三一一三年這個時間，這一年，甚至是這一天，這正是中美洲人長紀曆的開始。

以大事件為錨點來計算時間流逝的情況，並非少見。西方基督教的曆法，從耶穌誕生開始計年。穆斯林曆法從大逃亡（穆罕默德從麥加逃亡到麥地那）開始計年。縱觀各地各國的諸多實例，我們應該會注意到猶太曆法，它實際上是古代（也是有史以來第一個）尼普爾的曆法，而尼普爾是隸屬於恩利爾的蘇美城市。猶太曆法的計年（西元一九八八年是它的五七四八年）是從「世界之初」開始算起的，並非以耶穌誕生為初始日，而是完全按照尼普爾曆法的開始日期：西元前三七六〇年。我們推測，這個時間是阿努造訪地球的時間。

為何不能接受我們所推測的，中美洲的長紀曆所開始的時間，正是羽蛇神魁札爾科亞特爾到達新國度的時刻；尤其他正是那位將這部曆法帶到這片大陸的神？

圖特在蘇美文獻中被稱為「寧吉什西達」，即生命樹之主，在被自己的兄弟打敗後，他成了自己兄弟的對手——恩利爾族眾神，以及主要戰士尼努爾塔——的盟友。相關記載提到，當尼努爾塔想要讓古蒂亞為他建造一座金字神塔廟的時候，是寧吉什西達（圖特）繪製了建築圖；也許他同時還詳細註明了建築所需要的稀有金屬，還插手管理貨物供應。做為恩利爾一族的朋友，寧吉什西達不得不與伊希庫爾（阿達德）及其在的的喀喀地區所掌控的安地斯國度，保持友好的關係；寧吉什西達在那裡可能是一位很受歡迎的貴客。

我們可以肯定，的確有一位蛇神帶著他的非洲追隨者們，參與了蒂亞瓦納科附近的一些金屬加工遺址的開發。在蒂亞瓦納科一期遺址和二期遺址之間所發現的一些雕像與浮雕上，都裝飾了蛇的符號，這在蒂亞瓦納科本身是極為少見的。在附近遺址發現的一些人物雕像（見圖135），以及被當地人搬到蒂亞瓦納科一座村莊教堂的入口處（見圖136）當裝飾擺設的兩個巨大半身像，就算已經被風化侵蝕，仍看得出非洲黑人的特徵。

圖135：有黑人特徵的人物雕像

圖136：有黑人特徵的巨大半身像

那一把黃金魔棒

波斯南斯基因為他對古代的奇特分類而飽受批評。他並沒有把使用砂岩進行建築和塑像的時期，當作從第一時代轉換到開始使用硬質安山岩的較複雜第二時代的過渡期。事實上，這種轉變代表著蒂亞瓦納科的重心從黃金轉移到錫，我們相信，這是西元前兩千五百年的事。以我們的推測，假如管轄近東高地的恩利爾族眾神（阿達德、尼努爾塔）到了這個新國度，忙於建立錫礦殖民地，就能解釋為什麼伊南娜（伊師塔）在那段時間能奪得近東的權力，並發動一場針對馬杜克（拉）的血腥進攻，為她深愛的杜姆茲（Dumuzi）報仇——她聲稱杜姆茲的死是馬杜克造成的。

那時，可能是舊國度不穩定的關係，相關眾神決定要在一個很遠的地方（即安地斯山區）建立一個新文明。在蒂亞瓦納科的重點是供應錫的時候，安地斯山區還擁有取之不盡的黃金。所需要做的事，就是給予安地斯人必要的技術和工具來開採黃金。

然後在大約西元前兩千四百年時——就如弗蘭度．蒙特西諾斯所提出的結論——曼科．卡帕克在的喀喀湖區被給予了金棒，並被送到庫斯科的黃金區域。

這個魔棒的形狀和用途是什麼呢？關於此課題最完善的研究之一，是胡安．拉雷亞（Juan Larrea）所寫的《印加皇冠》（*Corona Incaica*）。他分析了工藝品、傳說，以及對印加統治者的描繪，認為這把魔棒是斧頭，一種被稱為尤里（Yuari）的工具。當它首度被給予曼科．卡帕克的時候，名字是圖巴尤里（Tupa-Yuari），即皇家斧頭（見圖137a）。但它到底是一種武器，還是一種工具呢？

為了找到答案，我們先回到古埃及。埃及語中對應「眾神、神聖」的詞彙是尼特魯（Neteru），意思是「守護者」。然而，這也正是「蘇美」（Sumer，實際上是Shumer）這個詞的意思：「守護者之地」。在早期傳入希臘的《聖經》和偽《聖經》的譯文中，納菲力姆（Neflim，又稱阿努納奇）被翻譯為「守護者」。這個詞對應的象形符號是一把斧頭（見圖137b）；瓦利斯·布奇（E. A. Wallis Budge）在《埃及眾神》（*The Gods of the Egyptians*）中，將一個特殊的章節命名為「斧頭，神的符號」，並指出它是由金屬製成的。他提到這個符號（如尼特〔Neter〕一詞），可能是從蘇美語借來的。這一點可以從圖133（二九四頁）裡看出一些端倪。

由此，我們的星球上出現了安地斯文明：透過給安地斯人一把斧頭，讓他們為眾神挖掘黃金。

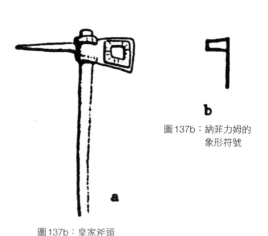

圖137b：納菲力姆的象形符號

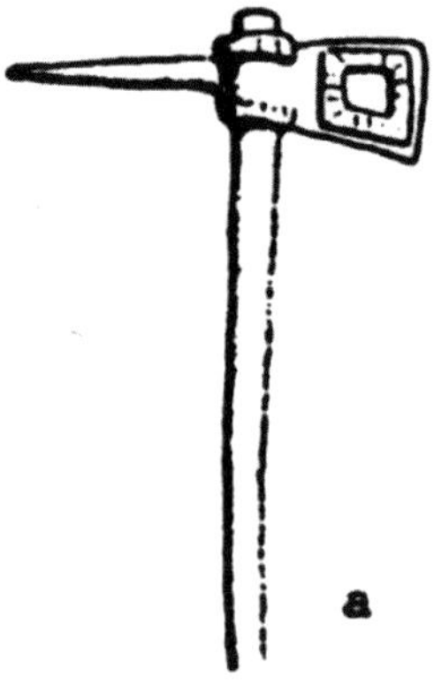

圖137b：皇家斧頭

奧爾梅克人來自何方？

曼科·卡帕克和艾亞兄弟的故事，同時還代表了美索不達米亞和蒂亞瓦納科黃金時代的終結。一切中斷了，直到那個地方重新成為世界的錫之首都。卡西人橫渡太平洋來到這裡，帶來錫或青銅成品。後來，其他路線也逐漸出現了。各殖民點出現的令人震撼的大量青銅，揭示出曾經存在一條沿著貝尼河向東到達巴西大西洋海岸的路線，然後借著洋流一直到達阿拉伯海、紅海，再到埃及，或經由波斯灣到達美索不達米亞。可能還有一條線路通過古帝國和烏魯班巴河，因為有巨石遺址的存在，以及在馬丘比丘發現的一大塊純錫。這條路徑指向亞馬遜河和南美洲的東北角，再從那裡越過大西洋到達西非和地中海。

之後，在中美洲開始出現少量文明定居區後，出現了第三條更快捷的路線：透過其狹窄的地段，在太平洋和大西洋之間經由加勒比海提供了虛擬的陸橋。實際上，西班牙人走的就是這條路。這條路徑（奧爾梅克文明所在地）在西元前兩千年之後肯定成為首選，地中海人的存在證明了這一點。因為在西元前二〇二四年，由尼努爾塔帶領的阿努納奇，害怕西奈半島的太空站被馬杜克的追隨者控制，用核武器摧毀了它。

致命的核雲勢不可擋，它向東飄向美索不達米亞南部，摧毀了蘇美及其最後的首都烏爾。這時，彷彿命運降臨了，烏雲向南飄去，避開了巴比倫。馬杜克很快就與迦南人和亞摩利人追隨者一起進軍，宣布在巴比倫獲得王權。

我們認為，圖特（魁札爾科亞特爾）就是在那個時候決定在中美洲將文明傳授給來自非洲的追隨者。

認為奧爾梅克人是非洲黑人的極少數學院派研究，是由哈佛大學的斯拉夫語和其他語言學教授里奧．威勒（Leo Wiener）所著的《非洲和美洲的發現》（*Africa and the Discovery of America*）。他基於種族特徵及其他因素，但主要是語言學分析，指出奧爾梅克語屬於西非（尼日和剛果河之間）的曼德（Mande）語種。這份研究寫於一九二〇年，那時還沒有發現奧爾梅克遺蹟的真實年份，他將這些語言在中美洲的出現，歸因於阿拉伯的航海家和中世紀的奴隸商人。

另一份學院派的研究在超過半個世紀之後出現了，是亞歷山大．馮．渥森納（Alexander von Wuthenau）的《古代美洲不可思議的臉孔》（*Unexpected Faces in Ancient America*），直接針對這個問題。他在比對大量的閃族人照片和中美洲藝術遺產中的黑人肖像之後，推測新舊大陸最初的聯繫，發展於埃及法老拉美西斯三世（Ramses III）所統治的時期（西元前第十二世紀），而奧爾梅克人是來自努比亞（Nubia，埃及主要的產金地）的庫希特人（Kushites）。他覺得，其他一些非洲黑色人種，可能在西元前五百年到西元兩百年之間，乘坐「腓尼基和猶太船隻」來到這個地方。伊凡・馮・瑟提瑪（Ivan van Sertima）在《他們早於哥倫布而來》（*They Came Before Columbus*），嘗試整合前兩本相差半世紀的學術著作之間的論點，並傾向庫希特人的說法：西元前八世紀，當古實（Kush）的黑人國王登上埃及王座，成為其第二十五個王朝時，因為買賣錫和青銅，他們——可能是航海技術發展的結果——在中美洲也具有支配力量。

這個結論源自當時的觀點認為奧爾梅克巨頭像來自那個時期的；但我們現在已經知道，奧爾梅克人文化的開始年份要回溯到西元前兩千年。那麼，這些非洲人會是誰呢？

我們相信，里奧・威勒的語言學研究是正確的，但不認同他的時間論。當我們將奧爾梅克巨石頭像（見圖138 a）和西非人，例如這位奈及利亞領袖，巴班吉達（I. B. Banagida）將軍（見圖138 b），加以比較，數千年的距離一下子就被拉近了。只有在非洲的那個地方，圖特才能帶領他的追隨者進行採礦，因為那個地方的黃金、錫和銅的產量是最豐富的。奈及利亞一直因它的青銅小雕像（經由脫臘工序處理）而馳名千年；最近的研究已針對一些遺址進行放射性碳定年法檢測，其中最古老的可以回溯到西元前兩千一百年。

在西非，現今被稱為「加納」的國家，曾經被稱為「黃金海岸」數個世紀，這個名字非常確切，就連腓尼基人都知道那裡是一個黃金之地。那個地區的阿散蒂人（Ashanti）因為金工技藝而聞名整個大陸；在他們的工藝品中，有黃金製成的砝碼，外觀就像是微形階梯金字塔（見圖139），但當地並沒有這種建築存在。

我們相信，在舊大陸動盪不安之際，圖特承擔起帶走追隨者的責任。他們開啟了一段新生活、一個新文明和一個新的採礦地。

最後，正如我們所闡述的，這些礦工（奧爾梅克人）向南移動，先到了墨西哥的太平洋海岸，然後穿過地峽進入南美洲北部。他們最後的目的地是查文地區；並在那裡遇見了阿達德的金礦工人，也就是手持金棒的人。

消逝的年代

新國度的黃金時代並不會永遠持續下去，墨西哥的奧爾梅克遺址被摧毀了；奧爾梅克人和他們的蓄鬍同伴有著不太好的收尾。莫奇卡人的陶器上，描繪了巨人和有翅膀的眾神以金屬刀片作戰。古帝國目睹了部族戰爭和殺戮。而在的的喀喀的高地上，艾馬拉傳說提到了侵略者從海岸向

圖 138a：奧爾梅克巨石頭像

圖 138b：巴班吉達將軍

圖 139：宛如微形階梯金字塔的砝碼

圖140：有翅膀的黃金眼淚之神

山上進軍，殺死在那裡的白人。

這些是阿努納奇內部爭鬥導致的人類衝突，還是都發生在眾神於海上揚帆升天離去之後呢？

無論它是怎麼發生的，可以肯定的是，最後新舊大陸的聯繫被切斷了。在舊大陸，美洲人變成了泛黃的記憶，只被古代作家、從埃及祭司口中聽來的亞特蘭提斯故事，還有那些描繪著不知名大陸的奇怪地圖所提及。最後，新國度成為了失落的國度，不再引人注目。

在新國度本身，隨著時間的流逝，過去的黃金時代成為了傳說中的記憶。但記憶卻不會死去，它們在故事中延續著，告訴我們這一切是如何開始的，以及魁札爾科亞特爾和維拉科查將會用怎樣的方式再回來。

因為白人再次出現，造成了嚴重的破壞，安第斯山區的人民才開始注視著空無一人的金色圍牆，並寄望再次看到那位有翅膀的黃金眼淚之神。

參考文獻

In addition to specific references in the text, the following periodicals, scholarly studies and individual works were among sources consulted:

I. Studies, articles and reports in various issues of the following periodicals and scholarly series:

Academia Colombianu de Historia: Biblioteca de Anlropologia (Bogota)
Acta Antropologica (Mexico City)
American Anthropological Association, Memoirs (Menasha, Wise.)
American Anthropologist (Menasha, Wisc.)
American Antiquity (Salt Lake City)
American Journal of Anthropology (Baltimore)
American Museum of Natural History: Anthropological Papers (New York)
American Philosophical Society: Transactions (Philadelphia)
Anales del Instituto Nacional de Anlropologia e Historia (Mexico City)
Anales del Museo Nacional de Arqueologia, Historia y Etnologia (Mexico City)
Annals of the New York Academy of Sciences (New York)
Anthropological Journal of Canada (Ottawa)
Anthropology (Berkeley)
Archaeoastronomy (College Park)
Archaeology (New York)
Arqueologia Mexicana (Mexico City)
Arqueologicas (Lima)
Atlantis (Berlin and Zurich)
Baessler Archiv (Berlin and Leipzig)
Biblical Archaeology Review (Washington, D.C.)
Biblioteca Boliviano (La Paz)
Bureau of American Ethnology: Bulletin (Washington, D.C.)
California University, Archaeological Research Facility: Contributions (Berkeley)
Carnegie Institution of Washington, Publications: Contributions to American Archaeology (Washington, D.C.)
Carnegie Institution of Washington, Department of Archaeology: Notes on Middle American Archaeology and Ethnology (Cambridge, Mass.)
Connecticut Academy of Arts and Sciences: Memoirs (New Haven)
Cuadernos Americanos (Mexico City)
Cuzco (Cuzco)
El Mexico Antiguo (Mexico City)
Ethnographical Museum of Sweden: Monograph Series (Stockholm)
Harvard University, Peabody Museum of American Archaeology and Ethnology: Memoirs and Papers (Cambridge, Mass.)
Inca (Lima)
Instituto Nacional de Antropologia e Historia: Memorias and Boletin (Mexico City)

University of California Anthropological Records (Berkeley)
University of California: Publications in American Archaeology and Ethnology (Berkeley)
University of Pennsylvania, the University Museum: The Museum Journal (Philadelphia)
Wira-Kocha (Lima)
International Congresses of Americanists: Proceedings (Various cities)
Journal of the Ethnological Society of London (London)
Journal of the Manchester Egyptian and Oriental Society (Manchester)
Journal of the Royal Anthropological Institute (London)
Liverpool University Centre for Latin American Studies: Monograph Series (Liverpool)
Museum fur Volkerkunde im Hamburg: Mitteilungen (Hamburg)
Museum of the American Indian, Heye Foundation: Contributions and Leaflets and Indian Notes and Monographs (New York)
National Geographic Magazine (Washington, D.C.)
National Geographic Society, Technical Papers: Mexican Archaeology Series (Washington, D.C.)
Natural History (New York)
New World Archaeological Foundation: Papers (Provo)
Revista del Museo de La Plata (Buenos Aires)
Revista del Museo Nacional (Lima)
Revista do Instituto Historico e Geografico Brasiliero (Rio de Janeiro)
Revista Historica (Lima)
Revista Mexicana de Estudios Antropologicos (Mexico City)
Revisla Mexicana de Estudios Historicos (Mexico City)
Revista Universitaria (Lima)
Revue Anthropologique (Paris)
Revue d'Ethnographie (Paris)
Scientific American (New York)
Smithsonian Institution, Bureau of American Ethnology: Bulletin (Washington, D.C.)
Studies in Pre-Columbian Art and Archaeology (Dumbarton Oaks)

II. Individual Works and Studies:

Allen. G. *Gold!* 1964.
America Pinloresca: Descripcion de viajes al Nuevo Continente. 1884.
Anders, F. *Das Pantheon der Maya.* 1963.
Andree, R. *Die Metalle bei den Naturvolkern.* 1884.
Antiguo Peru: espacio y tiempo. 1960.
Anton, F. *Alt-Peru und seine Kunst.* 1962.
Arnold, J.R. and W.F. Libby. *Radiocarbon Dates.* 1950.
Arte Prehispanico de Mexico. 1933.
Aveni, A.F. (ed.) *Archaeostronomy in Pre-Columbian America.* 1975.
——. (ed.) *Native American Astronomy.* 1977.
——. (ed.) *Archaeoastronomy in the New World.* 1982.
Batres, L. *Teotihuacan o la Ciudad Sagrada de los Toltecas.* 1889.
——. *Civilizacion Prehistorica* (Estado de Veracruz). 1908.
Baudin, L. *La Vie Quotidienne au Temps des Derniers Incas.* 1955.
Baudin, L., C. Troll and C.D. Gibson. *Los origines del Indio-Americano.* 1937.
Belli, P. L. *La Civilizacion Nazca.* 1960.
Beltran-Kropp, M. *Cuzco—Window on Peru.* 1956, 1970.
Bennett, WC. *Excavations at Tiahuanaco.* 1934.
——. *Excavations in Bolivia.* 1936.

——. *Thirteen Masterpieces of Mexican Archaeology.* 1936.
——. *El Complejo Arquelogico de Tula.* 1941.
——. *Calendario y Escritura de las Antiguas Culturas de Monte Alban.* 1947.
——. *The Aztecs—People of the Sun.* 1958.
——. *Los Calendarios Prehispanicos.* 1967.
——. *Reyes y reinos de la Mixteca.* 1977.
Centro de Investigaciones Antropologias de Mexico. *Esplendor del Mexico Antiguo.* 1959.
Chapman, W. *The Search for El Dorado.* 1967.
——. *The Golden Dream.* 1967.
Coe, M.D. *Mexico.* 1962.
——. *The Maya.* 1966.
Coe, M. D. and R. Diehl. *In the Land of the Olmec.* 1980.
Cornell, J. *The First Stargazers.* 1981.
Corson, C. *Maya Anthropomorphic Figurines from Jaina Island.* 1976.
Cottrell, A. (ed.) *The Encyclopedia of Ancient Civilizations.* 1980.
Crequi-Montfort, G. de. *Fouilles de la mission scientifique francaise a Tiahuanaco.* 1906.
D'Amato, J. and J.H. del *Mazo. Machu Picchu.* 1975.
Dennis, W. H. *Metallurgy in the Service of Man.* 1961.
Diccionario Porrua de Hisloria, Biografia y Geografia de Mexico. 1971.
Dihl, R.A. *Tula—The Capital of Ancient Mexico.* 1983.
Disseldorf, E.P. *Kunst und Religion der Maya Volker.* 1926, 1931.
Disselhoff, H. D. *Gott Muss Peruaner Sein.* 1956.
——. *Kinder der Erdgottin.* 1960.
——. *Les Grandes Civilizations de VAmerique Ancienne.* 1963.
——. *Geschichte der Altamerikanischen Kulturen.* 1967.
——. *The Ancient Arts of the Andes.* 1954.
Bennett, W.C. and J.B. Bird. *Andean Culture History.* 1964.
Benson, E. P. *The Maya World.* 1967.
——. (ed.) *The Dumbarton Oaks Conference on the Olmecs.* 1968.
Bernal, I. *Ancient Mexico in Color.* 1968.
——. *El Mundo Olmeca.* 1968.
——. *Stone Reliefs in the Dainzu Area.* 1973.
Bernal, I., R. Pina-Chan and F. Camara Barbachano. *3000 Years of Art and Life in Mexico.* 1968.
Bird, J. *Paracas Fabrics and Nazca Needlework.* 1954.
Bird, J. (ed.) *Art and Life in Old Peru.* 1962.
Blom, F. and O. La Farge. *Tribes and Temples.* 1926.
Bollaert, W. *Antiquarian, Ethnological and Other Researches in New Granada, Eqador, Peru and Chile.* 1860.
Braessler, A. *Ancient Peruvian Art.* 1902/1903.
——. *Altperuanische Metallgerate.* 1906.
Brinton, D.G. *The Books of Chilam Balam.* 1892.
British Academy, The. *The Place of Astronomy in the Ancient World.* 1974.
Buck, F. *El Calendario Maya en la Cullura Tiahuanacu.* 1937.
Burland. C.A. *Peoples of the Sun.* 1976.
Buse, H. *Huaras y Chavin.* 1957.
——. *Guia Arqueologica de Lima.* 1960.
——. *Machu Picchu.* 1961.
——. *Peru 10,000 anos.* 1962.
Bushnell, G.H.S. *Peru.* 1957.
——. *Ancient Arts of the Americas.* 1965.
Cabello de Balboa, M. *Historia del Peru.* 1920.
Carnero Albarran, N. *Minas e Indios del Peru.* 1981.
Caso A. *La religion de los Aztecas.* 1936.

Gonzalez de la Rosa, M. *Les deux Tiahuanacos.* 1910.
Gordon, G.B. *Prehistoric Ruins of Copan, Honduras,* 1896.
Haberland, W. *Die Kulturen Meso—und Zentralamerika.* 1969.
Harlow, W.T. (ed.) *Voyages of Great Pioneers.* 1929.
Hawkins, G.S. *Beyond Stonehenge.* 1973.
Hedges, E.S.*Tin and Its Alloys.* 1959.
Heggie, D.C. (ed.) *Archaeoastronomy in the Old World.* 1982.
Heim, A. *Wunderland Peru.* 1948.
Heizer, R.E., R Drucker, and J. A. *Graham. Investigations at La Venta.* 1968.
Helfritz, H. *Mexican Cities of the Gods.* 1970.
Heyerdahl, T. *The Kon-Tiki Expedition.* 1951.
——. *The Ra Expeditions.* 1971.
Homenaje al Profesor Paul Rivet. 1955.
Ibarra Grasso, D. E. *Tiahuanaco.* 1956.
——. *Prehistoria de Bolivia.* 1965.
——. *Cosmogonia y Mitologia Indigena Americana.* 1980.
——. *Ciencia en Tihuanaku y el Incario.* 1982.
——. *Ciencia Astronomica y Sociologia.* 1984.
——. *Pueblos Indigenos de Bolivia.* 1985.
Illescas Cook, G. *El Candelabro de Paracas y la Cruz del Sur.* 1981.
Inwards, R. *The Temple of the Andes.* 1884.
Ixtlilxochitl, F. de Alva. *Historia Chichimeca* (Translated and edited by Bonte, H.G. : Das Buch der Konige von Tezuco. 1930).
Jenness, D. (ed.) *The American Aborigines and Their Origin and Antiquity.* 1933.
Joyce, T.A. *South American Archaeology.* 1912.
——. *The Weeping God.* 1913.
——. *Mexican Archaeology.* 1920.
——. *Maya and Mexican Art.* 1927.
Katz, F. *The Ancient American Civilizations.* 1972.
——. *Oasenstadte und Zaubersteine im Land der Inka.* 1968.
——. *El Imperio de los Incas.* 1973.
——. *Incaica.* 1982.
Doering, H. *Old Peruvian Art.* 1926.
Dubelaar, C.N. *The Petroglyphs in the Guianas and Adjacent Areas of Brazil and Venezuela.* 1986.
Duran, Fray D. *Historia de las Indias de Nueva Espana.* 1867. (English translation by Heyden D. and F. Horacasitas, 1964).
Emmerich, A. *Sweat of the Sun and Tears of the Moon.* 1965.
——. *Gods and Men in Precolumbian Art.* 1967.
Engel, F. *Elementos de Prehistoria Peruana.* 1962.
——. *Le Monde Pricolumbien des Andes.* 1972.
Fage, J.D. *A History of West Africa.* 1969.
Falb, R. *Das Land der Inca.* 1883.
Fernandez, A. *Pre-Hispanic Gods of Mexico.* 1984.
Festschrift Eduard Seler. 1922.
Fisher, J.R. *Silver Mines and Silver Miners in Colonial Peru.* 1977.
Flornoy, B. *Dicouverte des Sources des Andes a la Forit Amazonienne.* 1946.
——. *The World of the Inca.* 1956.
——. *Amazone—Terres et Hommes.* 1969.
Forbes, D. *On the Aymara Indians of Bolivia and Peru.* 1870.
Forbes, R.J. *Metallurgy in Antiquity.* 1950.
Furst, J. L. and P.T. Furst. *Pre-Columbian Art of Mexico.* 1980.
Furst, P.T. *Gold Before Columbus.* 1964.
Garcia Rosell, C. *Los Monumentos Arqueologicos del Peru.* 1942.
Garcilaso de la Vega, el Inca. *Royal Commentaries of the Incas* (translated into English by Livermore, H. V.) 1966.
Gates, W. *An Outline Dictionary of Maya Glyphs.* 1931.
Giesecke, A. A. *Guide to Cuzco.* 1924.

Lothrop, S. K. *Zacaulpa: A Study of Ancient Quiche Artifacts.* 1936.

——. *Metals from the Cenote of Sacrifice, Chichen Itza, Yucatan.* 1952.

——. *Treasures of Ancient America.* 1964.

Lothrop, S.K., W.F. Foshag, and J. Mahler, *Pre-Columbian Art: The Robert Woods Bliss Collection.* 1957.

Ludendorff, H. *Uber die Entstehung der Tzolkin-Periode im Kalendar der Maya.* 1930.

——. *Das Mondalter in der Inschriften des Maya.* 1931.

Maguina, J.E. *Lima Guide Book.* 1957.

Maler, T. *Explorations in the Department of Peten, Guatemala.* 1911.

Mantell, C.L. *Tin, Its Mining, Production, Technology and Application.* 1929.

Markham, C.R. *Peru.* 1880.

——. *Narratives of the Rites and Laws of the Yncas.* 1883.

——. *The Travels of Pedro de Cieza de Leon.* 1884.

——. *The Incas of Peru.* 1912.

Marquina, I. *Arquitectura Prehispanica.* 1951.

Martinez Hernandez, J. *La creacion del mundo segun los Mayas.* 1912.

Mason, J. A. *The Ancient Civilizations of Peru.* 1957, 1968.

Maspero, G. *Popular Stories of Ancient Egypt.* 1915.

Maudsley, A.P. *Explorations in Guatemala.* 1883.

——.*Archaeology.* 1889-1902.

Mead, C. *Prehistoric Bronzes in South America.* 1915.

Means, P.A. *Ancient Civilizations of the Andes.* 1931.

Meggers, B.J. *Ecuador.* 1966.

Kaufmann-Doig, F. *Arqueologia Peruana.* 1971.

——. *Tiahuanaco a la luz de la Arqueologia.* 1965.

Keating, R.W. (ed.) *Peruvian Prehistory.* 1986.

Krickberg, W. *Altmexikanische Kulturen.* 1956.

——. *Felsplastik und FelsbUder bei den Kulturvolkern Altameriker.* 1969.

Krickberg, W., H. Trimborn, W. Muller, and O. Zerris, *Pre-Columbian American Religions.* 1968.

Kroeber, A.L. *Archaeological Explorations in Peru.* 1926 and 1931.

Krupp, E.C. *Echoes of Ancient Skies: The Astronomies of Lost Civilizations.* 1983.

——. (ed.) *In Search of Ancient Astronomies.* 1978.

——. (ed.) *Archaeoastronomy and the Roots of Science.* 1983.

Kubler, G. *The Art and Archaeology of Ancient America.* 1962.

Kutscher. G. *Chimu, Eine altindianische Hochkultur.* 1950.

Lafone Quevedo, S.A. *Tres Relaciones de Antiquedades Peruanas.* 1950.

Landa, Diego de. *Relation de las cosas de Yucatan.* 1956 (English translation by W. Gates: *Yucatan Before and After the Conquest.* 1937).

Larrea, J. *Del Surrealismo a Machupicchu.* 1967.

Lathrap, D.W. *The Upper Amazon.* 1970.

Lawrence, A.W. and J. Young, (eds.) *Narratives of the Discovery of America.* 1931.

Leicht, H. *Pre-Inca Art and Culture.* 1960.

Lehmann, W. *Einige probleme centralamerikanische kalenders.* 1912.

——. *The History of Ancient Mexican Archaeology.* 1922.

Lehmann, W. and H. Doering, *Kunstgeshichte des alien Peru.* 1924.

Leon-Portilla, M. *Pre-Columbian Literature of Mexico.* 1969.

——. *Tiwanaku: Espacio, Tiempo y Cultura.* 1977.
——. *La cultura nativa en Bolivia.* 1979.
Portugal, M. and D. Ibarra Grasso. *Copacabana.* 1957.
Posnansky, A. *Guia para el Visitante de los Monumentos Prehistoricos de Tihuanacu e Islas del Sol y la Luna.* 1910.
——. *El Clima del Altiplano y la Extension del Lago Titicaca.* 1911.
——. *Tihuanacu y la civilizacion prehispanica en el Altiplano Andino.* 1911.
——. *Templos y Viviendes prehispanicas.* 1921.
Prescott, W.H. *History of the Conquest of Mexico.* 1843.
——. *History of the Conquest of Peru.* 1847.
Prieto, C. *Mining in the New World.* 1973.
Proskouriakoff, T. *An Album of Maya Architecture.* 1946.
——. *A Study of Classical Maya Sculpture.* 1950.
Raimondi, A. *El Peru.* 1874.
——. *Minerales del Peru.* 1878.
Ravines R. and J.J. Alvarez Sauri. *Fechas Radiocarbonicas Para el Peru.* 1967.
Reiss, W. and A. Stubel. *Das Totenfeld von Ancon in Peru.* 1880-1887.
Rice, C. *La Civilizacion Preincaica y el Problema Sumerologico.* 1926.
Rivet, P. *Los origines del hombre Americano.* 1943.
Roeder, G. *Altaegyptische Erzahlungen und Mdrchen.* 1927.
Romero, E. *Geografia Economica del Peru.* 1961.
Roys, R.L. *The Book of Chilam Balam of Chumayel.* 1967.
Rozas, E.A. *Cuzco.* 1954.
Ruppert, K. *The Caracol at Chichen Itza.* 1933.
Ruz-Lhuillier, A. *Campeche en la arqueologia Maya.* 1945.
——. *Guia arqueologica de Tula.* 1945.
Metropolitan Museum of Art. *New York The Iconography of Middle American Sculpture.* 1973.
Meyer, C. and C. Gallenkamp. *The Mystery of the Ancient Maya.* 1985.
Middendorf, E.W. *Worterbuch des Runa Simi oder der Keshua-Sprache.* 1890.
——. *Las Civilizaciones Aborigines del Peru.* 1959.
Miller, M.E. *The Arts of Mesoamerica.* 1986.
Mitre, B. *Las Ruinas de Tiahuanaco.* 1955.
Montell, G. *Dress and Ornaments in Ancient Peru.* 1929.
Morley, S.G. *The Inscriptions at Copan.* 1920.
——. *The Inscriptions of Peten.* 1937-1938.
Morris, A. A. *Digging in Yucatan.* 1931.
Morris, C. and D.E. *Thompson. Huanaco Pampa.* 1985.
Morris, E.H., J. Chariot, and A.A. Morris. *The Temple of the Warriors at Chichen Itza.* 1931.
Mosley, M.E. *The Maritime Foundations of Andean Civilization.* 1975.
Myers, B.S. *Art and Civilization.* 1967.
Neruda, P. *Alturas de Machu Picchu.* 1972.
O'Neil, W.M. *Time and the Calendars.* 1975.
Pardo, L.A. *La Metropoli de los Incas.* 1937.
——. *Los Grandes Monolitos de Sayhuiti.* 1945.
——. *Ruinas del Santurio de Huiracocha.* 1946.
——. *Historia y Arqueologia del Cuzco.* 1957.
Paredes, R. *Tiahuanaco y la Provincia de Ingavi.* 1956.
——. *Mitos y supersticiones de Bolivia.* 1963.
Patron, P. *Nouvelles Etudes sur les Langues Amiricaines.* 1907.
Pina-Chan, R. *El pueblo del jaguar.* 1964.
——. Jaina, *La casa en el agua.* 1968.
——. *Chichen-Itza.* 1980.
Ponce Sangines, C. *Ceramica Tiwanacota.* 1948.
——. *Tunupa y Ekako.* 1969.

——. *Discoveries in Ecuador and Southern Colombia.* 1912.
Strebel, H. *Alt-Mexico.* 1885-1889.
Tello, J.C. *Antiguo Peru: Primera epoca.* 1929.
——. *Arte Antiguo Peruana.* 1938.
——. *Origen y Desarrollo de las Civilizaciones Prehistoricas Andinas.* 1942.
——. *Paracas.* 1959.
Temple, J.E. *Maya Astronomy.* 1930.
Thompson, J.E.S. *Maya Hieroglyphic Writing. 1950.*
——. *A Catalog of Maya Hieroglyphs.* 1962.
——. *The Rise and Fall of Maya Civilization.* 1964.
——. *Maya History and Religion.* 1970.
Tozzer, A.M. *Chichen Itza and its Cenote of Sacrifices.* 1957.
Tres Relaciones de Antiguedades Peruanas. 1879, 1950.
Trimborn, H. *Das Alte Amerika.* 1959.
——. *Die Indianischen Hochkulturen des Allen Amerika.* 1963.
——. *Alte Hochkulturen Sudamerikas.* 1964.
Tylecote, R.F. *A History of Metallurgy.* 1976.
Ubbelohde-Doering, H. *Old Peruvian Art.* 1936.
——.*The Art of Ancient Peru.* 1952.
——.*Alt-Mexicanische und Peruanische Mallerei.* 1959.
Uhle, M. *Kultur and Industrie Sudamerikanischer Volker.* 1889.
——.*Pachacamac.* 1903.
——. *The Nazca Pottery of Ancient Peru.* 1912.
——. *Wesen und Ordnung der altperuanischen Kulturen.* 1959.
Uzielli, G. *Toscanelli, Colombo e Vespucci.* 1902.
Valcarcel, L.E. *Arte antiguo Peruana.* 1932.
——. *The Latest Archaeological Discoveries in Peru.* 1938.
Ryden, S. *Archaeological Researches in the Highlands of Bolivia.* 1947.
——. *Andean Excavations.* Vol. I 1957, vol. II 1959.
Saville, M.H. *Contributions to South American Archaeology.* 1907.
Scholten de D'Ebneth, M. *Chavin de Huantar.* 1980.
Schmidt, M. *Kunst und Kultur von Peru.* 1929.
Seler, E. *Peruanische Alterthumer.* 1893.
——. *Gesammelte Abhandlungen zur Amerikanischen Sprach—und Alterthumkunde.* 1902-03.
Shook. E.M. *Explorations in the Ruins of Oxkintok, Yucatan.* 1940.
Shook, E.M. and T. Proskouriakoff. *Yucatan.* 1951.
Sivirichi, A. *Pre-Historia Peruana.* 1930.
——. *Historia de la Cultura Peruana.* 1953.
Smith, A.L. *Archaeological Reconnaissance in Central Guatemala.* 1955.
Smith, G.E. *Ships as Evidence of the Migrations of Early Cultures.* 1917.
Spinden, H.J. *A Study of Maya Art.* 1913.
——. *The Reduction of Maya Dates.* 1924.
——. *New World Correlations.* 1926.
——. *Origin of Civilizations in Central America and Mexico.* 1933.
Squier, E.G. *The Primeval Monuments of Peru.* 1853, 1879.
——. *Tiahuanaco—Baalbek del Nuevo Mundo.* 1909.
Steward, J.H. (ed.) *Handbook of South American Indians.* 1946.
Stirling, M. *An Initial Series from Tres Zapotes, Veracruz, Mexico.* 1939.
——. *Stone Monuments of Southern Mexico.* 1943.
Stoepel, K.T. *Sudamerikanische Prahistorische Tempel und Gottheiten.* 1912.

——. *The Lost Empires of the llzaes and Maya.* 1933.
Willey, G.R. *An Introduction to American Archaeology.* 1966.
Willey, G.R. (ed.) *Archaeology of Southern Mesoamerica.* 1965.
Williamson, R.A. (ed.) *Archaeoastronomy in the Americas.* 1978.
Wiener, C. *Pirou el Bolivie.* 1880.
——. *Viaje al Yucatan.* 1884.
Zahm, J.A. *The Quest of El Dorado.* 1917.
——. *Muestrari de Arte Peruana Precolombino.* 1938.
——. *Etnohistoria del Peru.* 1959.
——.*Machu Picchu.* 1964.
Vargas, V.A. *Machu Picchu—enigmatica ciudad Inka.* 1972.
von Hagen, V.F. *The Ancient Sun Kingdoms of the Americas.* 1963.
——. *The Desert Kingdoms of Peru.* 1964.
von Tschudi, J.J. *Die Kechua-Sprache.* 1853.
Westheim. P. *The Sculpture of Ancient Mexico.* 1963
——. *The Art of Ancient Mexico.* 1965.
Willard, T.A. *The City of the Sacred Well.* 1926.

The Other 18

失落的國度

地球編年史第四部（全新校譯版）

The Lost Realms: The Earth Chronicles IV

作者／撒迦利亞．西琴（Zecharia Sitchin）
譯者／張甲麗、宋易
審訂／洪禎璐
責任編輯／于芝峰
協力編輯／洪禎璐
校譯／洪禎璐
內頁排版／宸遠彩藝
封面設計／陳文德

新星球出版 New Planet Books

總編輯／蘇拾平
發行人／蘇拾平
業務發行／王綬晨、邱紹溢
行銷企劃／陳詩婷
出版／新星球出版
105台北市松山區復興北路333號11樓之4
電話／（02）2718-2001
傳真／（02）2718-1258
發行／大雁文化事業股份有限公司
105 台北市松山區復興北路333號11樓之4
Email:andbooks@andbooks.com.tw
劃撥帳號／19983379
戶名／大雁文化事業股份有限公司

CIP國家圖書館出版品預行編目（CIP）資料

失落的國度：地球編年史第四部／撒迦利亞・西琴(Zecharia Sitchin)作；張甲麗、宋易譯—初版—臺北市：新星球出版：大雁文化發行2019.12
320面；17*22公分. --（The other；18）
譯自：The Lost Realms: The Earth Chronicles IV

ISBN 978-986-96857-4-0（平裝）

1.地球　2.古代史　3.文明史

712.1　　108021548

初版一刷／2019年12月　定價：480元
初版五刷／2023年 4 月

ISBN：978-986-96857-4-0